重庆市社会科学规划项目（2022BS058）
重庆市教育委员会规划项目（22SKGH325）　　**资助**
重庆理工大学科研启动基金项目

程　果◎著

股权激励中的
管理层机会主义研究

Study on the Management Opportunistic
in Equity Incentive

中国财经出版传媒集团

经济科学出版社

Economic Science Press

·北京·

图书在版编目（CIP）数据

股权激励中的管理层机会主义研究／程果著 . -- 北
京：经济科学出版社，2023. 12
　ISBN 978 - 7 - 5218 - 5512 - 8

　Ⅰ. ①股… 　Ⅱ. ①程… 　Ⅲ. ①企业管理 - 股权激励 -
研究 　Ⅳ. ①F272. 923

中国国家版本馆 CIP 数据核字（2024）第 009256 号

责任编辑：杜　鹏　武献杰　常家凤
责任校对：郑淑艳
责任印制：邱　天

股权激励中的管理层机会主义研究
GUQUAN JILIZHONG DE GUANLICENG JIHUI ZHUYI YANJIU
程　果◎著
经济科学出版社出版、发行　新华书店经销
社址：北京市海淀区阜成路甲 28 号　邮编：100142
编辑部电话：010 - 88191441　发行部电话：010 - 88191522
网址：www. esp. com. cn
电子邮箱：esp_bj@ 163. com
天猫网店：经济科学出版社旗舰店
网址：http：//jjkxcbs. tmall. com
固安华明印业有限公司印装
710 × 1000　16 开　13. 75 印张　240000 字
2023 年 12 月第 1 版　2023 年 12 月第 1 次印刷
ISBN 978 - 7 - 5218 - 5512 - 8　定价：108. 00 元
（图书出现印装问题，本社负责调换。电话：010 - 88191545）
（版权所有　侵权必究　打击盗版　举报热线：010 - 88191661
QQ：2242791300　营销中心电话：010 - 88191537
电子邮箱：dbts@ esp. com. cn）

前　　言

现代企业制度的发展引发了委托代理问题。股权激励制度因其能够缓解委托代理问题，故而自诞生以来就迅速在全世界范围内得到了广泛的推广和运用。然而，学术界却对股权激励实施后能否真正提高公司业绩、降低代理成本并解决委托代理问题存在争议。有观点认为，股权激励能够绑定经理人与企业所有者之间的利益，从而降低代理成本并提高公司业绩；但也有其他学者表示，股权激励能否行权解锁的关键在于是否达到业绩考核指标，巨大的收益预期会诱使管理层通过各种机会主义行为最大化个人收益，在这些机会主义行为的影响下，股权激励可能并不具有激励效果。

本书从委托代理理论和不完全契约理论出发，在梳理国内外学者关于股权激励中管理层机会主义行为及其激励效果的相关文献基础上，首先，分析了股权激励制度的主要内容、基本流程及发展现状，并从股权激励方案的核心要素出发，找到了产生管理层机会主义行为的主要原因以及机会主义行为的具体表现形式。其次，本书还分析和研究了股权激励草案公告日和行权解锁公告日前，上市公司的四种管理层机会主义行为，并按不同所有权性质和激励方式对其分类，不仅证实了在股权激励草案公告日和行权解锁公告日前，上市公司存在管理层机会主义行为，而且证实了在不同所有权性质和不同激励类型的公司中，上市公司的管理层机会主义行为存在差异。最后，着重从盈余管理这一对激励效果有直接影响的管理层机会主义行为出发，分析了股权激励的实施以及盈余管理的机会主义行为对公司业绩的影响。同时，本书还从代理成本和企业创新维度分析了股权激励的效果，以及管理层的机会主义择时行为对公司业绩的影响。

具体而言，本书在第1章和第2章中主要对股权激励的相关理论和文献进行了回顾；第3章则对股权激励的相关法律法规、主要流程、核心内容、管理层机会主义行为产生的制度原因进行分析，并对我国股权激励制度的实施现状进行了介绍；第4章至第7章主要对股权激励中的四种管理层机会主义行为进行了详细的分析与论证，分别研究了股权激励授予时和行权解锁时，上市公司在两个阶段的管理层机会主义择时行为以及其在信息披露、盈余管理和具体激励方案中的机会主义行为。第8章着重从公司业绩出发，研究了股权激励的实施及盈余管理的机会主义行为对公司业绩的影响，同时，在进一步分析中还研究了管理层的机会主义择时行为对公司业绩的影响，并从代理成本维度和企业创新维度研究了股权激励效果，探讨了股权激励的实施对代理成本和企业创新的影响。根据上述研究，在第9章中得出了本书的研究结论、政策建议、研究局限和未来研究展望。

本书的主要研究结论如下：

第一，上市公司在股权激励草案公告前存在机会主义择时行为，这种机会主义择时行为很可能是草案公告日操纵行为引起的；上市公司总体上在行权解锁公告前不存在管理层机会主义择时行为，但存在行权解锁公告日操纵行为的上市公司仍然存在机会主义择时行为。

第二，有迹象表明，上市公司在股权激励草案公告前和行权解锁公告前两个阶段均存在信息披露的机会主义行为。

第三，在股权激励考核基期，上市公司存在负向的真实盈余管理；而在考核期，上市公司却存在向上的真实盈余管理，但应计盈余管理在这两个阶段中均不显著。

第四，在制定具体股权激励方案时，上市公司存在三种管理层机会主义行为：选择业绩较差的年度作为业绩比较基期、制定较低的行权解锁考核值、获得显著低于市场价格的股权激励股票。

第五，股权激励能够提高公司业绩、缓解投资不足、提高企业创新能力，但是，股权激励的实施也同时增加了在职消费，而对过度投资的影响不显著。对于不同所有权性质的上市公司而言，国有企业的激励效果更佳；在采用股票期权激励的上市公司中，股权激励强度与激励效果显著正相关。此外，盈余管理的管理层机会主义行为对公司业绩具有显著的负向影响，而涉嫌行权解锁公告日操纵的上市公司业绩却更佳。

与其他研究相比，本书可能的研究贡献在于：

第一，本书从股权激励中的四种管理层机会主义行为出发，研究了上市公司在股权激励授予时和行权解锁时两个阶段的管理层机会主义行为，丰富了股权激励中管理层机会主义行为的研究。

第二，本书按照所有权性质和激励类型对样本进行了分类，比较了国有企业、民营企业以及股票期权激励公司和限制性股票激励公司在股权激励授予时和行权解锁时的管理层机会主义行为，细化了对管理层机会主义行为的研究。

第三，本书从公司业绩、代理成本以及企业创新维度研究了股权激励效果，对股权激励效果的研究更系统、更全面。

第四，本书除了研究盈余管理的管理层机会主义行为对公司业绩的影响外，笔者还研究了管理层的机会主义择时行为对公司业绩的影响，而其他学者们对该领域的研究还非常稀少。

第五，本书综合运用了事件研究法、倾向得分匹配法、多元线性回归分析法以及 T 检验等方法对本书提出的假设进行分析，丰富了本书的研究手段。

综上所述，本书认为：上市公司在股权激励实施过程中至少存在四种管理层机会主义行为，盈余管理的管理层机会主义行为对公司业绩具有显著的负向影响，而涉嫌行权解锁公告日操纵的上市公司业绩却更佳。从代理成本视角看，股权激励的实施增加了在职消费，而对过度投资的影响不显著，但是，股权激励的实施也提高了公司业绩、缓解了投资不足并提高了企业创新能力。因此，从公司业绩和企业创新维度看，股权激励的实施具有较好的激励效果，但是从代理成本维度看，股权激励的激励效果却欠佳。

程　果

2023 年 12 月

目　录

| 第1章 |

绪　　论

1.1　研究背景

1.1.1　现实背景

现代企业制度的发展使得企业所有权和经营权分离，从而在企业所有者与经理人之间产生了委托代理问题。股权激励作为一种降低代理成本的重要激励制度，自 20 世纪 50 年代诞生以来就迅速在全世界范围内得到推广和运用。股权激励制度在我国的正式施行是以证监会 2005 年底颁布《上市公司股权激励管理办法（试行）》为标志的，之后，证监会又陆续发布了《股权激励有关事项备忘录》1～3 号和两个监管问答以规范实施股权激励计划的基本要求、实施流程和信息披露等问题。因此，在 2005 年之后，上市公司对公司高管和核心管理层进行股权激励的公司数量不断增长。图 1.1 列示了 2005 年底我国《上市公司股权激励管理办法（试行）》施行以来各年度公告股权激励计划草案的上市公司数量情况。可以看出，从 2009 年开始，公告股权激励计划草案的上市公司数量稳步上升，截至 2017 年 12 月 31 日，我国已经有 1151 家上市公司公告了 1819 份股权激励计划草案，约占上市公司总数的 32%。

当股权激励制度被越来越多的上市公司接受以后，其激励效果就成为一个值得关注的话题，但是这个问题目前在理论界却存在两种截然不同的观点。一种观点认为：股权激励能够提高公司业绩、降低代理成本，使经理层与股东利益趋于

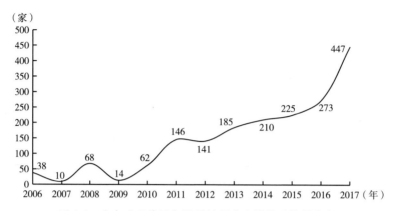

图 1.1 各年度公告股权激励计划草案的公司数量分布

资料来源：万得数据库。

一致；另一种观点认为：股权激励能否最终行权或解锁取决于上市公司是否达到股权激励计划草案设置的业绩条件，且股权激励的授予价格也与股权激励草案公告前的股价走势密切相关，所以管理层就可能在股权激励实施过程中操控公司业绩，并通过各种机会主义行为操纵公司股价朝着有利于自己的方向运动，并最大化股权激励收益。在这种情况下，上市公司的股权激励就不一定具有很好的激励效果。

在已经实行股权激励的上市中，既有激励效果较好的案例，如恒瑞医药公司分别在 2010 年、2014 年和 2017 年实施了三次股权激励，其扣除非经常性损益后的净利润也从 2010 年的 7.12 亿元提高到 2017 年的 31.01 亿元，净利润在 7 年间增长了 4.36 倍，且其加权平均净资产收益率一直维持在 23% 左右，总资产收益率也一直维持在 20% 左右，激励效果较好（惠云燕，2020）。也有很多上市公司股权激励计划存在机会主义行为，例如，中威电子 2013 年的股权激励计划，其股权激励股份的授予价格为市价的一半，考核指标虽设置了营业收入增长率和净利润增长率两个条件，但作为公司考核指标的比较基期中的营业收入和净利润均同比大幅下滑，因此被市场广泛地质疑为向高管"送红包"①。再比如爱尔眼科，公司 2010 年 10 月公告的股权激励方案行权解锁条件为：以公司 2009 年业绩为基数，公司 2011 年至 2016 年净利润（扣除非经常性损益）增长率分别不低于

---

① 新浪财经：中威电子股权激励遭反对［OL］.［2013 – 11 – 26］. https：//finance. sina. com. cn/stock/ι/20131126/105617437667. shtml? from = wap.

25%、50%、75%、100%、130%、160%，在该股权激励方案中，爱尔眼科选择了股权激励草案公告前一年的 2009 年作为业绩考核基期，而公司 2010 年的扣非净利润已经比 2009 年增长了 24.24%，这意味着即使 2011 年公司净利润保持零增长，激励对象也能达到行权解锁条件，所以爱尔眼科的股权激励计划的激励性太差，具有显著的投机性①。

　　除了上述例子中提到的上市公司在股权激励实施过程中存在行权考核指标值设置过低、选择业绩较差的年度作为业绩比较基期等问题外，还有很多学者发现了股权激励实施过程中的其他问题，如盈余管理问题、择时的机会主义行为以及信息披露的机会主义行为等问题。证监会公布的《股权激励有关事项备忘录 1 号》明确提出：公司设定股权激励行权指标时须考虑公司的业绩情况，股票期权或限制性股票的最终行权或解锁取决于股权激励考核年度的业绩是否满足考核条件。因此，这种附业绩考核要求的股权激励方案就可能会促使管理层为获得股权激励收益而操纵公司业绩，从而产生盈余管理问题。而股权激励实施过程中择时的机会主义行为和信息披露的机会主义行为的产生，则可能与股权激励授予价格的确定方式相关。根据股权激励制度，无论是股票期权还是限制性股票，其股权激励授予价格的基准都取决于草案公告前一天或者前一段时间的股票均价。因此，为了获得较低的授予价格，上市公司就有动机在股市低迷时公布股权激励草案，并且在公告股权激励草案前披露"坏消息"以压低公司股价。

　　很多学者都曾对股权激励实施过程中的盈余管理问题、择时的机会主义问题和机会主义信息披露问题进行过研究。赵华伟（2017）认为在实施股权激励之前，管理层会调减应计利润进行盈余管理；而在股权激励实施后，高管层则会进行反向操纵，通过调增应计利润的方式进行正向盈余管理。除应计盈余管理外，肖淑芳等（2013）还认为上市公司在股权激励考核基期还存在显著的真实盈余管理现象。对于股权激励实施过程中择时的机会主义行为，孙慧倩（2017）认为股权激励在实施过程中存在明显的反周期性，即上市公司倾向于在股市低迷时推出股权激励计划，而在股市行情较好时减少股权激励的推出。布罗克曼等（Brockman et al.，2010）研究了股权激励中的信息披露问题，他认为，在未卖出股票期权前，管理层会披露更多的业绩预测好消息。而基姆等（Kim et al.，2018）的研究发现，公司的自愿性信息披露水平还与股权激励薪酬占 CEO 总薪酬的比

---

　　① 中国新闻网：爱尔眼科股权激励更像送红包　疑损公众股东利益［OL］.［2010 - 11 - 03］. https://www.chinanews.com/stock/2010/11 - 03/2631757.shtml.

重正相关。

在实施股权激励的上市公司数量越来越多且暴露的问题也越来越多的背景下，证监会在 2016 年 7 月 13 日发布了《上市公司股权激励管理办法》，这是自 2005 年末股权激励制度正式实施以来，监管机构首次对股权激励制度进行的系统修正，主要是为了更进一步促进上市公司建立健全激励约束机制，促进上市公司的持续发展，但是因新管理办法的实施时间太短，其实施后能否更好地规范股权激励中存在的问题、减少管理层机会主义行为并提高股权激励效果尚有待观察。

综上所述，在股权激励实施过程中存在种种管理层机会主义行为的情况下需要进一步研究股权激励实施后的激励效果，故而本书首先研究了股权激励实施过程中存在的四种管理层机会主义行为，并从公司业绩、代理成本以及公司创新三个维度研究股权激励的激励效果，而且还研究了盈余管理和管理层择时的机会主义行为对公司业绩的影响。

1.1.2　理论背景

根据詹森和麦克林（Jensen and Meckling，1976）的委托代理理论，由于委托方和代理方的具体条件、利益诉求和行为目标不同，而委托人因为信息不对称又很难验证代理人的行为是否合理（或者验证费用很高），所以产生了委托代理问题。为解决该问题，公司就必须建立起相对应的代理人激励机制和约束机制。股权激励作为激励机制的重要内容，是解决委托代理问题的重要方法，设计良好的股权激励方案能够使股东与管理层之间的利益趋于一致，提升公司业绩、增加股东利益（刘志远等，2015）。

一份完整的股权激励计划至少需要包括激励对象、考核指标、考核条件、有效期等要素，激励对象如果希望兑现股权激励收益，则需要公司考核年度的业绩达到公告的考核条件。毫无疑问，激励对象为获得股权激励股份需要付出相应的努力，所付出的努力程度取决于考核条件的高低。因此，在一定程度上，企业业绩能够反映高管的努力程度，根据企业业绩来确定高管薪酬也是合理的（张兴亮，2015）。除此之外，股权激励使企业在吸引、保留和激励人才方面具有优势，能够克服年薪、奖金等固有的、短期导向的缺陷（张俊瑞等，2009），增加企业的创新投入和产出（田轩等，2018），促进人力资本价值创造活动增加，并通过资本结构的中介效应提高企业业绩（郭雪萌等，2019）。

虽然有学者证明了股权激励的实施能提高公司业绩，但也有部分学者持相反态度，如德姆塞兹和维拉隆加（Demsetz and Villalonga，2001）的研究就表明管理层股权激励比例与公司业绩不相关。实际上，这种附业绩考核要求的股权激励方案虽然可能会激励管理层努力工作、提高公司业绩，但也可能促使他们在此过程中进行盈余管理，从而置股东财富于不顾（肖淑芳等，2013）。刘宝华等（2018）还从股权激励与企业创新的角度对股权激励问题进行了研究，认为股权激励行权业绩考核条件的增加会抑制企业创新、减少企业专利申请数量。

对于股权激励实施过程中存在的盈余管理问题，国内外学者存在一个比较一致的研究结论——股权激励中存在盈余管理现象。如高等（Gao et al.，2002）、科尼特等（Cornett et al.，2009）证明高管持有的股票期权价值与盈余管理呈显著的正相关关系，国内吕长江等（2009）的研究也发现，股权激励更像是给予高管的福利，实施了股权激励计划的上市公司在行权考核条件的设置上存在明显的踩线达标现象（谢德仁等，2018），甚至业绩型股权激励的实施本身就体现了高管层的机会主义行为（吴德胜等，2015）。在盈余管理的方向上，肖淑芳等（2013）发现，管理层在股权激励考核基期进行了向下的盈余管理；而在行权解锁前，管理层则对利润进行了向上的盈余管理（Bergstresser et al.，2006）。赵华伟（2017）也认为，在股权激励实施前，高管层会进行反向的盈余管理以调减应计利润；而在股权激励实施后，高管层则会进行正向盈余管理以调增利润。

虽然应计盈余管理与真实盈余管理在股权激励实施过程中均有发现，但应计盈余管理主要通过会计政策、会计估计等调节利润在各个会计期间的分布，不改变公司的总体利润。所以很多学者认为，公司应计项目的操控能力可能受到以前年度的应计利润和公司当前经营情况的限制（Barton and Simko，2002），因此，公司更多地通过真实经营活动进行真实盈余管理（Roychowdhury，2006；Cohen et al.，2008；李增福等，2011）。

上市公司的盈余管理能直接影响会计上的公司业绩，使得公司业绩表面上看上去很好，但是也存在很多机会主义手段，在不影响会计指标的情况下，使得激励收益增加、行权难度降低。如上市公司选择在股价低迷时公告股权激励计划草案、在股权激励草案公告前披露"坏消息"影响公司股价、在股权激励方案中选择业绩较差的年份作为业绩基准年度、制定较低的行权考核指标等。

阿博迪和卡斯尼克（Abody and Kasznik，2000）对美国上市公司在 1992 ~

1996 年实施的 2039 份股票期权计划进行研究后发现，在公告日前 30 天，上市公司的平均累计超额收益率为负，但不是很显著；在公告日后 30 天，公司的平均累计超额收益率却显著为正，这表明经理人在股权激励授予日之前可能披露了利空消息以降低公司股价，但是却在授予之后披露"好消息"以使公司股价上涨。我国杨慧辉等学者（2009）也得到了相似的结论，他发现股权激励公司通过提前释放各种利空消息引起股价下跌，以获取较低的行权价格，同时将各种利好消息推迟发布，以提高激励股份授予后的公司股价。布罗克曼等（2010）也发现了管理层在股票期权卖出前存在披露业绩预测"好消息"的现象。利（Lie，2005）甚至还认为，上市公司管理层之所以能够获得较低的行权价格，主要是因为他们将股票期权的授予日回签到了某一股价较低日期，通过这种方式操纵了股权激励的授予日期。

对于股权激励具体方案中的管理层机会主义行为，媒体、投资者和学者们更多的是通过案例方式对该问题进行研究。总体而言，媒体和投资人对上市公司具体股权激励计划的质疑多集中于以下问题：股权激励考核基期业绩过低、行权考核标准太低、授予价格与市价相差太大等。实际上，激励性太差的股权激励方案将导致公司的股权激励丧失激励效果，甚至沦为公司高管层输送利益的工具。

因此，在各种管理层机会主义行为的影响下，股权激励的激励效果很可能是不确定的，这也是学者们对股权激励效果的研究结论不一致的重要原因。在诸多文献关于激励效果的具体研究思路上，高磊（2018）从风险承担的视角研究了管理层激励与企业绩效之间的关系，发现风险承担是高管激励与企业绩效的中介变量，上市公司的风险承担与企业绩效正相关；陈文强（2015）在长期时间框架下检验了股权激励效果在六年时间内的持续性问题；刘志远等（2015）则从管理层收益角度研究了股权激励的激励效果，发现管理层收益较低将导致业绩型股票期权无法达到理想的激励效果，公司业绩要求不能完成，长期业绩也不能提升。此外，周仁俊等（2012）还从大股东控制权的角度分析了股权激励对不同所有权性质和不同成长性公司的影响；刘广生（2013）等则对不同股权激励模式下的激励效果及股权激励与公司业绩的关系进行了实证研究，认为股权激励的实施对上市公司业绩提升具有一定效果，但影响不显著，且股票期权的激励效果略好于限制性股票。

从上面的分析可以看出，虽然已经有很多学者从多个维度研究了股权激励实施过程中存在的管理层机会主义行为及其激励效果，但是系统性分析股权激励中各种机会主义行为及其激励效果的文章还很少，同时，涉及股权激励授予时与行权解锁时两个阶段的管理层机会主义行为的文章也较少，而同时研究管理层机会主义行为及机会主义行为对激励效果影响的文章就更少了。所以本书侧重分析了股权激励授予时与行权解锁时两个阶段的四种管理层机会主义行为，并将上市公司进行分组，分别研究了国有企业、民营企业、股票期权公司及限制性股票公司的各种管理层机会主义行为。之后，笔者还从公司业绩、代理成本以及公司创新的维度研究了股权激励的激励效果，并将管理层机会主义行为和激励效果结合起来，研究了盈余管理和管理层择时的机会主义行为对公司业绩的影响。

1.2 研究意义

本书的研究意义主要体现在以下几方面：

第一，本书分别从四个方面研究了上市公司在股权激励实施过程中存在的管理层机会主义行为——管理层的机会主义择时行为、机会主义信息披露行为、公司盈余管理的机会主义行为以及具体激励方案中的机会主义行为，全面系统地对股权激励实施过程中的管理层机会主义行为进行了研究。

第二，本书分别研究了在股权激励授予时和行权解锁时两个阶段的管理层机会主义行为，证实了在股权激励授予时和在股权激励行权解锁时都存在管理层机会主义行为。

第三，本书按照所有权性质和激励类型对上市公司进行了分类，分别比较了国有企业、民营企业以及股票期权公司和限制性股票公司在股权激励授予时和行权解锁时各种管理层机会主义行为的差异。

第四，本书通过事件研究法以及通过对上市公司是否属于草案公告日操纵和行权解锁公告日操纵的分析，详细研究了上市公司在股权激励授予时和行权解锁公告时的机会主义择时行为，找出了涉嫌机会主义择时行为的具体上市公司，分析了上市公司的机会主义择时行为与公司业绩的关系，而国内关于管理层机会主义择时行为的研究还相对较少，系统全面研究的则更少。

第五，本书从股权激励实施后的公司业绩、代理成本和企业创新维度研究了股权激励效果，比较了股权激励实施后公司三种激励效果的差异，对股权激励效果的研究更全面、更广泛。

第六，在研究方法上，本书综合运用了事件研究法、T检验法、倾向得分匹配法、多元线性回归分析等方法对本书的假设进行了论证，丰富了本书的研究过程。

第七，本书具有较强的现实意义。股权激励在近几年发展非常迅速，2017年共有447家上市公司公告了股权激励计划，同比增长63.74%。可以预计，未来还会有更多的上市公司实施股权激励，也会有更多的媒体和投资者质疑上市公司的股权激励方案。在这种背景下，系统分析股权激励实施过程中的管理层机会主义行为、弄清股权激励的激励效果就显得非常有必要，也具有非常重要的现实意义。

1.3 概念界定

1.3.1 股权激励

对于股权激励的概念，国内学者从不同角度给其下了定义：葛军（2007）认为股权激励是指企业所有者通过授予经营者股份形式的现实权益或者潜在权益，使后者能够分享企业剩余索取权，进而使企业利益增长成为经营者个人利益的增函数的一种长期制度安排。而根据杨明基（2015）的《新编经济金融词典》，股权激励是通过获得公司股权形式，给予企业经营者一定的经济权利，使其能够以股东的身份参与企业决策、分享利润、承担风险，勤勉尽责地为公司长期发展服务的一种激励方法。此外，中国证监会《上市公司股权激励管理办法》中也对股权激励进行了定义，认为股权激励是指上市公司以本公司股票为标的，对其董事、高级管理人员及其他员工进行的长期性激励。

因本书的研究主体是上市公司，其遵循的主要监管要求也是证监会的相关法律法规，故本书采用证监会《上市公司股权激励管理办法》中对股权激励所作的定义：股权激励是指上市公司以本公司股票为标的，对其董事、高级管理人员及其他员工进行的长期性激励。

1.3.2 管理层机会主义

学术界目前对于管理层机会主义的定义尚无统一观点，但是《西方经济学大辞典》却对机会主义有一个比较权威的定义，认为机会主义行为是指"用虚假的或空洞的，也就是非真实的威胁或承诺"来谋取个人利益的行为，这种机会主义行为一般是由于经济人的有限理性、信息不对称和外部性等因素导致。根据该定义，在判断管理层的行为是否属于机会主义行为时，应该判断管理层是否因为有限理性、信息不对称和外部性等因素影响，利用"虚假的或空洞的，也就是非真实的威胁或承诺"来谋取个人利益。

管理层机会主义行为可能包括了很多内容，如于赛渊（2017）就认为非效率投资、盈余管理与在职消费属于管理层机会主义行为，而吕长江等（2012）则认为在股权激励中，管理层可能在股利分配政策制定上存在机会主义行为。虽然管理层机会主义行为包含的内容很多，但是整体上看，学者们对股权激励中管理层机会主义行为的研究却集中于以下几个方面：股权激励中的管理层机会主义择时（孙慧倩，2017）、股权激励中的管理层机会主义信息披露（Brockman et al.，2010）、股权激励中的盈余管理（肖淑芳等，2013）、股权激励具体方案制定过程中的机会主义行为（吕长江等，2009）等。

根据《西方经济学大辞典》对机会主义的定义以及股权激励中管理层机会主义行为的研究实务，笔者认为：管理层机会主义是由于有限理性、信息不对称和外部性等因素的影响，管理层"用虚假的或空洞的，也就是非真实的威胁或承诺"来谋取个人利益的行为。同时，根据股权激励的学术研究现状，我们在本书中将股权激励中的管理层机会主义行为限定为以下几种行为：管理层的机会主义择时、管理层的机会主义信息披露、股权激励中的盈余管理以及具体股权激励方案制定过程中的机会主义行为。

1.3.3　激励效果

对于股权激励的激励效果，唐雨虹等（2017）认为股权激励计划的诞生原因是为了解决委托代理问题，所以研究股权激励的激励效果应该首先研究股权激励的实施是否减少了代理成本，而其实施后对公司绩效的影响则属于间接层面的考虑。根据詹森和麦克林（1976）的研究，代理问题的具体表现是经理人非效率投资（包括过度投资和投资不足）、在职消费等，所以通过研究股权激励实施后上市公司非效率投资和在职消费的变化也能够研究股权激励的激励效果。除了这种观点外，更多的学者则是将股权激励的激励效果定义为公司财务业绩的提升，如刘志远等（2015）、陈文强等（2015）。在具体业绩衡量指标上，西方学者常用托宾 Q 值等作为业绩评价的指标（McConnell and Servaes，1990），国内学者则常用净资产收益率 ROE（周仁俊等，2012）或者总资产收益率作为业绩评价指标（唐雨虹等，2017），也有学者同时采用 ROE 和 ROA 作为业绩评价指标，如冯星等（2014）。实际上，单纯用财务指标来衡量激励效果可能是有偏差的，因为这至少包含了市场环境和行业特征的影响，所以林大庞（2011）在研究激励效果问题时均采用了剔除行业中位数的 ROA 作为激励效果的衡量标准。在本书中，我们借鉴林大庞（2011）的观点，采用剔除行业中位数后的 ROA 来表示股权激励的激励效果，但是在第 8 章中，为了从不同维度分析股权激励实施后上市公司的激励效果，笔者也同时分析了股权激励的实施对代理成本和企业创新的影响，也将这两点作为了股权激励的激励效果。

1.4　研究内容与研究方法

1.4.1　研究内容

中国证监会《上市公司股权激励管理办法（试行）》颁布已经超过十年，截至 2017 年末，合计有 32% 的上市公司公告了股权激励计划，在股权激励越来越盛行的背后，其实施过程中存在的各种管理层机会主义行为也越来越受到人们的关注，进而引起了人们对股权激励效果的质疑。本书立足于股权激励授予时和行权解锁时两个阶段的管理层机会主义行为，深入分析和论证了各种机会主义行为的具体情况，同时，笔者也研究了股权激励的三种激励效果，并将管理层机会主义和激励效果结合起来，研究了管理层的盈余管理和机会主义择时行为对激励效果的影响。具体而言，本书研究的主要问题如下。

第一，上市公司在股权激励授予时和行权解锁时是否存在管理层的机会主义择时行为。具体来说，我们通过观察上市公司在股权激励草案公告日和行权解锁公告日前后 46 个交易日累计超额收益率的分布，来判断其是否存在机会主义择时行为。同时，我们还借鉴了贝布丘克等（Bebchuk et al.，2010）对股票期权授予日操纵的研究思路，分析了上市公司是否属于草案公告日操纵和行权解锁公告日操纵，找出了具体涉嫌机会主义择时行为的上市公司，比较了涉嫌操纵公司与非操纵公司在平均累计超额收益率上的分布差异。

第二，上市公司在股权激励授予前和行权解锁前是否存在管理层的机会主义信息披露行为。具体来说，我们通过判断股权激励草案公告日及行权解锁公告日前上市公司是否披露了"坏消息"与"好消息"来判断管理层的机会主义信息披露行为。对于其披露信息"好"与"坏"的判断，我们则是通过其最近一期公告的季报及业绩预告信息特征来进行判断的。

第三，上市公司在股权激励考核基期及第一个行权解锁考核期是否存在管理层的机会主义盈余管理行为，即上市公司是否在股权激励考核基期存在向下的盈余管理，而在行权解锁考核期是否存在向上的盈余管理。具体来说，我们借鉴了廉等（Lian et al.，2011）研究股权激励问题的方法，引入倾向得分匹配法（PSM）模型来选择股权激励样本的匹配样本，并通过激励样本与匹配样本的比较，来判断股权激励公司是否存在显著的机会主义盈余管理行为。

第四，上市公司在具体的股权激励方案制定中是否存在管理层机会主义行为。具体而言，我们分别研究了股权激励具体方案中的三种机会主义行为——股权激励考核基期的确定、股权激励考核指标值的设置、股权激励授予价格的确定。

第五，上市公司股权激励的激励效果以及管理层机会主义行为对激励效果的影响。具体而言，我们着重分析了股权激励的实施对剔除行业因素后的上市公司业绩的影响，并从代理成本和企业创新的视角分析了股权激励的激励效果。同时，本书还将管理层机会主义行为和激励效果结合起来，研究了管理层的盈余管理和机会主义择时行为对公司业绩的影响。

第六，我们对上市公司按照所有权性质和激励类型进行了分类，分析了不同分类情况下上市公司的管理层机会主义行为及其激励效果。

1.4.2 技术路线

本书的研究技术路线如图1.2所示。

具体而言，本书围绕股权激励中的管理层机会主义行为及其激励效果，分九个章节对本书进行了研究。

第1章，绪论。首先，本章描述了股权激励的现实背景和理论背景，进而引出了本书的研究意义；其次，本章对书中的核心概念进行了界定，给出了本书的

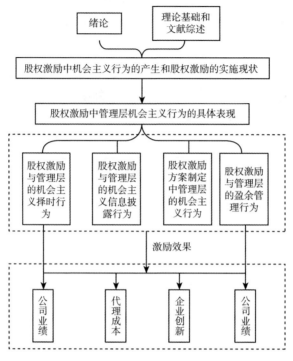

图 1.2　研究技术路线

研究内容、研究方法和研究路线，并在研究技术路线中对本书的章节安排进行了详细阐述；最后，则是对本书贡献、创新与研究不足的说明。

　　第 2 章，理论基础和文献综述。本章主要对本书的理论基础和相关文献进行了回顾。首先，本章从本书的理论基础——委托代理理论和不完全契约理论出发，并对相关文献进行梳理，并着重从管理层的机会主义择时行为、信息披露的机会主义行为、公司盈余管理的机会主义行为以及具体激励方案中的机会主义行为四方面对文献进行了梳理；其次，围绕本书的研究主题，本章还对股权激励效果的相关文献进行了概括与总结。

　　第 3 章，股权激励中机会主义行为的产生和股权激励的实施现状。在本章中，我们首先分析了股权激励从萌芽到蓬勃发展的过程，回顾了我国股权激励制度的主要法律法规、主要内容及实施股权激励的基本流程；其次，我们分析了管理层机会主义行为产生的制度原因，这主要是由于上市公司在股权激励授予价格和行权解锁条件确定过程中存在巨大的可操纵空间，这种可操纵空间导致了股权激励实施过程中四种管理层机会主义行为的产生；最后，我们从股权激励公司的基本特征和其他特征的 13 个方面，分析了 2006～2016 年我国上市公司股权激励的实施概况，直观地列示出了激励样本的分布特征。

第 4 章，股权激励与管理层的机会主义择时行为分析。本章采用事件研究法分析了在不同所有权性质和不同激励类型情况下，上市公司在股权激励草案公告日和行权解锁公告日时间窗口（T－30，T＋15）内的累计超额收益率分布情况，并通过分析累计超额收益率的分布，判断出了上市公司在两个阶段的各种分类情况下是否存在管理层机会主义择时行为的问题。此外，本书还借鉴了国内外学者的观点，引入了草案公告日操纵和行权解锁公告日操纵的概念，找出了涉嫌操纵的具体上市公司，比较了涉嫌操纵的公司与非操纵公司平均累计超额收益率走势的差异。

第 5 章，股权激励与管理层的机会主义信息披露行为分析。本章主要研究了在股权激励草案公告日及行权解锁公告日前，股权激励样本是否在季报及业绩预报中披露了"坏消息"与"好消息"，并由此判断管理层在股权激励实施的两个阶段中是否存在信息披露的机会主义行为。对于披露信息"好"与"坏"的界定，我们主要通过三种方法进行判断：一是以披露信息的市场反应为基础界定"好消息"与"坏消息"；二是以季度净利润的变动为基础界定"好消息"与"坏消息"；三是以季度业绩预告为基础界定"好消息"与"坏消息"。通过在不同分类情况下、在股权激励草案公告日及行权解锁公告日前，对上市公司季报及业绩预告中披露消息"好"与"坏"的判断，我们判断出了激励样本是否存在管理层机会主义信息披露行为的问题。

第 6 章，股权激励与管理层的盈余管理行为分析。本章主要考察了股权激励考核基期及行权考核期的应计盈余管理和真实盈余管理问题。为避免内生性问题的影响，我们借鉴了廉等（2011）研究股权激励问题的方法，引入倾向得分匹配法模型来消除样本的选择性偏差，并通过比较控制样本与匹配样本的差异来考察实施股权激励的公司是否存在盈余管理的机会主义行为。

第 7 章，股权激励方案制定中的管理层机会主义行为分析。本章针对一些具体股权激励方案中投资者和媒体的质疑，从三个方面考察了具体股权激励方案中的管理层机会主义行为：第一，股权激励考核基期的确定与管理层机会主义行为；第二，股权激励业绩考核标准的确定与管理层机会主义行为；第三，股权激励授予价格的确定与管理层机会主义行为。通过对股权激励具体方案中这三方面管理层机会主义行为的考察，证实了上市公司在股权激励具体方案制定中存在三种管理层机会主义行为的问题。

第8章，股权激励的激励效果分析。本章首先研究了在不同分类情况下股权激励的实施对公司业绩的影响，并将对公司业绩影响最直接的机会主义行为——盈余管理引入模型，分析了股权激励的实施、股权激励强度、盈余管理等因素对公司业绩的影响。在进行内生性检验和稳健性检验验证回归结论的可靠性之后，本章在进一步分析中对关于股权激励效果的另外三个问题进行了深入探讨：第一，涉嫌行权解锁公告日操纵的上市公司股价为什么在股权激励股份解禁前继续上涨？其公司业绩是否更佳？第二，从代理成本减少的视角看，股权激励的实施是否仍然具有激励效果（对于代理成本减少的度量，笔者分别使用了过度投资的减少、在职消费的减少以及投资不足的增加来衡量）？第三，从公司创新的角度看，股权激励的实施是否能够增加企业创新？

第9章，研究结论、政策建议及研究局限和未来展望。本章根据第4章至第8章的研究，得出了上市公司在股权激励实施过程中存在四种管理层机会主义行为的研究结论，并且认为股权激励的实施能够提高公司业绩、缓解投资不足，并提高企业的创新能力，但是股权激励的实施也同时增加了在职消费，而对过度投资的影响不显著。根据本书的研究过程和研究结论，我们在本章中给出了相关的政策建议，并针对本书研究的不足，指明了未来的进一步研究方向。

1.4.3　研究方法

本书主要研究了股权激励实施过程中的管理层机会主义行为、股权激励的激励效果以及前者对后者的影响，研究问题涉及公司金融和公司财务，主要采用理论分析与实证分析两种研究方法。

第一，本书对股权激励实施过程中管理层机会主义行为及其激励效果的相关研究文献和理论进行了梳理，并从多个维度对我国2006~2016年公告股权激励计划的上市公司进行了分析统计，为下一步的实证分析打好了基础。

第二，为了分析股权激励中管理层的机会主义择时行为，我们运用事件研究法，研究了上市公司在股权激励草案公告日及行权解锁公告日前后46个交易日的平均累计超额收益率情况。具体而言：首先，本书通过股权激励草案公告日和行权解锁公告日前，上市公司第300个交易日至第31个交易日的个股数据和市场数据，计算出了激励样本的理论收益率；其次，将实际收益率减去理论收益率后得到了样本的日超额收益率；再次，通过公告日前后 T 个交易日超额收益率的累加，得到了单个上市公司窗口期内的累计超额收益率；最后，通过观察上市公司平均累计超额收益率的符号并与 0 进行 T 检验，判断股权激励公司是否存在管理层机会主义行为，以及这种管理层机会主义行为是否显著。

此外，本书借鉴贝布丘克等（2010）、杨慧辉等（2016）的观点，认为上市公司股权激励草案公告日的股价如果是公司过去 30 个交易日股价的最低位、第二低位和第三低位，则该公司涉嫌草案公告日操纵行为；在行权解锁公告日，如果上市公司的股票收盘价是公司过去 30 个交易日股价的最高位、第二高位和第三高位，则认为上市公司涉嫌行权解锁公告日操纵。除按该定义进行分析外，本书还放开了股权激励草案公告日操纵和行权解锁公告日操纵的定义，并对放开定义后的公司进行研究。

第三，对于管理层的机会主义信息披露行为研究，本书通过判断股权激励样本在股权激励草案公告日及行权解锁公告日前，是否披露了"坏消息"与"好消息"，证明了管理层在股权激励实施过程中存在机会主义信息披露行为的问题。对于"好消息"与"坏消息"的判断，本书主要运用了三种方法：一是以市场反应为基础界定"好消息"与"坏消息"，该方法通过观察股权激励草案公告日及行权解锁公告日前，上市公司最近一期季报或业绩预报披露日当天及前后 1 天的超额收益率，计算出时间窗口（T−1，T+1）内的累计超额收益率，如果上市公司的累计超额收益率大于 0，则说明披露了"好消息"，否则就说明季报或业绩预报披露了"坏消息"；二是以季度净利润的变动来界定"好消息"与"坏消息"，该方法以股权激励草案公告日及行权解锁公告日前，上市公司最近一期披露的季度净利润为基础，通过同比和环比两个维度，并将之与过去三个季度的净利润增长率中位数进行比较，从而判定公司披露的信息是"好消息"还是"坏消息"；三是以季度业绩预告变动界定"好消息"与"坏消息"，该方法以草案公告日及行权解锁公告日前，上市公司最近一个季度业绩预告同比增减变动的百分比区间平均数为基准，并将之与公司过去三个季度的业绩增长中位数进行比较，如果大于 0，则说明披露的是"好消息"，反之则说明披露的是"坏消息"。

第四，对于激励公司在股权激励考核基期及第一个行权解锁考核期的机会主义盈余管理行为研究，本书采用了倾向得分匹配法，验证了股权激励公司真实盈余管理的存在性行为。对于盈余管理的计算，我们分别采用了琼斯模型和真实盈余管理模型，计算了上市公司的应计盈余管理和真实盈余管理值。

第五，为了分析具体股权激励方案中的管理层机会主义行为，本书分别从以下三方面对该问题进行了研究：一是股权激励考核基期的确定与管理层的机会主义行为，该方法主要将股权激励考核基期与基期前一期的 ROE 和净利润增长率进行比较，判断基期的财务指标值是否显著低于基期前一期；二是股权激励设置的业绩考核值与管理层机会主义行为，该方法通过股权激励草案中设定的第一个行权考核期 ROE 和净利润增长率考核数，并将之与基期数进行比较，从而判断两者是否存在显著差异；三是股权激励授予价格的确定与管理层机会主义行为，该方法主要通过将股权激励的授予价与市价（草案公告日收盘价）进行比较，判断上市公司股权激励方案制定中的存在机会主义行为。

第六，除研究上市公司在股权激励实施过程中的各种管理层机会主义行为外，本书还研究了上市公司股权激励的激励效果以及管理层机会主义行为对激励效果的影响。在研究方法上，本书分别用剔除行业中位数后的 ROA、代理成本减少（包括投资不足的增加、过度投资的减少及在职消费的减少）和企业创新来衡量企业的激励效果，并通过不同的回归模型研究了股权激励的实施对激励效果的影响。而笔者对激励效果问题的研究侧重点则放在了股权激励的实施对公司业绩的影响上，通过回归分析及内生性检验和稳健性检验，本书证明了股权激励的实施对公司业绩的提升作用。

1.5　本书的研究贡献与研究不足

1.5.1　本书的研究贡献

本书从委托代理理论和不完全契约理论出发，在前人对股权激励中管理层机会主义行为的研究基础上，系统论证和分析了在不同所有权性质和不同股权激励类型情况下，上市公司在股权激励授予时和行权解锁时是否存在管理层机会主义行为的问题，同时，笔者也从公司业绩、代理成本和公司创新三个维度研究了股权激励的激励效果，并将管理层机会主义行为和激励效果结合起来，研究了盈余管理和管理层的机会主义择时行为对公司业绩的影响。

本书的主要研究贡献和研究创新如下。

第一，当前学术界大多是从股权激励授予时或行权解锁时的某一个阶段研究股权激励中的某一种机会主义行为，本书则同时从股权激励授予时和行权解锁时的两个阶段研究了上市公司在不同分组情况下的四种管理层机会主义行为，研究更全面，也更系统。

第二，对于股权激励实施过程中管理层机会主义择时行为的研究，国内研究成果还较少，且绝大部分研究都是通过平均累计超额收益率的分布来对上市公司是否存在机会主义择时行为进行判断的，本书除了通过该方法来判断管理层的机会主义择时行为外，同时还借鉴了国内外的研究思路，引入了草案公告日操纵和行权解锁公告日操纵的概念，找出了涉嫌操纵的具体上市公司，比较了涉嫌操纵的公司与非操纵公司平均累计超额收益率走势的差异，对该问题的研究深度更深。

第三，学术界在研究股权激励中的管理层机会主义行为时，大部分研究都集中于择时的机会主义行为、信息披露的机会主义行为和盈余管理的机会主义行为，对于具体股权激励方案中的管理层机会主义行为，学者们大多是以案例形式进行研究，或者是一笔带过，而本书则对股权激励具体方案制定过程中的三种机会主义行为进行了系统性分析，这在国内的研究中也较为少见。

第四，本书从公司业绩、代理成本和企业创新维度系统分析了股权激励效果，而国内绝大多数学者对激励效果问题的研究都集中于公司业绩视角，故而本书对股权激励效果问题的研究更全面。

第五，很多涉嫌行权解锁公告日操纵的上市公司无惧激励股份解禁，其行权解锁公告日的股价仍然是公司过去 30 个交易日的第一高位、第二高位或者第三高位。经过笔者进一步研究发现，这些上市公司的公司业绩显著高于其他公司，即涉嫌行权解锁公告日操纵的上市公司业绩却更好，本书较早地发现了该问题的存在。

第六，本书的研究对于股权激励制度在国有企业的加快推进具有指导作用。本书的研究证实，国有企业实施股权激励后，其激励效果比民营企业好，其管理层机会主义行为也比民营企业少，故而扩大国有企业的股权激励范围有助于上市公司整体业绩的提升。

第七，本书的研究回答了在限制性股票激励和股票期权激励中，哪种激励方式更值得广泛推广的问题。本书的研究表明，采用股票期权激励的上市公司管理层机会主义行为更少，且股权激励强度与公司业绩显著正相关，而在限制性股票激励中，这种相关关系不显著。所以对于监管层而言，股票期权激励方式更值得广泛推广。

第八，在研究方法上，本书针对不同的研究内容采取了不同的研究方法，使得研究过程更符合研究问题的客观需要。针对股权激励草案公告日和行权解锁公告日的机会主义择时行为研究，本书采用了事件研究法；针对盈余管理的机会主义行为研究，本书采用了倾向得分匹配法；针对信息披露和具体激励方案中的机会主义行为研究，本书则直接通过 T 检验分析其前后期之间的差异；针对股权激励效果的研究，则综合运用了倾向得分匹配法、T 检验及多元线性回归分析法对其进行研究，使得研究结论更加稳健。

1.5.2　本书的研究不足

虽然本书系统地研究了股权激励实施过程中不同分类情况下上市公司的四种管理层机会主义行为、三种股权激励效果以及盈余管理和管理层的机会主义择时行为对公司业绩的影响，但本书仍然存在很多不足，具体表现如下。

第一，除公司性质和股权激励类型会对公司的管理层机会主义行为和激励效果产生影响外，大股东控制权、公司发展速度等也会对其产生影响，而这两方面的影响因素是本书未考虑的。

第二，在对股权激励的激励效果和盈余管理的研究中，本书都只考虑了短期影响，而长期影响本书则未考虑到。

第三，本书考虑了盈余管理和管理层的机会主义择时行为对激励效果的影响，对于其他管理层机会主义行为对激励效果的影响，本书则暂未进行深入研究。

1.6　本章小结

本章是本书的开头部分，主要介绍了本书的研究背景、研究意义、研究内容、研究方法、研究思路、研究贡献、研究创新和研究不足等内容。首先，我们在实施股权激励公司越来越多的大背景下，引出了股权激励实施后的激励效果问题。从实务上看，股权激励实施后，其激励效果较好与较差的公司都同时存在，而理论界也对该问题发生了争论，其核心原因在于股权激励实施过程中存在种种管理层机会主义行为，故而研究股权激励中的管理层机会主义行为及其激励效果就显得意义重大。其次，我们对本书的核心概念进行了界定，并详细描述了本书的研究内容、研究路线和研究方法。在研究技术路线中，我们也对本书的章节安排进行了详细介绍。最后，我们对本书的研究贡献、研究创新和研究不足进行了阐述，指出了本书的学术贡献、创新点和研究不足。

| 第 2 章 |

理论基础和文献综述

2.1　理论基础

2.1.1　委托代理理论

委托代理关系是随着社会生产力的发展和公司规模化生产而产生的。一方面，社会生产力发展使得企业分工更加细化，而公司所有者则因为精力、能力等原因而不能行使所有的经营管理权；另一方面，社会专业化分工使得公司中出现了很多具有专业知识和管理能力的代理人，他们的能力和专业知识使得他们成为公司经营管理权的被委托对象，从而使得公司经营权和所有权相分离。在因公司经营权和所有权分离而产生的委托代理关系中，委托人与代理人的目标函数不一致，并时常发生冲突，委托人追求的是股东财富最大化，而代理人追求的可能是工资收入、在职消费和闲暇时间等。因此，在没有合适制度安排的情况下，代理人很可能因为追求个人利益而损害委托人利益，并由此产生委托代理问题。

最早关注到委托代理问题的学者可以追溯到亚当·斯密，他在《国富论》中曾以南海公司为例，指出其因为股东数目较多，经营层在经营上的疏忽和浪费巨大，其损失甚至大于当时西班牙政府的抢夺和压迫，但是他并未提供系统性的分析框架。1933 年，美国经济学家贝利和米恩斯（Berle and Means）对美国 200 家非金融公司调研后得到结论：现代大企业的所有权和经营权分离已经日益明显，大企业的控制权已经逐渐从所有者手中转移到经营者手中，并正式提出了所有权和控制权分离的命题。之后，美国著名的管理学家钱德勒（Chandler，1977）在其著作《看得见的手——美国企业的管理革命》中指出，企业股权分散和管理的专业化使得拥有专业管理知识和经营信息的经理人掌握了对企业的控制权，导致公司所有权和经营权的"两权分离"。现代意义的委托—代理概念最早是由罗斯（Ross，1973）提出的，他在其发表的文章《代理的经济学理论：委托人问题》中首次提出了委托代理问题，他认为，如果当事人双方，其中代理人一方代表委托人一方的利益行使了某些决策权，则代理关系就随之产生了。20世纪70年代，随着信息经济学的发展，詹森和麦克林（1976）等学者通过对信息不对称性的研究，发现了委托代理问题的更深层次原因，从而进一步推动了委托代理理论的兴起和发展。根据信息经济学理论，委托代理问题之所以会出现，其中一个重要原因就是经营层和管理层之间的信息不对称。在社会化分工和企业两权分离以后，经营管理者从事着一线经营活动，在一定授权范围内负责企业的资源调配和费用支出，从而处于相对信息优势，而企业所有者因为不直接参与经营活动，对企业的具体经营信息相对就不是那么了解，从而就处于相对信息劣势，这种经理层和企业所有者之间的信息不对称就可能导致经理层利用自己的信息优势为自己谋取利益从而损害企业所有者的利益，并导致了委托代理问题的产生。

委托代理问题产生后，理论界和实务界都在思考解决该问题的办法，其核心问题是研究在信息不对称及委托人和代理人利益冲突的情况下，如何设计一套最优契约机制来对代理人进行激励和监督，使委托人和代理人目标一致，从而降低代理成本，保证代理人按照委托人的目标函数开展经营管理活动。一般来说，解决委托代理问题的办法有两个，一是建立有效的监督机制，二是建立相应的激励约束机制。

建立解决委托代理问题的监督机制是困难的，也是需要成本的，所以就产生了代理成本问题。监督机制的建立首先需要调动监督者的监督积极性，尤其是在难以测定委托人和代理人的风险态度和效用函数时。另外，一个团队中个体的贡献是比较难测定的，也难以按个体贡献来支付报酬，而且监督者在行使监督权时，自己就必须获得足够的监督激励，从而进一步加大了监督成本。

詹森和麦克林（1976）提出委托代理理论后系统性地分析了委托代理的代理成本问题，他们认为，代理成本是指委托人为防止代理人损害自己的利益，通过契约关系对代理人进行监督和限制所付出的代价。代理成本问题可以划分为三类，一是委托人的监督成本，二是代理人的担保成本，三是剩余损失。监督成本问题指委托人为了激励和监督代理人努力工作而付出的成本；代理人的担保成本是指保证不损害委托人行为的成本，以及如果采取这种行为将给予赔偿的成本；剩余损失是指委托人因代理人的代理决策而造成的价值损失，等于代理人决策和委托人在假定具有与代理人相同信息和才能情况下自行效用最大化决策之间的差异。因此，由于代理成本的存在，仅仅依靠建立有效的监督机制来解决委托代理问题是很难实现的，所以人们更多地依靠激励约束机制来解决委托代理问题。

通过股权激励来解决委托代理问题是目前最常用的方法之一。股权激励的内在逻辑是通过中长期的激励机制，将公司高管层利益与公司所有者的利益绑在一起，使高管薪酬与公司业绩指标挂钩，让高管在努力为公司创造收入的同时也能增加个人收入，从而使股东财富最大化的目标与高管目标一致。詹森和麦克林（1976）也认为，在所有权和经营权分离后，经理层仅拥有部分剩余索取权，所以他们不一定会按照股东财富最大化的方式行事，而是追求闲暇时间谋取私利的行为，而股权激励则强化了公司股东与经理层的联系，使两者的利益保持一致，从而降低了代理成本。

虽然理论界认为激励约束机制能够较好地解决委托代理问题，但是从股权激励实务来看，如果股权激励实施后的激励约束得当，公司经营者和企业所有者利益就能够绑定在一起，减少代理成本并部分解决委托代理问题，提高公司的经营业绩和效率。可是在激励约束不足时，股权激励的潜在收益就可能诱使高管层进行机会主义投机、损害股东利益。在这种情况下，股权激励不仅不能解决委托代理问题，反而可能会加剧管理层机会主义行为。所以综合来看，股权激励是否能够解决委托代理问题可能取决于公司股权激励的约束机制，如果约束机制严格，则可能会减少代理成本并部分解决委托代理问题；反之，在约束机制相对宽松时，对管理层授予股权激励不但不会降低代理成本，反而可能会增加代理成本并加剧委托代理问题。

2.1.2　不完全契约理论

不完全契约理论是当前最热门的经济学理论之一，其主要创立者奥利弗·哈特与本特·霍尔姆斯特伦也因此在 2016 年获得了诺贝尔经济学奖。在委托代理理论中我们已经提到，在社会化大分工和两权分离的情况下会产生委托代理问题，而解决该问题的方法除了构建监督机制和激励约束机制外，还有一个方法就是构建完全契约，通过完全契约将委托人和代理人的利益绑定在一起，并在契约中设计好激励与风险分摊条款，并解决在交易过程中的委托代理问题。

在不完全契约理论之前，理论界还存在一个完全契约理论。根据完全契约理论的观点，委托人可以根据企业经营过程中可以观察、容易证实和考核的指标向代理人支付薪酬，这种以绩效为基础的薪酬契约便能够将委托人和代理人捆绑在一起，解决委托代理过程中出现的利益冲突。然而，哈特（Hart，1986）等认为，签订完备契约是很难实现的，一方面，现实世界太复杂，不可预测，且委托人也不能充分理性地对各种可能发生的事情都作出规划；另一方面，即使缔约双方能够作出计划，但是他们也很难用语言去描述各种情况和行为，也很难将各种计划都写出来，或者得到第三方的证实，所以格罗斯曼、哈特及莫尔一起创立了不完全契约理论，该理论的核心思想是契约的缔约双方不可能完全预计到契约签订后可能出现的各种情况，从而也无法在缔结契约时明确界定缔约双方的权利和责任，这也是由人们的有限理性、信息不完全、交易不确定等因素决定的。

不完全契约理论主要包括交易费用理论（又称交易成本理论）和产权理论。

交易费用理论的核心在于对企业的本质的解释，该理论认为市场交易费用的存在决定了企业的存在，企业在"内化"市场交易的同时也产生了额外费用，当费用的增加与市场交易费用节省的数量相当时，企业将不再扩张。首次提出交易费用概念的学者是科斯，1937 年，他在《企业的性质》一文中首次提出了"交易费用"的思想。科斯指出，企业和市场是组织劳动分工的两种方式，企业产生的原因是企业组织劳动分工的交易费用小于市场组织劳动分工的交易费用。一方面，企业把若干生产要素的所有者和产品所有者组成一个单位参与市场交易，减少了交易者数量和交易摩擦，从而降低了交易成本；另一方面，在企业内部，市场交易被消除，企业家指挥生产经营和生产，替代了复杂的市场交易，从而使企业替代了市场。所以无论对企业还是市场来说，都存在着交易费用，而企业之所以替代市场则是因为组织企业生产的交易费用低于市场交易的交易费用。

1969 年，阿罗第一次使用"交易费用"这个术语，并将其定义为市场机制运行的费用。真正对交易费用理论进行系统阐述的学者是威廉姆森（Williamson，1975），他认为，影响交易的因素可以分为两类：一是交易因素，指市场的不确定性、潜在交易对象的数量及交易物品的技术特性等；二是人的因素，指人的机会主义行为和有限理性。在上述两个因素影响下，由于交易参与人的有限理性，交易双方不可能在事前签订好完全合约，同时，因为市场环境的复杂性和不确定性，交易双方极易在信息不对称的情况下从事机会主义行为，从而导致市场效率的损失和交易成本的高昂。根据交易的两大类影响因素，威廉姆森指出了交易成本的主要来源：交易参与人的有限理性、投机主义、交易环境的不确定性与复杂性、信息不对称、少数交易（交易对象较少）及交易气氛因素。除此之外，威廉姆森（1975）还将交易成本分为了六大类，分别是搜寻成本、信息成本、议价成本、决策成本、监督交易进行的成本以及违约成本。这六项成本又最终来源于交易本身的三个特征：交易商品的特殊性、交易不确定性和交易的频率。后来，威廉姆森（1985）进一步将交易成本划分为了事前交易成本与事后交易成本两类，事前交易成本指起草、谈判、保证落实某种协议的成本；而事后交易成本指交易发生后，围绕契约的执行所产生的一系列费用，包括适应性成本、讨价还价成本和约束成本等内容。

除交易费用理论外，产权理论也是不完全契约理论的主要内容之一。根据阿尔奇安等（Alchian et al.，1973）关于产权的定义：产权是一种通过社会强制实现的对某种经济物品的多种用途进行选择的权利，产权包括所有权、使用权、收益权、让渡权等一些权利。产权理论认为，在不考虑外部性的情况下，私人成本与社会成本一致，如果私人成本和社会成本不一致，则会产生外部性问题，外部性问题的存在使得价格机制不能发挥作用，影响资源配置的效率。传统经济学主张通过税收和补贴来解决外部性问题，但是科斯（1937）认为可以通过明晰产权的方式解决外部性问题。因此，产权理论所讨论的核心问题是外部性问题，界定与安排好产权结构对于解决外部性问题、降低市场机制的运行费用、提高经济运行效率具有重大作用。

科斯被认为是产权理论的奠基者与主要代表人物，他认为，在某些条件下，经济的外部性或者说非效率性可以通过交易双方的谈判而得到纠正，从而达到社会效益最大化（科斯，1937），但是他并未用文字将其描述成科斯定理。科斯定理的形成大致可以分为两个阶段：第一阶段产生于20世纪30年代，他指出了市场机制在经济运行中存在摩擦，这种摩擦产生的原因主要是由于产权上的缺陷造成，克服这些摩擦则需要界定企业产权；第二阶段产生于20世纪50~60年代，他仔细研究了产权的功能，考察了产权结构在克服经济的外部性和非效率问题上关键作用。科斯定理可以分为科斯第一定理、科斯第二定理和科斯第三定理，科斯第一定理认为，如果交易费用为零，无论初始产权如何分配，市场机制都会使资源配置到最需要的人手中，从而达到资源的最佳配置；科斯第二定理认为，在现实社会中，交付费用不可能等于零，产权的初始分配不可能无成本地转向最优状态，所以产权的初始分配会对经济运行的效率产生影响；而科斯第三定理认为，在交易成本大于零时，清晰界定好产权的归属将有助于降低交易成本，改进经济效率，也就是说，如果没有界定并保护好产权，在交易成本大于零的现实经济社会中，产权交易和经济效率的改进将难以提高。

对于企业来讲，科斯（1937）认为，产权明晰是企业业绩的关键性因素，只有企业资产为私人拥有时，才能实现企业产权的排他性，保证拥有者的资产以及这种资产带来的收益不被他人侵犯，并建立相应的激励约束机制。企业产权拥有者建立相关激励约束机制的基本动机来源于对剩余利润的占有，其对剩余利润占有份额越多，提高企业业绩的动机也越强；反之，如果产权不清晰，则所有者和经营者之间就会滋生出"激励不相容"和权责利不对等的问题，增加交易成本并降低企业运行效率。实际上，产权理论认为企业就是契约的集合，是不同资产所有者借助契约形式构建合作资产，并把合作资产的控制权、索取权在不同所有者之间进行分配的组织，是一种交易产权的方式（科斯，1937）。

结合产权理论和交易费用理论来看，由于交易中参与人的有限理性或者交易费用的影响，现实经济生活中的契约是不完全的，交易参与人也不可能签订完全契约，因此，在契约中存在着大量的剩余空间，并由此催生了剩余控制权，即契约中未明确载明状况下控制权的归属和行使（Hart et al.，1990）。另外，契约的不完全性也决定了企业的总收益不可能是个固定数值，每个资本所有者和特定主体分得的也不可能是个固定数值，因此，契约的不完全性也催生出了剩余索取权，指企业合约总收入扣除合约固定总支出后的剩余额（谢德仁，2011）。

当不完全契约导致企业的剩余控制权和剩余索取权问题产生以后，两者可能经常发生不匹配的情况。当管理层的剩余控制权大于剩余索取权时，公司支付的固定薪酬或者少量激励可能仅对管理层发挥有限激励作用，得不到充分激励的管理层就很可能在其经营决策过程中利用控制权谋取私利；反之，当剩余索取权大于剩余控制权时，受到激励的管理层可能无法发挥自身潜力去为企业创造价值，使得企业的剩余控制权掌握在不具备专业才能的利益主体中。所以，剩余控制权和剩余索取权的不匹配将导致管理层不再完全按照股东财富最大化的方式工作，而代之以个人利益最大化目标来进行投资和资产配置决策。

解决剩余索取权和剩余控制权不匹配的重要方法就是授予代理人相应的股权

激励股份，使其拥有部分剩余索取权，成为委托人的利益相关方和利益共同体；否则，剩余控制权和剩余索取权的产生将必然导致委托人追求剩余索取权最大化，而代理人追求剩余控制权最大化，从而使两者之间发生利益冲突，增加代理成本。

2.2　文献综述

根据委托代理理论，在社会化大分工产生以后，企业的管理权和经营权发生分离，从而产生了委托代理问题，而在有限理性、信息不对称以及交易不确定等因素的影响下，委托人和代理人之间不可能签订完全契约，从而在公司内部产生了剩余控制权和剩余索取权的问题，两者不匹配就会导致利益冲突并加剧代理成本。不管是对委托代理问题还是剩余控制权和剩余索取权不匹配的问题，股权激励都是解决方法之一。

股权激励是否具有激励效果可能取决于激励约束。在股权激励的激励约束较好时，委托人和代理人之间的利益将能够实现捆绑，从而提升公司业绩；但是在激励约束不足的情况下，股权激励就很可能诱使管理层为达到业绩考核目标而进行各种机会主义投机行为，从而损害股东利益。从实务界的研究结论来看，学者们目前对于股权激励是否能够提升公司业绩还没有形成一个相对一致的意见，但是对股权激励中存在各种机会主义行为的意见却相对一致。

从目前的研究来看，学者们对股权激励中管理层机会主义行为的研究主要体现在三个方面：股权激励与管理层择时的机会主义行为、股权激励与信息披露的机会主义行为、股权激励与盈余管理。对于这三个问题，笔者也在书中进行了详细的分析。除上述三个问题外，根据国内媒体和投资者对诸多上市公司股权激励方案的质疑，笔者还分析了上市公司在具体股权激励方案中的管理层机会主义行为。围绕股权激励中的管理层机会主义行为及其激励效果，本书梳理了文献研究如下。

2.2.1　股权激励与管理层的机会主义择时行为

在股权激励方案中，股权激励在授予时的股价和行权解锁时的股价直接决定了激励对象的激励收益，而这两个价格又分别对应了股权激励的两个重要时点：股权激励的授予和行权解锁。在中国，股权激励的授予价格与授予时的公司股价走势息息相关，而公司在股权激励行权解锁时的价格又决定了股权激励收益，故而上市公司管理层就可能在股权激励授予时和行权解锁时通过机会主义择时行为最大化个人收益。

国外学者对管理层机会主义择时行为研究得比较充分，而国内对该问题进行过系统研究的学者并不多，学者们主要通过两个方面来研究股权激励中的机会主义择时行为的，一是通过观察股票期权授予日前上市公司的股价走势来确定上市公司是否存在机会主义择时行为，二是通过观察上市公司是否存在"回签"（back - dating）行为来确定上市公司是否存在机会主义择时行为。学者们在该问题上的主要研究结论如下。

2.2.1.1　上市公司的股价走势与机会主义择时

耶尔马克（Yermack，1997）开启了股票期权授予过程中管理层择时机会主义行为研究的先河，他以 1992～1994 年财富 500 强公司 619 个股票期权样本为基础，发现了上市公司 CEO 存在利用公司信息披露机会主义的选择股票期权授予日的行为，其股票期权授予日的日期选择与公司有利的股价运动一致。之后，阿博迪和卡兹尼克（2000）通过研究 1992～1996 年上市公司发布的 572 份有固定授予日安排的期权样本后发现，激励样本在股票期权授予日前存在负的超额收益率，而在授予后存在正的超额收益率。而乔万和申诺伊（Chauvin and Shenoy，2001）在对 1981～1992 年的 783 份股票期权授予数据进行研究后也发现，在股票期权授予日前 10 天内，样本公司的股价有非常显著的异常收益，且方向为负。这些研究通过考察股票期权授予日前后的股价运动，表明了上市公司在股票期权授予日的选择上存在机会主义择时行为，管理层选择了股价走弱偏弱的时候进行股票期权激励。

国内诸多研究也通过观察股权激励草案公告日前后的股价走势，发现了管理层的机会主义择时行为。张治理等（2012）通过对不同分类情况下 A 股上市公司在股权激励草案公告日前后的市场表现进行分析，发现以股票期权作为激励标的物的上市公司存在择时的机会主义行为，而以限制性股票作为激励标的物的公司不存在机会主义择时行为。孙慧倩（2017）则以股票期权样本为基础，通过上市公司在股票期权授予日前后累积超额收益率的分布，证明了实施股票期权激励的上市公司在股权激励草案公告日前存在机会主义择时行为。程果（2020）同样发现上市公司在股权激励草案公告前存在显著的机会主义择时行为，且这在限制性股票激励公司和民营企业中非常显著，在股票期权激励公司和国有企业中不显著，而市场准确判断和真实盈余管理是管理层机会主义择时行为所凭借的两种手段，涉嫌市场准确判断的上市公司管理层机会主义择时行为更强。

2.2.1.2 股票期权的回签与机会主义择时

除通过考察股票期权授予日前后的股价运动来分析管理层机会主义择时行为外，列（Lie，2005）还对管理层的机会主义择时行为提出了回签的解释，他认为公司管理层之所以能够获得较低的行权价格，是因为他们在观察了过去一段时间的公司股价后，将股票期权的授予日回签至某一股价较低日期的结果。蔡（Cai，2006）使用1997~2005年美国上市公司的股票期权行权数据，并根据回签激励区分了现金行权、股票行权和无现金行权三种方式，发现对于现金行权而言，行权日前的股票平均超额收益率显著为负，行权日后则显著为正，但股票行权具有相反的收益率模式。同时，蔡（2006）还比较了萨班斯法案颁布前后的股票行权操纵情况，大约有1/8的现金行权和1/20的股票行权在萨班斯法案颁布前被回签或者操纵，而在萨班斯法案颁布后，所有情况下的操纵行为均变弱。之后，列（2009）对1996~2005年在美国上市的39888份股票期权进行研究后发现，约有13.6%的上市公司涉嫌授予日回签，且高科技企业和小规模企业更容易发生授予日回签。柯林斯等（Collins et al.，2006）也对1998~2004年涉嫌授予日回签的样本进行了研究，发现存在授予日回签行为的上市公司长期业绩显著低于不存在授予日回签的上市公司，说明这种回签行为损害了股东利益。乌兹纳和郑（Uzuna and Zheng，2012）的研究结果也显示，上市公司除采用会计盈余调减利润以最小化期权行权价格外，同时也采用了回签授予日的行为。

除股权激励授予日的操纵存在回签现象外，纳拉亚南和赛洪（Narayanan and Seyhun 2008）还发现了公司高管利用"前签"（forward-dating）的方法操纵股票期权授予日的现象，即如果股权激励计划公告前股价下跌，则公司向前改签股票期权的授予日，以未来更低的行权价格日期作为期权授予日。贝布丘克等（Bebchuk et al.，2010）则通过识别"幸运期权授予"来对管理层机会主义行为进行分析的，所谓"幸运期权授予"指的是授予日股价正好是授予月份的最低股价，而在正常情况下，股票期权授予日正好是当月股价的最低点是不可能的，除非是回签的结果。经过贝布丘克等（2010）的计算，在 1996～2005 年的 19036 份 CEO 股票期权和 26209 份董事期权中，分别有 2329 份和 2473 份期权属于幸运授予，除去其他因素后，这些幸运授予中分别有 1163 份和 804 份股票期权存在择时的机会主义行为。

我国学者对上市公司回签行为的研究非常少，主要原因在于我国股票期权的行权价格是以股权激励草案公告日为基础确定的，上市公司无法回签期权授予日。杨慧辉等（2016）研究了节税驱动下的期权行权日操纵行为，发现个人所得税最小化是管理层回签股票期权行权日的驱动因素，节税收益越大，行权日被回签的可能性就越大。醋卫华等（2017）则研究了股票期权行权前的管理层机会主义择时行为，并通过 Logit 回归模型验证了行权过程中管理层的择时行为。

2.2.2　股权激励与管理层的机会主义信息披露行为

公司定期报告和业绩预告作为一种信息披露机制，为各个利益相关方提供了了解公司业务现状和未来业务发展的重要信息，从而降低了公司与各个利益相关方之间的信息不对称，故而会影响公司股价走势。但是在股权激励授予时和行权解锁时公司披露的财务信息中，管理层对于财务信息何时披露、披露程度及提前或延后披露等问题都拥有较大的自主选择权，所以管理层就可能在股权激励实施过程中利用其信息披露的自主选择权，在股权激励草案公告前或者行权解锁公告前操控其披露的财务信息，从而影响公司股价走势，为机会主义择时行为创造条件并最大化股权激励收益。在具体披露利好消息与利空消息的时点选择上，赵华伟（2017）认为上市公司会在股权激励计划公告前尽量多地披露"坏消息"，尽量少地公告"好消息"；而在出售股票前，上市公司则会披露更多的"好消息"，而尽量少地公告"坏消息"。

叶尔马克（1997）在研究管理层的机会主义择时行为时发现股票期权授予前总是伴随着股价的下跌，而授予后股价上涨，股价的这种反转正是由于股权激励授予后上市公司披露了"好消息"的缘故。阿博迪（Aboody，2000）在研究股票期权授予前后股价的"V"形反转现象后也得出了类似结论，认为这是由于上市公司在授予管理层股权激励前提前发布了利空消息或者推迟发布利好消息造成的。程（Cheng，2006）发现高管在计划买入股票前会增加业绩预测坏消息披露的数量以降低股价，同时，程（2006）还发现在管理层买入股票前倾向于发布更精确的"坏消息"和更模糊的"好消息"以打压股价，在卖出股票前则倾向于发布更精确的"好消息"和更模糊的"坏消息"以提升公司股价，从而最大化个人收益。

阿博迪等（2008）不仅研究了股票期权计划公告前上市公司的信息披露问题，同时也研究了股票期权行权前的信息披露问题，他们发现上市公司在股权激励公告前披露利空消息的强度和频率都显著增加；而在 CEO 股票期权行权前，上市公司会增加业绩预测"好消息"的披露频率，披露的业绩预测利好程度也更大，且管理层股权激励行权时的股票期权价值占其总薪酬的比重越大，这种倾向就越明显（Brockman，2010）。

在国内的研究中，扈文秀等（2017）对 2006～2015 年实施股权激励计划的 A 股上市公司管理层业绩预测数据进行了研究，发现管理层在股票期权激励草案公告前 30 个交易日会利用业绩预测披露更多的"坏消息"，而且管理层获授股票期权的价值占其总薪酬的比重越大，业绩预测的操控行为就越明显。孙慧倩（2017）也研究了股权激励草案公告日前 30 个交易日"好消息"与"坏消息"的披露情况，她分别从最近一期季报披露的短窗口市场反应维度、季度净利润增减变动维度、季度净利润增长率变动三个维度，考察了披露信息的"好"与"坏"，并证明了公司管理层倾向于在股权激励草案公告前公告"坏消息"，而"好消息"则被推迟到股权激励草案公告后披露。虽然很多学者证明了上市公司在股权激励计划公告前存在机会主义信息披露行为，但杨慧辉等（2016）的研究表明，以股票期权作为激励标的物的上市公司并未通过提前披露利空消息、延后披露利好消息的方式进行机会主义信息披露操纵，这表明很多上市公司可能并未通过信息披露的方式操纵股票期权行权日至股价低位。

2.2.3　股权激励与管理层的盈余管理行为

股权激励制度在我国的正式施行是以 2005 年 12 月 31 日《上市公司股权激励管理办法（试行）》的颁布为标志的，之后，证监会又先后公布了 3 个备忘录和两个监管问答来规范股权激励制度。这些股权激励制度文件明确规定了公司设置股权激励行权考核条件时必须考虑公司的业绩情况，具体业绩考核指标包括 ROE 和净利润增长率等。而股权激励的激励对象如果要兑现其激励收益，则必须要达到这些财务指标，所以管理层就可能为达到这些财务指标而进行盈余管理。

从国外学者的研究看，很多学者都发现了股权激励中的盈余管理问题。高等（2002）对 1992~1999 年美国标普 500 强公司进行研究后发现，高管持有的股票期权价值和股票期权比率与公司盈余管理呈显著的正相关关系。这一点也被伯格施特雷斯和菲利普（Bergstresser and Philippon，2006）所证实，他们也发现股票期权占总薪酬比率越高，公司的盈余管理程度就越大，盈余调整最大的时期正好是 CEO 或其他股东套现或行权的高峰期。除直接从股权激励与盈余管理的相关关系进行研究外，还有很多国外学者从财务重述、分析师预测、欺诈公告等视角研究股权激励中的盈余管理问题。比如，伯恩斯和科迪亚（Burns and Kedia，2006）从财务重述的视角研究了公司股权激励与盈余管理的关系之后发现股权激励公司的 CEO 持有的股票期权数量越多，公司发生财务重述的概率就越大；程和沃菲尔德（Cheng and Warfield，2005）从分析师预测的角度说明股权激励强度越强，公司利润大于分析师预测的概率就越低，说明公司隐藏了盈余以避免未来业绩下滑；丹尼斯等（Denis et al.，2006）的研究也发现，授予高管的股票期权价值越高，样本出现欺诈公告的概率就越大。

除了从财务重述、分析师预测等视角研究股权激励中的盈余管理问题外，还有学者对不同股权激励阶段的盈余管理问题进行了研究。如贝克（Baker，2003）对股权激励授予时的盈余管理进行研究后发现，公司授予管理层的期权价值越高，期权授予日前的盈余管理就越大。萨夫达尔（Safdar，2003）则对股票期权到期前的盈余管理进行了研究，他以 1991~1996 年的美国上市公司为样本，发现样本的操纵性应计利润在股票期权到期前显著上升，而在执行期后，公司业绩显著下降。科恩等（Cohen et al.，2008）的研究也发现公司的可操纵性利润在股票期权新授予时降低，而在股票期权行权时却有所提高。

国内对股权激励中的盈余管理问题研究也非常充分，其研究结论与国外研究也非常相似。陈千里（2008）的研究表明，股权激励的实施既能激励高管层努力工作、提高公司业绩，也能诱使高管层进行盈余管理。吕长江等（2009）则认为股权激励更像是给予高管的福利，而不是激励，业绩考核条件都非常宽松，有利于高管行权解锁（吴育辉等，2010）。吴德胜等（2015）甚至认为业绩型股权激励的实施本身就体现了高管层的机会主义行为。

在股权激励与盈余管理关系的具体研究方法上，路军伟等（2015）研究了股权激励背景下高管层的不同盈余管理偏好情况，发现操控性应计盈余管理和真实盈余管理的偏好与股权激励强度正相关，而与利用非经常性损益进行盈余管理的偏好负相关。刘宝华等（2016）也研究了不同盈余管理行为对实现行权考核条件的促进作用，发现应计盈余管理对达到行权条件没有帮助，而分类转移和真实活动盈余管理有助于高管层达到股权激励行权条件。谢德仁等（2018）则根据上市公司的业绩达标情况对样本进行分类，发现踩线达标的上市公司主要运用了真实盈余管理的手段进行业绩操控。同时，谢德仁等（2019）还研究了业绩型股权激励样本的经常性与非经常性损益分类操纵情况，发现踩线达标的上市公司可能通过将经常性费用藏匿于营业外支出的方式进行了经常性与非经常性损益分类操纵。刘银国等（2018）研究了激励型与非激励型上市公司的盈余管理情况后发现上市公司设定的行权业绩条件相对于过去实际业绩水平越严格，真实盈余管理的程度就越大。许娟娟等（2017）则研究了不同激励类型上市公司的盈余管理情况，发现相对于限制性股票，股票期权更能诱发严重的盈余管理行为。由此可以看出，学者们对股权激励与盈余管理关系问题的研究更加深入，具体包括对股权激励中不同盈余管理类型问题的研究、对不同行权达标情况下的盈余管理研究、对强激励性与弱激励性上市公司的盈余管理研究以及对不同股权激励类型情况下上市公司的盈余管理问题研究等。

在盈余管理的方向上，学者们对股权激励中授予时和行权解锁时的盈余管理方向分别进行研究，并认为上市公司在股权激励授予前存在向下的盈余管理，而在股权激励实施后的行权考核阶段存在向上的盈余管理。具体而言，肖淑芳等（2009）认为，经理人在股权激励计划公告的前三个季度就通过对操纵性应计利润的调控进行了向下的盈余管理。吴德胜（2015）等则从分析师预测的角度得到同样结论，认为股权激励公司在草案公告前存在向下的盈余管理，分析师高估了公司盈余。程果等（2019）的研究也同样表明上市公司在股权激励考核基期存在负向的真实盈余管理，股权激励草案的公告能够显著增加股东财富。而在行权解锁前，刘宝华等（2016）认为对于已经持有可行权期权、已解锁限制性股票和非限制性股票的高管层而言，通过向上的盈余管理拉升股价，并在股价处于高位时出售股票是其收益最大化的主要方法。刘银国等（2018）也发现股权激励计划的激励性程度越高、设定的行权业绩考核条件相对于公司之前的业绩水平越严格，所诱发的真实盈余管理和应计盈余管理的程度也越大。张奇峰等（2018）则以神州泰岳为案例，研究了其股权激励计划修订的动因和后果，发现神州泰岳在股权激励考核基期的财务指标低于可比公司和行业中值，而公司在考核期的财务指标刚刚达标，但是却远大于可比公司和行业中值，说明神州泰岳在股权激励考核基期存在向下盈余管理的迹象，而在股权激励考核期存在向上的盈余管理。

对于股权激励中的盈余管理问题，还有很多学者从盈余管理对公司影响的角度进行了研究，如廖理等（2005）研究发现应计盈余管理与线下项目盈余管理对公司未来业绩都具有显著的负面影响；苏冬蔚等（2010）从公司治理的角度证明，高管层的盈余管理会加大 CEO 股权激励的行权概率，且公司业绩在 CEO 行权后大幅下降；王福胜等（2014）不仅发现应计盈余管理与真实盈余管理对公司未来经营业绩有负面影响，且发现真实盈余管理对公司长期经营业绩的负面影响更大；许丹（2016）的研究也证实真实盈余管理损害了企业的日常生产经营决策、长远发展及未来现金流量，扭曲了企业的投融资决策，带来了长期的负面经济后果，导致公司长期业绩下滑；程果（2020）研究了股权激励的盈余管理与公司业绩的关系后也认为上市公司在股权激励考核期存在向上的真实盈余管理，上年度的盈余管理对公司本期业绩有着显著的负向影响，且这种负向影响在民营企业和发展较慢的企业中非常显著，而国有企业的激励效果比民营企业好，真实盈余管理比民营企业轻。

2.2.4　股权激励具体方案中的管理层机会主义行为

在上市公司披露的股权激励方案中，公司需要披露的核心内容至少包括激励对象、授予数量、授予价格、锁定期、行权解锁条件等核心指标，但这些重要的指标均是由公司管理层内部决定的，因此，公司管理层有动机利用其权力在股权激励具体方案中制定对自己有利的股权激励方案，进行机会主义投机。

从国外研究来，莫菲（Murphy，1999）在研究股权激励的制定流程后认为股权激励方案大多由公司人事部门提出，然后送公司高管审核和修改，之后，送薪酬考核委员会，即在整个方案的设计过程中，公司高管层确实能够影响到股权激励方案的设计，这就导致了股权激励方案大多对高管层有利，且高管权力越大，激励方案就对高管层越有利（Bebchuk et al.，2002）。同时，莫菲（1999）研究了美国 177 家大公司的股权激励业绩考核指标体系，发现大部分公司都采用了净利润和 ROE 等会计收益指标。但德乔等（Dechow et al.，1991）认为，采用会计收益指标会存在很多问题，如指标容易被高管控制，而且会诱导高管放弃那些降低短期收益但是提高长期收益的项目。约翰逊（Johnson，1999）也曾批评过采用绝对值指标的绩效考核指标体系，因为其导致牛市中许多业绩不如市场水平的公司也能获得高额的激励回报。此外，贝蒂斯（Bettis，2018）通过业绩型股权激励定价模型也认为以会计业绩指标作为股权激励的行权条件会降低高管层的风险承担。因此，索特纳和韦伯（Sautner and Weber，2007）提出为增加与可比公司或者竞争对手的比较，上市公司应该从绝对绩效和相对绩效两方面对股权激励进行考核，在股权激励方案设计中采用市场业绩指标及相对业绩评价指标将有助于遏制管理层损益分类操纵的动机（谢德仁等，2019）。

从我国股权激励实务来看，我国上市公司在实施股权激励时通常将会计业绩指标作为考核指标，且绝大部分上市公司使用的考核指标都是净利润增长率和净资产收益率（谢德仁等，2018）。会计利润更多地衡量了企业的短期利润，难以体现企业的真实业绩，且容易产生"白条利润"，让高管层通过"白条利润"套现股权激励收益将损害投资者利益（吴育辉等，2010）。此外，吴育辉等（2010）从上市公司绩效考核指标数量、指标质量、指标性质和指标标准四个方面构建了衡量高管层自利行为特征的综合指标，认为当股权激励考核指标数量越少、考核指标越偏会计收益、考核指标性质越偏主观、考核标准越低时，高管层的自利性特征就越明显。吕长江等（2009）则通过对股权激励方案中设置的解锁条件和激励有效期的考察，发现很多上市公司将股权激励设计成了利益输送渠道，其激励方案存在诸多漏洞，且这些公司推出股权激励的目的并非是激励高管，而是为他们自己谋福利。肖淑芳等（2013）还研究了上市公司股权激励的业绩比较基准，发现绝大部分上市公司在选择业绩比较基准时都选择了固定基期，而只有少部分公司选择动态基期，其主要原因在于固定基期操纵相对于动态基期更容易。此外，肖淑芳等（2013）对股权激励考核基期和考核期公司业绩的研究结果也表明上市公司不仅行权考核标准偏低，而且考核基期的业绩水平也明显偏低。针对具体的股权激励计划，新浪财经等媒体曾对苏泊尔2013年公告的股权激励计划提出质疑，一是其股权激励的授予价格为0，二是行权考核条件显著偏低。① 此外，吕长江等（2009）也曾质疑过伊利股份针对总裁个人的激励比重过高以及凯迪电力的行权解锁考核指标过低的问题。郝昕（2019）则通过对2018年深市上市公司股权激励实施情况的分析，发现上市公司在经济不景气时存在放宽业绩考核指标的动机，而业绩考核指标的放宽将极大地削弱激励效果，与长期

---

① 新浪财经：苏泊尔推出零元股权激励［OL］.［2013 - 10 - 15］. http：//finance. sina. cn/roll/20131015/083916993330. shtml.

激励的初衷相悖。因此，股权激励具体方案中的管理层机会主义行为也值得我们深入研究。

2.2.5　股权激励的激励效果

从当前的研究来看，学者们对股权激励的激励效果还没有取得相对一致的意见。从国内外学者们的研究情况看，认为股权激励具有激励效果和认为股权激励没有激励效果的观点均存在，学者们关于股权激励效果的主要观点如下。

2.2.5.1　股权激励的正向激励效果

麦康奈尔和塞尔瓦斯（McConnell and Servaes，1990）早在 1990 年就研究了股权激励对公司业绩的影响，发现股权激励的施行与公司业绩显著正相关。阿博迪等（2010）在比较激励公司与其他公司核心财务指标的差异后，发现样本公司在股权激励实施后的营业利润和现金流增长幅度高于其他公司，股权激励也具有积极的激励效果。廉等（2011）以 2006～2007 年中国实施股权激励的公司为基础，采用 PSM 模型分析了股权激励的激励效果，研究结果表明，实施了股权激励的样本在经营绩效上显著大于其他匹配样本。摩根和普尔森（Morgan and Poulsen，2001）、塞西尔（Sesil，2007）的研究结论也相似，都发现了股权激励对激励效果的正向作用，认为股权激励的施行能够提高员工工作积极性和公司业绩。

除股权激励对公司业绩影响的研究外，还有学者从减少代理成本的角度分析股权激励效果。在该研究思路下，如果股权激励具有积极的激励效果，那么上市公司在股权激励实施后，在职消费、过度投资等问题将得到缓解，而公司的投资不足和研发效率等将得到提升。詹森（1994）研究了委托代理问题而导致的过度投资和投资不足问题，认为给予股权激励将有助于改善这些问题。达塔（Datta，2001）研究了股权激励对并购投资行为的影响，同样也发现股权激励有助于抑制并购过程中的过度投资行为。持有这种观点的还有哈尔和莫菲（Hall and Murphy，2003）和帕努西、帕潘尼科拉乌（Panousi and Papanikolaou，2012）等，他们认为股权激励的实施能够克服管理层因过度规避风险而导致的投资不足以及增加公司投资，甚至还能促进公司的有效投资，进而提升投资效率。瑞安与维金斯（Ryan and Wiggins，2002）、田（Tian，2004）和王（Wang，2016）等则研究了股权激励对研发投资和企业创新的影响。瑞安与维金斯（2002）认为实施股票期权激励对研发投资具有正向影响，而实施限制性股票激励对投资增长不利。台（2004）研究了股票期权激励实施后上市公司研发投资和激励效果的变化，发现股权激励实施后，管理者会相应地增加研发投资，但是过多的股票期权则会降低激励效果。王（2016）在研究了中国台湾地区的高新技术企业后也发现股权激励对公司创新的正向激励效应。

国内对股权激励效果的研究基本也是从股权激励实施后公司业绩的变化和代理成本的减少角度进行研究的。

葛文雷等（2008）对上市公司实施股权激励后的激励效果进行了实证研究，发现上市公司的股权激励水平与公司业绩显著正相关。张敦力等（2013）也有类似结论，认为上市公司的管理层激励与公司业绩显著正相关，股权激励的实施有助于提高公司经营业绩。夏峰等（2014）在考察了深市上市公司的股权激励实施情况后认为股权激励计划实施后，上市公司的业绩、市场表现、创新投入和公司治理方面均有提高。此外，盛明泉等（2011）则从激励对象对激励效果影响的角度出发，研究了股权激励的高级管理人员占高管总数的比例与公司业绩的关系，发现两者显著正相关。刘广生等（2013）则研究了不同激励方式对股权激励效果影响的差异，发现股权激励实施后公司业绩提升不显著，但股票期权的激励效果略好于限制性股票。冯星等（2014）和陈文强（2015）则从时间维度研究了股权激励的效果，他们均发现了股权激励在长期时间维度内提高了公司业绩的证据。徐经长等（2017）研究了高管风险态度对股权激励方式选择的影响，认为高管层的风险态度会影响股权激励效果，当上市公司的股权激励方案考虑了高管层的风险态度时，上市公司的股权激励效果会更好，未来业绩更佳。何妍等（2019）则认为行权价格会对股权激励效果产生影响，过高或过低的行权价格都不利于股权激励效应的释放，股权激励行权价格指标与公司业绩之间呈倒"U"型曲线关系。

从代理成本减少的角度来说，吕长江等（2011）研究了股权激励对上市公司投资行为的影响，认为上市公司既存在过度投资，也存在投资不足的问题，但是股权激励的实施缓解了这两种情况。徐倩（2014）侧重从不确定性的角度分析了股权激励对公司投资行为的影响，发现环境不确定性会对上市公司的投资行为产生影响，而股权激励的实施有助于减少代理冲突，抑制过度投资，同时也能减少投资不足。王姝勋等（2017）还从企业创新的角度研究了股权激励的激励效果，发现在非国有企业、基金持股较多的企业、行权期较长的企业以及期权授予规模较大的企业中，股票期权对企业创新的作用更加明显。研究股权激励对公司创新影响的学者还包括尹美群（2018）等学者，他们发现对于技术密集型、资本密集型和劳动密集型三种企业来说，创新投入与企业业绩之间的相互影响在这三类企业中存在显著差异，而高管薪酬激励对上市公司的创新投入和公司绩效的关系具有显著的正向调节效应，且这种正向调节效应在技术密集型企业中更为明显。

2.2.5.2　股权激励的负向激励效果

俞鸿林（2006）认为股权激励发挥作用需要三个条件：一是存在竞争性的经理人市场；二是高管层是从经理人市场中通过业绩遴选出来的；三是经理人主要追求的是经济激励方式，而非其他目标。而刘光军等（2017）认为国有控股上市公司的高管是任命的，缺乏职业经理人市场，且所有者缺位，实施股权激励反而增加了高管权利，并提供了腐败行为发生的概率；而民营企业却不信任职业经理人，其实施股权激励的对象包括了家族成员和"局外人"，所以激励效果也不一定很好。在当前的情况下，我国上市公司实施股权激励的这三个条件显然还没有完全满足，故而整体上来说，上市公司的股权激励不一定具有激励效果。

法玛和詹森（Fama and Jensen，1983）认为随着高管层持股比例的上升，管理层对公司的控制权不断增加，外界对其经营活动的约束力减弱，从而导致管理层为自己谋取更大利益，股权激励的实施就可能导致类似情况的发生。科勒和莱恩（Kole and Lehn，1999）后来的研究就印证了这种观点，他们认为股权激励会使得管理层持股增加，强化其对公司的控制权，使得董事会的监督作用减弱，从而降低了公司价值。莫尔克等（Morck et al.，1988）研究了公司价值与高管持股比例的关系，发现公司市场价值与高管持股比例呈现出一种非线性关系，当高管持股达到一定比例后，公司市场价值不但不会上升，反而会出现下降，而德姆塞茨和比利亚隆加（Demsetz and Villalonga，2001）的研究结果则表明管理层股权激励比例与公司业绩不相关。

布楚克和弗雷德（Bchuk and Fried，2002）也研究了股权激励与代理成本的问题，他们认为股权激励不仅不能缓解代理冲突，甚至可能加剧代理问题，他们的研究表明，高管层会在具体的股权激励方案中利用自己的权力制定对自己有利的激励方案，也可能通过信息披露操纵股价，损害公司利益（Yermack，1997）；程和沃菲尔德（2005）则发现公司对管理层进行股权激励后，管理层可能会为巨大的股权激励收益而进行财务舞弊，从而加剧了公司的盈余管理问题；伯恩斯和科迪亚（2006）研究了财务重述与股权激励的关系，发现在管理层股权激励行权时，股权激励强度与财务重述之间存在显著的正相关关系；本梅莱赫等（Benmelech et al.，2010）除考虑股权激励与财务重述的关系外，同样也考虑了盈余管理和报表误报等因素的影响，认为股权激励会导致公司价值的严重高估和股价的下跌，从而减少公司价值。

从国内研究看，顾斌等（2007）研究了剔除行业因素影响的股权激励效果，认为股权激励的长期激励效应不足，持有此观点的还包括丁越兰（2012）等学者。夏纪军等（2008）则从大股东控制权与股权激励冲突的角度对上市公司激励效果进行了研究，认为两者存在显著的冲突，股权性质和公司成长速度会对其产生影响，国资控股的公司以及成长快速的公司冲突更强，上市公司的股权激励效果不显著。陈仕华等（2012）也认为我国绝大多数上市公司的激励效果不显著，我国上市公司的股票期权不过是大股东合法"赎买"高管层的工具。以大股东控制权对该问题进行研究的学者还包括周仁俊等（2012），周仁俊等（2012）发现在国有控股的上市公司中，第一大股东持股比例与激励效果正相关，而民营企业中的这种相关关系却相反，说明民营企业的第一大股东持股比例与激励效果负相关。吕长江等（2011）研究了上市公司为什么选择股权激励计划的问题，认为制度背景、公司治理和公司特征三个方面的因素都会影响公司股权激励计划的选择，在公司治理不健全的公司中，股权激励则更多的是出于福利动机。刘广生等（2013）也对股权激励与公司业绩的关系进行了研究，发现股权激励对公司业绩提升存在不显著的正向影响，而股票期权和限制性股票在激励效果上存在差异，前者略好于后者。许娟娟等（2016）则将股权激励效果与盈余管理结合起来进行了研究，发现剔除盈余管理的影响后，股权激励计划的实施、股权激励强度与公司绩效没有显著的相关关系。高梦捷（2018）从公司战略与财务困境的关系角度研究了股权激励问题，发现进攻性战略相对于防御性战略更容易发生财务困境，而股权激励在公司战略对财务困境的影响中具有负向作用，说明股权激励的激励效果并不明显。

此外，陈效东等（2016）、彭耿等（2016）以及唐雨虹等（2017）则从代理成本角度研究了激励效果问题。陈效东等（2016）将上市公司分为激励型公司和非激励型公司，认为激励型公司虽然抑制了非效率投资，但是非激励型的股权激励却进一步加大了非效率投资，说明非激励型公司的激励效果不佳。彭耿等

（2016）从高管层过度自信的角度研究了股权激励对企业非效率投资行为的影响，发现上市公司的激励效果会因为管理层的过度自信而弱化，而这种过度自信不仅会加剧上市公司的过度投资行为，而且对投资不足的抑制不显著。唐雨虹等（2017）用代理成本的减少和公司业绩来衡量激励效果，发现股权激励的施行加剧了公司的过度投资行为，并且在职消费也没有显著降低，公司业绩改善不明显，说明股权激励的施行没有提高激励效果。

2.3　文献简评

在上面的文献综述中，我们分别对国内外关于股权激励中的四种管理层机会主义行为和激励效果相关文献进行了梳理和回顾。尽管我国学术界关于这方面的研究已经非常丰富，但是还存在以下的局限和不足。

第一，国内研究股权激励中盈余管理的文章相对较多，但是研究机会主义择时、机会主义信息披露和具体激励方案中的机会主义行为的文章较少。实际上，盈余管理仅仅是股权激励中管理层机会主义行为的手段之一，且非常隐秘，而其他几种机会主义行为则更显性，也是管理层机会主义行为的重要手段。

第二，我国研究股权激励草案公告前管理层机会主义行为的文献较多，而研究行权解锁前管理层机会主义行为的文献较少。股权激励草案公告前的机会主义行为可以降低股权激励授予价格和行权考核指标的比较基准，或者截留部分业绩为未来行权解锁做好准备，而行权解锁前的机会主义行为则可能提高公司股价并增加激励收益。因此，研究股权激励行权解锁前的管理层机会主义行为同样重要，真正决定了股权激励收益的是股权激励股票的卖出价与授予价的价差。

第三，我国研究上市公司整体机会主义行为和激励效果的文献较多，而研究不同分类情况下的管理层机会主义行为和激励效果的文献较少。实际上，因为所有权性质的差异，民营企业和国有企业在管理层机会主义行为和激励效果问题上可能会存在差异，民营企业的实际控制人可能出于给管理层"发红包"的考虑而允许更多机会主义行为存在，而国有企业则因为限制较多而存在更少的机会主义行为；在激励效果上，国有企业员工可能因为日常经营中的薪酬限制，实施股权激励后的激励效果反而可能会更好。同样，限制性股票和股票期权可能在管理层机会主义行为和激励效果上也存在差异，限制性股票的激励对象是以市价的五折购买的激励股票，而股票期权则是以市价免费获得激励股票，这种授予成本的差异将可能极大地影响管理层机会主义行为及其激励效果。

基于国内外学者关于股权激励实施过程中管理层机会主义行为的研究局限，本书从管理层机会主义择时、机会主义信息披露、盈余管理及具体激励方案中的机会主义行为四方面，研究了股权激励草案公告日和行权解锁公告日两个阶段的管理层机会主义行为问题，并按不同所有权性质和激励类型对样本进行分组，分别研究了不同分类情况下的管理层机会主义行为及其股权激励效果。

2.4 本章小结

本章首先从委托代理理论和不完全契约理论出发，分析了股权激励实施过程中四种管理层机会主义行为的理论背景，认为上市公司在股权激励约束得当时，公司经营者和企业所有者的利益将能够实现利益捆绑，提高公司的经营业绩和效率，但是在激励约束不足时，股权激励的潜在收益反而可能诱使高管层进行机会主义投机，增加代理成本。同时，不完全契约将产生剩余控制权和剩余索取权问题，如果这两种权利不能在委托人和代理人之间匹配，那么将可能导致委托人追求剩余索取权最大化，而代理人追求剩余控制权最大化，使得委托人和代理人之间发生利益冲突，导致管理层机会主义行为的产生。

在管理层机会主义行为的文献回顾上，本章共回顾了股权激励实施过程中四种管理层机会主义行为的相关中外文献，梳理了该领域主流学者们的研究成果和研究思路。在这些管理层机会主义行为的影响下，股权激励的激励效果是不确定的，学者们目前对该问题的研究也没有取得一致结论。

在对股权激励相关文献进行回顾的基础上，笔者也对相关文献进行了简评，认为在国内股权激励问题的研究中，关于盈余管理问题的研究相对较多，但是研究机会主义择时、机会主义信息披露和具体激励方案中的管理层机会主义行为的文章较少。此外，在不同阶段的管理层机会主义行为研究上，理论界研究股权激励草案公告前管理层机会主义行为的文献较多，而研究行权解锁公告前管理层机会主义行为的文献较少；研究上市公司整体机会主义行为和激励效果的文献较多，而研究不同分类情况下的管理层机会主义行为和激励效果的文献较少。

| 第3章 |

股权激励中机会主义行为的产生和股权激励的实施现状

3.1　我国股权激励制度的发展

　　股权激励诞生于20世纪50年代的美国，其最初出现本是为了规避现金薪酬的高额所得税，但因其可以捆绑股东和管理层的利益，所以其诞生以后就迅速在全世界范围内得到了推广和运用。

　　股权激励在我国的发展可以追溯到1993年，万科企业制定了我国第一份类似西方股权激励制度的激励方案，但因当时我国缺乏相关的法律规范，万科企业的股权激励方案没有能够上市。之后在1998~2000年，国务院发展研究中心针对股权激励问题又进行了专门研究，并发表了相关专著。从2001年开始，国务院决定对部分国有控股的境外上市公司实施股权激励计划试点，但管理层仍然无法被授予真正意义上的股权激励。

　　股权激励在我国的正式施行和广泛运用是以证监会2005年底颁布《上市公司股权激励管理办法（试行）》为标志的，该办法明确规定了股权激励制度的核心问题，如股票来源、激励对象、股票期权的授予价格确定方法等。之后，证监会又陆续发布了《股权激励有关事项备忘录》1~3号和两个监管问答，进一步规范了授予限制性股票的折扣问题、行权指标设定问题以及股权激励的会计处理等问题。除证监会颁布的股权激励相关法律法规外，国务院国资委、财政部和国家税务总局等部门也分别针对国有企业授予股权激励的问题、股权激励会计处理问题和税收问题等事项制定了相关法律法规。

　　我国相关政府职能部门发布的关于股权激励制度的主要法律法规如表 3.1 所示。

表 3.1　　　　　　　我国股权激励制度的核心法律法规明细表

法规类别	法规名称	发布时间	发布部门
基本法规	《上市公司股权激励管理办法（试行）》	2005 年 12 月 31 日	证监会
	《股权激励有关事项备忘录 1 号》	2008 年 3 月 17 日	证监会
	《股权激励有关事项备忘录 2 号》	2008 年 3 月 17 日	证监会
	《股权激励有关事项备忘录 3 号》	2008 年 3 月 17 日	证监会
	《关于股权激励备忘录相关事项的问答》	2014 年 1 月 17 日	证监会
	《关于对上市公司并购重组的资产股权激励认定及相关会计处理的问题与解答》	2014 年 4 月 18 日	证监会
	《上市公司股权激励管理办法》	2016 年 7 月 13 日	证监会
国有企业相关法规	《国有控股上市公司（境外）实施股权激励试行办法》	2006 年 1 月 27 日	国务院国资委、财政部
	《国有控股上市公司（境内）实施股权激励试行办法》	2006 年 9 月 30 日	国务院国资委、财政部
	《中央企业负责人经营业绩考核暂行办法》	2006 年 12 月 30 日	国务院国资委
	《关于严格规范国有控股上市公司（境外）实施股权激励有关事项的通知》	2007 年 10 月 12 日	国务院国资委、财政部
	《关于规范国有控股上市公司实施股权激励制度有关问题的通知》	2008 年 10 月 21 日	国务院国资委、财政部
	《关于金融类国有和国有控股企业负责人薪酬管理有关问题的通知》	2009 年 1 月 13 日	财政部
	《国有科技型企业股权和分红激励暂行办法》	2016 年 2 月 26 日	财政部、科技部、国务院国资委
	《关于国有控股混合所有制企业开展员工持股试点的意见》	2016 年 8 月 2 日	国务院国资委
会计处理	《企业会计准则第 11 号——股份支付》	2006 年 3 月 9 日	财政部
	《关于〈公司法〉施行后有关企业财务处理问题的通知》	2006 年 3 月 15 日	财政部

法规类别	法规名称	发布时间	发布部门
税务处理	《关于个人股票期权所得征收个人所得税问题的通知》	2005 年 3 月 28 日	国家税务总局
	《国家税务总局关于企业高级管理人员行使股票认购权取得所得征收个人所得税问题的批复》	2005 年 5 月 19 日	国家税务总局
	《关于个人股票期权所得缴纳个人所得税有关问题的补充通知》	2006 年 9 月 30 日	国家税务总局
	《关于股票增值权所得和限制性股票所得征收个人所得税有关问题的通知》	2009 年 1 月 7 日	财政部、国家税务总局
	《关于上市公司高管人员股票期权所得缴纳个人所得税有关问题的通知》	2009 年 5 月 4 日	财政部、国家税务总局
	《国家税务总局关于加强股权转让所得征收个人所得税管理的通知》	2009 年 5 月 28 日	国家税务总局
	《国家税务总局关于股权激励有关个人所得税问题的通知》	2009 年 8 月 24 日	国家税务总局
	《国家税务总局关于进一步加强高收入者个人所得税征收管理的通知》	2010 年 5 月 31 日	国家税务总局
信息披露	《创业板信息披露业务备忘录第 8 号：股权激励（股票期权）实施、授予、行权与调整》	2011 年 8 月 30 日	深交所
	《创业板信息披露业务备忘录第 9 号：股权激励（限制性股票）实施、授予与调整》	2011 年 8 月 30 日	深交所
	《信息披露业务备忘录第 38 号：股权激励期权自主行权》	2011 年 12 月 30 日	深交所
	《中小企业板信息披露业务备忘录第 9 号：股权激励限制性股票的取得与授予》	2012 年 2 月 8 日	深交所
	《中小企业板信息披露业务备忘录第 12 号：股权激励股票期权实施、授予与行权》	2012 年 2 月 8 日	深交所
	《中小企业板信息披露业务备忘录第 14 号：股权激励期权自主行权》	2012 年 8 月 8 日	深交所
	《主板信息披露业务备忘录第 3 号——股权激励及员工持股计划》	2015 年 4 月 20 日	深交所

3.2　我国股权激励制度的主要内容及实施流程

虽然我国已经有很多法律法规对股权激励制度的实施流程进行规范，但从实践情况来看，我国股权激励制度的施行仍然暴露出了很多问题，例如，股权激励在实施过程中存在种种管理层机会主义行为。鉴于此，证监会 2016 年 7 月 13 日在之前的相关文件基础上，正式颁布了《上市公司股权激励管理办法》，目的是进一步规范股权激励制度在我国的发展。

《上市公司股权激励管理办法》是股权激励制度诸多文件中最重要的法律文件，该办法除了规定股权激励实施的基本流程外，还对激励对象、授予价格的确定等关键问题作出规定，且取消了 2005 年《上市公司股权激励管理办法（试行）》中董事会通过股权激励计划草案后应当向证监会备案的相关规定，其主要内容包括：

（1）对上市公司实施股权激励的基本条件作出规定。

（2）对激励对象作出规定。

（3）对股权激励计划应披露的基本内容作出规定。

（4）对行权条件考核指标作出规定。

（5）对激励股份来源作出规定。

（6）对限制性股票和股票期权的授予价格作出规定。限制性股票的授予价格不得低于股票票面金额，且原则上不得低于下列价格的较高者：股权激励计划草案公布前 1 个交易日公司股票交易均价的 50%，股权激励计划草案公布前 20 个交易日、60 个交易日或者 120 个交易日公司股票交易均价之一的 50%。股票期权的授予价格不低于下列价格的较高者：股权激励计划草案公布前 1 个交易日的公司股票交易均价，股权激励计划草案公布前 20 个交易日、60 个交易日或者 120 个交易日的公司股票交易均价之一。上市公司采用其他方法确定限制性股票授予价格的，应当在股权激励计划中对定价依据及定价方式作出说明。

（7）对股权激励的实施程序作出规定。

（8）对独立董事和中介机构的责任作出规定。

（9）对股权激励在董事会、监事会和股东大会的流程和公司几大权力机构的权利义务作出规定。

（10）对股权激励的变更和终止等事项作出规定。

（11）对股权激励的信息披露作出规定。

根据《上市公司股权激励管理办法》，我们总结了上市公司实施股权激励的基本流程如图 3.1 所示。

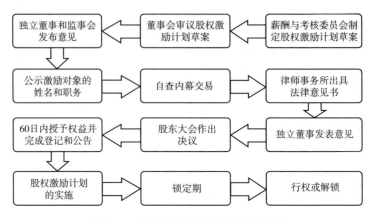

图 3.1　实施股权激励计划的基本流程

2016 年新制定的《上市公司股权激励管理办法》实施时间尚短，还很难看出该办法实施后股权激励效果的变化，对其实施后能否显著地减少管理层机会主义行为也仍然存在不确定性。因本书分析的上市公司均是 2016 年之前实施的股权激励计划，故本书其他地方有涉及股权激励相关规定的，主要采用的都是 2016 年《上市公司股权激励管理办法》公告之前的法律法规规定，其核心内容与该法规基本一致。

3.3　股权激励中管理层机会主义行为的产生

我们在本章 3.1、3.2 中分析了股权激励制度在我国的基本发展情况以及股权激励制度的主要内容和实施流程。在本部分的分析中，我们将分析股权激励中管理层机会主义行为产生的制度原因，正是由于股权激励制度的制度漏洞，所以才给予了管理层为个人牟利的空间，并导致了管理层机会主义行为的产生。

3.3.1　我国股权激励制度的核心要素

一份正式的股权激励计划草案包含很多内容，但是其核心要素并不多，在这些核心要素中，笔者认为不可或缺的要素至少包括以下五个方面：激励对象、激励锁定期、激励股份数量、授予价格、行权解锁条件（激励对象行使权益的条件），具体而言：

第一，激励对象。股权激励的激励对象包括公司董事、高管人员、核心技术人员和核心业务人员，以及对公司现在和未来经营业绩具有直接影响的其他员工，但是公司独立董事和监事不能成为激励对象，公司大股东（单独或合计持有上市公司 5% 以上股份）或者实际控制人及其配偶、父母、子女也不得成为激励对象。

第二，股权激励计划的锁定期。一般而言，股权激励计划的锁定期都是 1 年或 2 年，即上市公司在股权激励计划正式实施后的锁定期内是不能卖出激励股票的，激励对象在锁定期内也不能真正兑现激励收益。因此，股权激励计划的锁定期越长，其对激励对象的限制也越大，激励对象取得激励收益的难度就越大。

第三，给予激励对象的激励股份数量。激励股份数量指上市公司授予所有激励对象的具体激励股份数量，该指标是衡量股权激励强度的重要指标之一。公司激励股份来源有三种：定向增发、回购及法律允许的其他方式，且上市公司在全部有效期内授予的股权激励股票累计不得超过公司总股本 10%，非经股东大会特别决议批准，授予单个激励对象的激励股份数累计不得超过公司总股本的 1%。

第四，股权激励的授予价格。按不同激励方式划分，股权激励可以划分为股票期权激励和限制性股票激励（股票增值权激励因实施的上市公司太少而未予考虑）。在股票期权激励方式下，激励对象能够获得激励收益，但是不需要购买激励股份，而限制性股票需要激励对象付钱购买，所以在这两种激励方式下，激励股份授予价格的确定方法是不一样的。限制性股票的授予价格一般不低于定价基准日前股票均价的 50%，而股票期权一般不低于定价基准日的股票均价。所以定价基准日的选择对于授予价格的确定至关重要。

第五，激励对象的行权解锁条件，即股票期权的行权或者限制性股票的解锁必须要达到的业绩指标。上市公司设置的绩效考核指标一般包括公司业绩指标和个人绩效指标，但是具有较大约束力的指标主要是公司业绩指标。一般来说，公司业绩指标主要是净利润增长率和净资产收益率等财务指标，即上市公司每年必须达到一定的净利润增长率或者净资产收益率指标，才能在锁定期结束后获得授予的股权激励股票。

3.3.2　股权激励制度的可操纵空间及其机会主义行为的产生

从上面的分析中我们得知，一份股权激励计划至少存在激励对象、激励锁定期等五个方面的核心要素。在这五个核心要素中，虽然管理层能够对这些要素的确定施加重大影响，但是激励对象、激励锁定期、激励股份数量这几个要素的可操纵空间却相对较小。除上述三个股权激励核心要素外，股权激励授予价格和行权解锁条件这两个要素却是管理层能够完全控制且存在巨大操纵空间的要素，也正是由于这两个核心要素中存在巨大的可操纵空间，所以才导致了股权激励中管理层机会主义行为的产生。

对于股权激励的授予价格，其核心主要取决于定价基准日的选取，而定价基准日的选取又决定于公告股权激励计划草案的时间点，该时间点是上市公司高管层可以完全选择和控制的。在这种情况下，一方面，管理层可以选择在公司股价低迷时公告股权激励计划草案，从而获得较低的授予价格；另一方面，管理层也可以通过人为对股价的影响而打压公司股价，获得较低的激励股份。上市公司管理层人为打压公司股价的方式又可能分为两种，一是通过信息披露来影响公司股价，二是通过盈余管理来压低公司业绩，从而影响公司股价。这就意味着上市公司管理层可能有三种机会主义手段来影响股权激励的授予价格：在股价低迷时推出股权激励草案——机会主义择时、通过信息披露来影响公司股价——机会主义信息披露、通过盈余管理影响公司业绩，进而影响公司股价——盈余管理的机会主义行为。

在激励对象的行权解锁条件问题上（激励对象行使权益的条件），虽说《上市公司股权激励管理办法》规定，上市公司应该以历史业绩或同行业可比公司相关指标作为对照依据制定业绩考核条件，但是在具体业绩考核指标值的制定上，管理层仍然具有绝对的话语权。上市公司制定的股权激励考核指标通常是净利润增长率、ROE 等财务指标，因此他们可以通过盈余管理调控公司业绩进而使得公司满足行权考核条件。此外，在具体方案制定中，上市公司可以选择业绩较差的会计年度作为业绩对比标准，也可以直接制定一个较低的行权考核指标值。所以，上市公司在制定具体行权条件并实现行权解锁的过程中，管理层至少存在两种机会主义行为，即盈余管理的机会主义行为和具体股权激励方案制定中的机会主义行为。

综上所述，我们认为，在股权激励授予价格和行权解锁条件制定过程中存在许多可操纵空间，这使得上市公司在股权激励实施过程中至少存在四种管理层机会主义行为：管理层的机会主义择时、机会主义信息披露、盈余管理及具体股权激励方案制定中的管理层机会主义行为，具体情况如表 3.2 所示。

表 3.2　　　　　股权激励制度的可操纵空间及其机会主义行为分析

可操纵空间	机会主义行为分析
股权激励中管理层具有较大操纵空间的核心要素	可能存在的管理层机会主义行为
确定股权激励的授予价格	管理层机会主义择时、管理层机会主义信息披露、盈余管理的机会主义行为
确定股权激励的行权解锁条件	盈余管理的机会主义行为、具体股权激励方案制定中的机会主义行为

3.4　我国股权激励制度的实施现状

3.4.1　股权激励公司的基本特征分析

在正式对股权激励中的管理层机会主义行为及其激励效果进行研究前，我们首先对 2006~2016 年公告股权激励草案以及公告股权激励行权解锁的上市公司基本特征进行了统计分析，这些基本特征主要包括考察年度实施股权激励计划的公司数量分析、行业分析、激励方式分析、所有权性质分析、激励有效期分析、激励公司所处的上市板块分析和激励方案进度分析。样本数据来源于万得数据库、国泰安数据库和笔者的手工整理。需要指出的是，股权激励计划实施后，上市公司的股权激励计划可能正常行权解锁，但也可能因为其他原因而终止实施，所以从样本数量上看，我们得到公告股权激励计划草案的样本 1372 个，公告行权解锁的样本 1453 个。

3.4.1.1　考察年度实施股权激励计划的公司数量分析

表 3.3 列示了 2006~2016 年上市公司公告股权激励计划草案及公告行权解锁的公司数量及其百分比情况。

从表 3.3 可以看出，公告股权激励计划草案的上市公司数量变化可以分为三个阶段，分别是 2006～2010 年、2011～2013 年、2014～2016 年。2010 年之前，A 股市场每年公告股权激励计划草案的上市公司数量少于 100 家；从 2011 年开始，公告股权激励计划的上市公司越来越多，每年的公告数量增长至 100～200 家；在 2014 年之后，全部 A 股市场每年公告股权激励计划草案的上市公司数量开始超过 200 家，说明对核心员工和管理层进行股权激励正在越来越多地被上市公司所接受。

表 3.3 　　　　　　　　股权激励公司 2006～2016 年的数量分布

年份	公告股权激励草案		公告行权解锁	
	数量（家）	百分比（%）	数量（家）	百分比（%）
2006	38	2.77	1	0.07
2007	10	0.73	6	0.41
2008	68	4.96	19	1.31
2009	14	1.02	21	1.45
2010	62	4.52	30	2.06
2011	146	10.64	45	3.10
2012	141	10.28	79	5.44
2013	185	13.48	166	11.42
2014	210	15.31	244	16.79
2015	225	16.40	385	26.50
2016	273	19.90	457	31.45
合计	1372	100.00	1453	100.00

资料来源：万得数据库。

从公告行权解锁的上市公司数量看，2012 年之前，每年公告行权解锁的样本数量都在 100 家以内；2006～2008 年，我国刚实施股权激励计划时的行权解锁公司数量甚至在 20 家以内；股权激励公司大规模的解禁是从 2013 年开始的，2016 年，公告行权解锁的公司数量达到 457 家，占样本总数的 31.45%。

3.4.1.2　实施股权激励计划的上市公司行业分析

表 3.4 列示了采用申万一级行业分类统计，并在 2006～2016 年公告股权激励计划草案及公告行权解锁的上市公司行业分布情况。

表 3.4　　　　　实施股权激励计划的上市公司行业分布

行业分类	公告股权激励草案		公告行权解锁	
	公司数量（家）	百分比（%）	公司数量（家）	百分比（%）
非银金融	1	0.07	0	0.00
金融服务	3	0.22	10	0.69
国防军工	3	0.22	1	0.07
钢铁	7	0.51	1	0.07
综合	7	0.51	11	0.76
采掘	8	0.58	2	0.14
休闲服务	9	0.66	12	0.83
建筑材料	12	0.87	18	1.24
交通运输	15	1.09	16	1.10
交运设备	19	1.38	5	0.34
通信	19	1.38	40	2.75
建筑装饰	20	1.46	40	2.75
食品饮料	23	1.68	16	1.10
有色金属	24	1.75	29	2.00
商业贸易	27	1.97	15	1.03
汽车	29	2.11	41	2.82
建筑建材	37	2.70	20	1.38
传媒	38	2.77	40	2.75
公用事业	39	2.84	33	2.27
轻工制造	39	2.84	42	2.89
纺织服装	44	3.21	51	3.51
家用电器	44	3.21	54	3.72
信息设备	45	3.28	21	1.45
农林牧渔	47	3.43	25	1.72
房地产	56	4.08	57	3.92
电气设备	65	4.74	141	9.70
信息服务	75	5.47	59	4.06
计算机	105	7.65	178	12.25
医药生物	113	8.24	164	11.29
化工	114	8.31	113	7.78
电子	118	8.60	93	6.40
机械设备	167	12.17	105	7.23
合计数	1372	100.00	1453	100.00

资料来源：万得数据库。

可以看出，在公告股权激励计划草案和公告行权解锁的两个阶段中，上市公司的行业数量分布差异非常大。很多行业公告股权激励计划草案和公告行权解锁的公司数量都小于10家，如非银金融、钢铁、国防军工等行业；而有些行业两个阶段的公司数量都在100家以上，如生物医药、化工、机械设备等行业。总体上看，公告股权激励计划草案和公告行权解锁公司数量最少的行业是非银金融行业，数量最多的行业则是机械设备行业。实际上，行业公司数量偏少的非银金融、国防军工、钢铁、采掘等行业都是国有企业比较集中且发展较慢的行业，而电子、机械设备、计算机和生物医药等行业都是民营企业比较集中且容易诞生高成长公司的行业，这也从侧面说明民营企业集中的行业以及发展较快的行业更偏爱股权激励，其行权解锁的公司数量也更多。

3.4.1.3　上市公司的股权激励方式分析

按照激励方式划分，我国的股权激励方式有股票期权激励、限制性股票激励和股票增值权激励三种激励方式。表3.5直观地列示了公告股权激励草案和公告行权解锁的公司在三种股权激励方式下的公司数量和比例分布情况。

表3.5　　　　　　　　　　　上市公司的股权激励方式分析

激励方式	公告股权激励草案		公告行权解锁	
	样本数量（个）	百分比（％）	样本数量（个）	百分比（％）
股票增值权	22	1.60	17	1.17
股票期权	589	42.93	660	45.42
限制性股票	761	55.47	776	53.41
合计数	1372	100.00	1453	100.00

资料来源：万得数据库。

可以看出，首先，采用限制性股票激励的公司不管是在公告股权激励草案阶段还是在公告行权解锁阶段，其样本总数都是最多的，分别为761个和776个，占样本总数的55.47%和53.41%；其次，采用股票期权激励的公司，其样本总数在两个阶段中分别为589个和660个，占比为42.93%和45.42%；最后，采用股票增值权方式对上市公司进行激励的公司数量最少，公告股权激励草案的样本仅为22个，真正行权解锁的样本仅17个。这说明我国主要采用限制性股票方式和股票期权方式对激励对象进行股权激励，只有极少数的公司采用股票增值权方式对公司高管和核心员工进行股权激励。

3.4.1.4 股权激励公司的所有权性质分析

表3.6列示了公告股权激励计划草案的样本和公告行权解锁的样本在不同所有权性质下的样本数量分布和比例分布情况。从表3.6可以看出，民营企业是实施股权激励计划的核心力量，在股权激励计划草案的公告阶段，合计有1203家民营企业公告了股权激励计划，占样本总数的87.68%；在公告行权解锁的公司中，民营企业样本的占比更是高达92.29%。因此，国有企业实施股权激励的范围有待进一步加强。

表3.6   股权激励公司的所有权性质分析

所有权性质	公告股权激励草案		公告行权解锁	
	公司数量（家）	百分比（%）	公司数量（家）	百分比（%）
民营企业	1203	87.68	1341	92.29
国有企业	169	12.32	112	7.71
合计数	1372	100.00	1453	100.00

资料来源：万得数据库。

3.4.1.5 股权激励公司的激励有效期分析

激励有效期是股权激励的核心问题之一，吕长江等（2009）曾将激励期限作为划分股权激励是激励型还是福利型的标准之一，故而我们也对上市公司股权激励的激励期限分布进行了分析。

表3.7列示了2006～2016年股权激励公司的激励有效期分布情况。从表3.7可以看出：股权激励有效期最短是1年，最长激励期是10年，而激励期限为4年和5年的公司数量最多，分别为706个和464个，占样本总数的52.48%和34.91%，说明4～5年的股权激励有效期是股权激励计划的主流。

表3.7   股权激励公司的激励有效期分析

激励有效期（年）	样本数量（个）	百分比（%）
1	2	0.15
2	4	0.29
3	40	2.92
4	706	52.48
5	464	34.91

续表

激励有效期（年）	样本数量（个）	百分比（%）
6	75	5.47
7	17	1.24
8	10	0.73
10	25	1.82
合计数	1343	100

注：在股权激励计划刚开始实施的几年，部分样本因股权分置改革等原因没有公告激励有效期，故样本总数少于1372个。

资料来源：万得数据库。

3.4.1.6 股权激励公司的上市板块分析

图3.2列示了股权激励公司在上证主板、深圳主板、中小板和创业板之间的数量分布情况。从图3.2可以看出，以民营上市公司为主体的中小板和创业板公告股权激励计划的公司数量最多，分别为511家和446家，占比超过总样本数量的1/3，而深圳主板实施股权激励计划的上市公司数量最少，仅为113家，占总样本数量的8%。

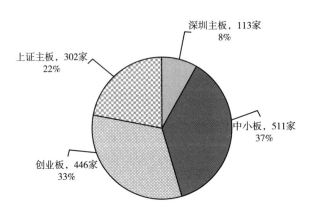

图3.2 股权激励公司的上市板块分布

资料来源：万得数据库。

3.4.1.7 股权激励公司的激励进度分析

一个公司实施股权激励计划需要的基本流程包括董事会预案、股东大会审批、国有企业报国资委批准、证监会审批通过等。表3.8列示了2006~2016年1372份股权激励计划草案所处各个阶段的样本分布情况。可以看出，正式实施股权激励计划的样本有 1068 个，占样本总量的 77.84%；停止实施的样本有 241 个，占总样本的 17.57%；除此之外，还有 5 个样本未通过证监会审批、1 个样本延期实施，在实施过程中（包括董事会预案、股东大会通过、国资委批准）的样本有 57 个。

表 3.8　　　　　　　　　　　**股权激励公司的激励进度分析**

方案进度	公司数量（个）	百分比（%）
董事会预案	35	2.55
股东大会通过	20	1.46
国资委批准	2	0.15
实施	1068	77.84
停止实施	241	17.57
未通过	5	0.36
延期实施	1	0.07
合计数	1372	100.00

资料来源：万得数据库。

3.4.2　股权激励公司的其他特征分析

除从基本特征方面对股权激励公司进行了描述性统计分析外，我们还从激励样本的激励比例分布、激励标的物来源、行权考核指标、禁售期、预留股份和停止实施股权激励的六个方面对样本进行了分析。样本数据仍然来源于万得数据库、国泰安数据库和笔者的手工整理。

3.4.2.1　股权激励公司的激励比例分析

股权激励股份总数占总股本的比例在一定意义上代表了公司的股权激励强度。表 3.9 列示了全样本及不同分类情况下上市公司的股权激励比例分布情况。整体上看，激励股份占总股本的平均数为 2.492%，激励股份中位数为 2.094%，激励股份占总股本的比例最大的公司达到 10%，而激励股份占总股本比例最小的公司仅为 0.003%。表 3.9 除列示全样本的激励比例分布外，还列示了股票期权、限制性股票、股票增值权、国有企业和民营企业的股权激励比例分布情况。可以看出，限制性股票的股权激励比例总体上要低于股票期权，而国有企业的激励比例总体上要低于民营企业；股票增值权的样本数量最少，激励比例也最小。

表3.9 股权激励公司的激励比例分析

样本类别	样本量（个）	平均数（％）	中位数（％）	最大值（％）	最小值（％）
全样本	1372	2.492	2.094	10	0.003
股票期权	589	2.900	2.421	10	0.003
限制性股票	761	2.232	2	9.863	0.009
股票增资权	22	0.537	0.213	5.315	0.006
国有企业	169	1.861	1	10	0.003
民营企业	1203	2.576	2.192	10	0.006

资料来源：万得数据库。

3.4.2.2 股权激励的激励标的物来源分析

根据《上市公司股权激励管理办法》的相关规定，授予激励对象的激励标的股票来源方式有以下几种：向激励对象发行股份；回购公司股份；法律、行政法规允许的其他方式。在实务中，股权激励的激励标的物来源途径有四种，分别是定向发行、大股东转让、公司回购和公司提供激励基金买入（利润）。图3.3列示了股权激励标的物四种来源途径的样本分布情况。可以看出，定向发行是上市公司激励股份来源最主要的方式，其样本量占总样本量的96％，采取其他三种方式作为取得激励股份来源的公司仅54个，约占样本总数的4％。

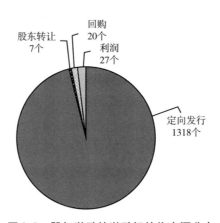

图3.3 股权激励的激励标的物来源分布

资料来源：万得数据库。

3.4.2.3　股权激励公司的考核指标分析

股权激励行权考核指标通常包括净利润增长率、营业收入增长率、ROE 等指标以及这些指标的组合。除这些常见的考核指标外，实务中还有上市公司考核公司的息税前利润 EBIT、市值、主营业务收入比重、每股收益等指标。

笔者从 1372 个股权激励方案中逐个找出了激励样本的考核指标情况并列出了使用频率最高的几个考核指标。从表 3.10 可以看出，绝大多数激励样本都使用净利润增长率和净利润增长率与其他指标组合的考核方法，同时，考核净利润增长率与 ROE 的组合是最常见的股权激励考核方式，共 513 家公司使用该方法作为股权激励的考核标准，占比高达 37.39%。另外，单独考核净利润增长率的样本也非常多，共 389 个样本采用了该种考核方法。排名第三的考核指标组合是净利润增长率与营业收入增长率的组合，共计 14.43% 的上市公司采用该种考核方法。除此之外，考核其他指标组合的方法相对较少。

表 3.10　　　　　　　　　　**股权激励公司的考核指标分析**

考核指标	样本数量（个）	百分比（%）
净利润数值	11	0.80
净利润增长率	389	28.35
营业收入增长率	53	3.86
ROE	9	0.66
净利润增长率、ROE	513	37.39
净利润增长率、营业收入增长率	198	14.43
净利润增长率、ROE、对标企业比较	11	0.80
净利润增长率、ROE、营业收入增长率	26	1.90
其他考核指标的组合	162	11.81
合计	1372	100.00

资料来源：万得数据库。

3.4.2.4　股权激励公司的禁售期分析

股权激励在正式授予后，上市公司通常都会规定一定的禁售期，这意味着在该时间段内，激励对象获得的激励股份是不能卖出的，这种禁售期越长，对激励对象的限制就越严格。表 3.11 列示了股权激励公司的禁售期分布情况，可以看出，绝大多数股权激励公司设置的禁售期都为 1 年，占样本总数的 83.75%；另外，有 12.68% 的上市公司禁售期设定为 2 年；采用其他禁售期的上市公司数量则较少。

表 3.11　　　　　　　　　　　股权激励公司的禁售期分析

禁售期（年）	上市公司数量（家）	百分比（%）
0.5	2	0.15
1	1149	83.75
1.17	1	0.07
1.25	1	0.07
1.3	1	0.07
1.33	3	0.22
1.5	27	1.97
1.67	2	0.15
2	174	12.68
2.5	3	0.22
3	7	0.51
5	2	0.15
合计	1372	100.00

资料来源：万得数据库。

3.4.2.5　股权激励公司的预留股份分析

实施股权激励的初衷是为了激励核心员工为达到业绩目标而努力工作，针对的对象通常是在一定职位上且有一定工作年限的核心管理层。但也有很多公司在授予现有高管层股权激励时，也会考虑到潜在的激励对象，并为之预留部分股权激励。

表 3.12 列示了股权激励预留股份占整体授予股份比例的分布情况。可以看出，共有 774 个上市公司为潜在激励对象预留了股份，占 1372 个样本的 56%，在这些公司中，预留股份比例在 5%~10% 的公司数量最多，合计数量为 492 个，占比达到 63.57%；此外，有 22.61% 的上市公司预留股份比例在 10%~15%；预留更高比例或者更低比例的上市公司则相对较少。

表 3.12　　　　　　　　　　股权激励公司的预留股份分析

预留比例	样本数（个）	百分比（%）
5% 以下	33	4.26
5% ~ 10%	492	63.57
10% ~ 15%	175	22.61
15% ~ 20%	45	5.81
20% 以上	29	3.75
合计	774	100.00

资料来源：万得数据库。

3.4.2.6　停止实施股权激励计划的上市公司分析

在上面的分析过程中，笔者注意到有 17.57% 的上市公司在正式实施股权激励计划之后又停止实施，那么这些停止实施股权激励计划的上市公司数量分布情况是怎样呢？为了进一步对问题进行分析，我们按照激励方式、所有权性质、上市板块和终止股权激励计划草案的年份对样本进行了分类统计，分析了不同情况下停止实施股权激励计划的样本数量分布和比例分布情况。

从表 3.13 可以看出，股票期权激励公司、国有上市公司、深圳主板公司和 2008 年，上市公司停止实施股权激励计划的占比最高，分别占该类型股权激励计划草案公告数量的 29.54%、26.04%、23.89 和 69.12%。这说明股票期权、国有企业和深圳主板这几个领域的公司股权激励计划相对更容易停止实施；在年度分布上，2006 ~ 2011 年停止实施股权激励计划的公司数量都超过了公告股权激励计划草案公司数量的 30%，这可能是由于我国刚开始实施股权激励时很多公司并未思虑成熟，出现其他意外原因而导致股权激励计划停止实施；还有一个可能的原因是 2007 年之后股票大跌，之后几年的熊市导致股权激励的行权解锁价格与二级市场价格倒挂，从而失去了激励意义而被迫停止实施股权激励。

表 3.13　　　　　　　　停止实施股权激励计划的上市公司分析

项目		停止实施股权激励计划的样本数量（个）	公告股权激励计划草案的样本数量（个）	停止实施股权激励计划的样本占比（%）
激励方式	股票期权	174	589	29.54
	限制性股票	62	761	8.15
	股票增值权	5	22	22.73

续表

项目		停止实施股权激励计划的样本数量（个）	公告股权激励计划草案的样本数量（个）	停止实施股权激励计划的样本占比（%）
所有权性质	国有企业	44	169	26.04
	民营企业	197	1203	16.38
上市板块	创业板	52	446	11.66
	中小板	95	511	18.59
	上证主板	67	302	22.19
	深圳主板	27	113	23.89
年份	2006	13	38	34.21
	2007	6	10	60.00
	2008	47	68	69.12
	2009	8	14	57.14
	2010	19	62	30.65
	2011	62	146	42.47
	2012	26	141	18.44
	2013	19	185	10.27
	2014	12	210	5.71
	2015	27	225	12.00
	2016	2	273	0.73
停止实施股权激励计划的样本合计		241	1372	17.57

资料来源：万得数据库。

3.5　本章小结

本章主要分析了股权激励制度的主要内容、基本操作流程、核心要素及管理层机会主义行为产生的制度根源，同时，本章也分析了股权激励制度在我国实务中的发展概况。首先，本章分析了股权激励制度从萌芽到蓬勃发展的过程，回顾了我国规范股权激励发展的主要法律法规、《上市公司股权激励管理办法》的主要内容及实施股权激励的基本流程。其次，本章分析了实施股权激励的五个核心要素，认为在确定股权激励授予价格和制定行权解锁考核指标过程中，管理层存在巨大的可操纵空间，这种可操纵空间可能会引发四种管理层机会主义行为：机会主义择时行为、机会主义信息披露行为、机会主义盈余管理行为及具体股权激励方案制定中的机会主义行为，这就是管理层机会主义行为产生的制度根源。最后，本章从实施了股权激励计划的上市公司基本特征和其他特征方面（包括实施股权激励计划公司的时间分布、行业分布、激励方式分布、激励比例分布等 13 个维度），分析了 2006～2016 年股权激励制度在我国的发展概况，为后面深入分析股权激励实施过程中的管理层机会主义行为打下了基础。

| 第 4 章 |

股权激励与管理层的机会主义择时行为分析

股权激励收益与股权激励草案公告时和行权解锁时的股价走势息息相关。在股权激励草案公告时，较低的股价能够为激励对象提供更大的安全边际和更高的潜在收益（股权激励的授予价格是以草案公告日之前一段时间的股价走势为基准确定的）；而在行权解锁时，较高的股价则能够提高激励对象的激励收益。因此，上市公司有动机在股价走势疲弱时公告股权激励计划，而在股价走强时公告股权激励的行权解锁，这就是机会主义择时的问题。

在管理层对股权激励草案公告日和可行权日或解锁日（股票期权的可行权日和限制性股票的解锁日，以下简称行权解锁公告日）的控制上，草案公告日的控制是非常容易的，这基本在管理层的控制范围之内，而对股权激励行权解锁公告日的控制却相对较难，因为该时点一般是在股权激励计划正式实施后一年或两年，管理层对该时点的操控空间相对有限。

股权激励草案公告日和行权解锁公告日的控制难度不同，这决定了管理层机会主义择时行为在这两个阶段的差异：股权激励草案公告日更容易控制，故而该时点可能更容易出现机会主义择时的问题，而管理层对行权解锁公告日的控制更难，这可能就使得上市公司在行权解锁时的机会主义择时行为不明显。此外，在不同激励类型和不同所有权性质情况下，上市公司的机会主义择时行为可能也有所差异。

4.1 理论分析与研究假设

从国外的研究来看，耶尔马克（1997）发现上市公司股票期权授予日的日期选择与公司有利的股价运动一致，乔万和申诺伊（Chauvin and Shenoy，2001）则发现在股票期权授予日前 10 天内，样本公司的股价有非常显著的异常收益，且方向为负。阿博迪和卡兹尼克（2000）也有类似发现，即激励样本在股票期权授予日前存在负向的超额收益率，而在授予后存在正向的超额收益率。而贝布丘克等（2010）则是通过识别"幸运期权授予"来分析管理层的机会主义择时行为，他们认为如果上市公司股票期权授予日的股价正好是授予月份的最低股价，则该股票期权授予属于"幸运期权授予"，而这种"幸运期权授予"很可能是股票期权回签的结果，也是管理层机会主义行为的结果。国内杨慧辉等（2016）也用该方法研究了股票期权的行权日操纵行为，认为当股票期权行权公告日的股价是公告前 30 个交易日的最低位、第二低位和第三低位时，上市公司涉嫌行权日操纵。

在国内学者中，还有张治理等（2012）、孙慧倩（2017）等学者对管理层机会主义择时行为进行过研究，其中，张治理等（2012）分析了不同股权激励类型情况下上市公司的机会主义择时行为，发现以股票期权作为激励标的物的上市公司在股权激励草案公告前存在机会主义择时行为，而以限制性股票作为激励标的物的公司不存在机会主义择时行为。孙慧倩（2017）则通过对上市公司在股票期权草案公告日前后累计超额收益率的分析，证明了实施股票期权激励的上市公司在草案公告日前存在机会主义择时行为。此外，醋卫华（2016）、程果（2020）等也曾对该问题进行研究，醋卫华（2016）认为以股权激励计划草案公告前 30日均价作为股票期权定价基准的上市公司存在择机授予期权的行为，而在股权激励计划公告之后，上市公司会披露利好消息使公司股价上涨。程果（2020）在对股权激励草案公告前的管理层机会主义择时行为进行研究时，将上市公司的市场准确判断、盈余管理以及累计超额收益率分析结合起来，认为上市公司在股权激励草案公告前存在显著机会主义择时行为，而市场准确判断和真实盈余管理是管理层机会主义择时行为所凭借的两种手段。

根据上述理论分析以及学者们的研究成果，我们提出本章的研究假设如下。

假设一：上市公司在股权激励草案公告前存在机会主义择时行为，即上市公司倾向于在股价低迷时推出股权激励计划。

假设二：在行权解锁公告前，上市公司的机会主义择时行为不明显，即上市公司没有在股价涨势较好时公告股权激励的行权解锁。

4.2 研究设计

4.2.1 研究方法

4.2.1.1 累计超额收益率的研究方法

在证监会 2016 年颁布《上市公司股权激励管理办法》之前，上市公司一直根据证监会 2005 年末颁布的《上市公司股权激励管理办法（试行）》确定股票期权的行权价格，该办法规定：上市公司确定的股票期权行权价格不应低于股权激励计划草案公告前一个交易日的公司股票收盘价或公告前 30 个交易日内的公司股票平均收盘价。此外，《股权激励有关事项备忘录 1 号》中也对限制性股票的授予价格作出规定：授予价格不低于定价基准日前 20 个交易日公司股票均价的 50%。根据上述两个规定，本书选择以上市公司在股权激励草案公告前和行权解锁公告前 30 个交易日的平均累计超额收益率来对公司的管理层机会主义择时行为进行研究。为了对比分析，我们同时还列示了上市公司在股权激励草案公告后和行权解锁公告后 15 个交易日的平均累计超额率收益率情况，并将样本按照不同激励类型和不同所有权性质分类，分别研究了这些公司在股权激励草案公告前和行权解锁公告前两个阶段的机会主义择时行为。

除根据上市公司股权激励关键窗口期累计超额收益率的分布来研究管理层机会主义择时行为外，我们还借鉴 Bebchuk 等（2010）、杨慧辉等（2016）的研究思路，研究了上市公司的股权激励草案公告日操纵和行权解锁公告日操纵行为，并进一步探讨了草案公告日操纵样本、非操纵样本以及行权解锁公告日操纵样本和非操纵样本的平均累计超额收益率分布，以分析上市公司的机会主义择时行为在操纵样本和非操纵样本间存在的差异。

在具体研究方法上，我们借鉴孙慧倩（2017）、蔡宁（2012）等研究机会主义择时行为的方法，采用市场调整模型来计算超额收益率，并将窗口期内的超额收益率进行累加得到累计超额收益率。如果激励样本存在机会主义择时行为，则上市公司在股权激励草案公告前会呈现出负向的累计超额收益率分布，而在行权解锁公告前会呈现出正向的累计超额收益率分布。

本书以上市公司股权激励草案公告日和行权解锁公告日为 T 日，通过 T 日前

300 个交易日至 31 个交易日的 270 个上市公司股票收益率数据和市场收益率数据，计算出样本的理论收益率，再将样本在观察日的实际收益率减去理论收益率得到超额收益率，之后，我们将样本在股权激励草案公告日和行权解锁公告日前后 46 个交易日的超额收益率 AR 进行累加，得到了样本在草案公告日和行权解锁公告日时间窗口内上市公司的累计超额收益率 CAR（T－30，T＋15）。上市公司的累计超额收益率具体计算步骤如下。

（1）分别以上市公司股权激励草案公告日和行权解锁公告日为基准日 T，使用上市公司在基准日前 300 个交易日至 31 个交易日的 270 个上市公司股票收益率数据 $R_{i,t}$ 及市场收益率数据 $R_{m,t}$，运用回归模型（4.1）得到系数 $\hat{\alpha}_i$ 和 $\hat{\beta}_i$。在市场数据的选择上，我们同时选择了上证市场数据和沪深市场数据来计算上市公司的超额收益率和累计超额收益率（在采用上证市场数据来计算累计超额收益率时，我们以上证指数的涨跌幅来代表所有上市公司的市场收益率；在采用沪深市场数据计算时，我们使用上证指数的涨跌幅代表沪市上市公司的市场收益率，使用深证综指的涨跌幅代表深圳上市公司的市场收益率）。具体模型如下：

$$R_{i,t} = \alpha_i + \beta_i R_{m,t} + \varepsilon, t = (-300, -299, -298, \cdots, -31) \qquad (4.1)$$

（2）在用模型（4.1）得到系数 $\hat{\alpha}_i$ 和 $\hat{\beta}_i$ 后，我们将窗口期（T－30，T＋15）内第 t 个交易日的市场收益率数据和 i 公司的实际收益率数据代入式（4.2），得到上市公司 i 第 t 个交易日的预期收益率数据 $\hat{R}_{i,t}$。

$$R_{i,t} = \hat{\alpha}_i + \hat{\beta}_i R_{m,t}, t = (-30, -29, \cdots, 0, 1, \cdots, 15) \qquad (4.2)$$

（3）在用模型（4.2）得到公司 i 的预期收益率后，我们用公司 i 在窗口期（T－30，T＋15）内的实际股票收益率数据减去预期收益率数据，就得到了 i 公司在 T 交易日的超额收益率 $AR_{i,t}$。

$$AR_{i,t} = R_{i,t} - \hat{R}_{i,t}, t = (-30, -29, \cdots, 0, 1, \cdots, 15) \qquad (4.3)$$

（4）在用模型（4.3）得到样本 i 的超额收益率 $AR_{i,t}$ 后，我们将窗口期内公司 i 在股权激励草案公告日或行权解锁公告日的超额收益率 $AR_{i,t}$ 进行累加，就得到窗口期（T－30，T＋15）内 i 上市公司的累计超额收益率（CAR）CAR（T－30，T＋15）。

$$CAR_{i,t}(T-30, T+15) = \sum_{-30}^{15} AR_{i,t} \quad t = (-30, -29, \cdots, 0, 1, \cdots, 15)$$

$$(4.4)$$

在下面的研究中，为研究管理层在股权激励草案公告日和行权解锁公告日前的机会主义择时行为，我们分别研究了这两个阶段样本的平均累计超额收益率分布情况，并将其每个交易日的平均累计超额收益率值与 0 进行 T 检验比较，以判断样本在窗口期内每个交易日的平均累计超额收益率是否显著地大于 0 或小于 0。

因本章在草案公告日和行权解锁公告日的平均累计超额收益率表格太多，所以我们将各种分组情况下窗口期内的平均累计超额收益率表格移至文章末尾的附录之中进行列示。

4.2.1.2　草案公告日操纵和行权解锁公告日操纵的研究方法

根据贝布丘克等（2010）对股票期权授予日操纵的研究，如果上市公司股票期权授予日的股价正好是授予月份的最低股价，则该股票期权属于"幸运授予"，并认为授予日股价处于当月股价分布中最低 10% 区间的上市公司涉嫌授予日操纵。而在我国股票期权和限制性股票的授予价格上，公司常常是以草案公告前 30 个交易日的股票均价和 20 个交易日股票均价为基准确定的，故而我国上市公司有动机操纵的是股权激励草案公告日，而非授予日。

杨慧辉等（2016）在研究个人所得税节税动机下股票期权激励的行权日操纵时认为，如果股票期权行权日的股票收盘价处于行权公告前 30 天内股票收盘价的最低位、第二低位和第三低位，则认为上市公司涉嫌行权日操纵。因此，根据 Bebchuk 等（2010）和杨慧辉等（2016）的研究思路，笔者认为，如果上市公司股权激励草案公告日的股价是公司过去 30 个交易日股价的最低位、第二低位或第三低位，那么上市公司的股权激励计划就涉嫌草案公告日操纵行为（如果上市公司是非交易日公告股权激励计划草案的，则将草案公告前的第一个交易日作为草案公告日）；在行权解锁公告日，如果上市公司的股票收盘价是公司过去 30 个交易日股价的最高位、第二高位或第三高位，那么上市公司就涉嫌行权解锁公告日操纵（如果上市公司是非交易日公告股权激励计划行权解锁的，则将行权解锁公告后的第一个交易日作为行权解锁公告日）。

在找到涉嫌草案公告日操纵和涉嫌行权解锁公告日操纵的上市公司后，我们还比较了涉嫌操纵的样本和未涉嫌操纵样本的平均累计超额收益率分布，以判断涉嫌操纵的样本是否存在更严重的机会主义择时行为，而非操纵样本是否就不存在机会主义择时行为。同时，为验证研究结论的稳健性以及比较操纵样本和非操纵样本平均累计超额收益率的变化，笔者还放开了涉嫌草案公告日操纵和行权解锁公告日操纵的定义至"前五低"和"前五高"。放开定义后笔者认为，如果上市公司股权激励草案公告日的股价是公司过去 30 个交易日股价的第一低位至第五低位，那么上市公司就涉嫌草案公告日操纵；同样，如果上市公司行权解锁公告日的股价是公司过去 30 个交易日股价的第一高位至第五高位，那么上市公司就涉嫌行权解锁公告日操纵。在找到放开定义后的操纵样本后，笔者同样比较了涉嫌操纵样本和非操纵样本的平均累计超额收益率差异。

4.2.2　样本选取与数据来源

本章数据主要来自于国泰安数据库、Wind 数据库和笔者的手工整理，数据处理采用 stata12 软件进行。鉴于 2009 年之前真正实施股权激励计划的样本太少，异常样本较多，且很多公司因为股权分置改革而进行股权激励，故本章选取 2009 ~ 2016 年深沪两市公告股权激励计划草案和公告行权解锁的上市公司进行研究。本章共研究了在股权激励草案公告日和行权解锁公告日前的两个阶段，上市公司在不同所有权性质和不同激励类型情况下的管理层机会主义择时行为。

在研究股权激励草案公告日的管理层机会主义择时行为时，有些公司可能会在 2009 ~ 2016 年公布多项股权激励计划，我们将同一公司不同年份公布的激励计划视为两个样本，而对同一公司同年度公布两项股权激励计划的样本，我们对第二项样本予以剔除；另外，对于窗口期（T − 30，T + 15）内出现停牌的样本，由于其公告的特殊事项可能会导致股价波动，而且这种波动可能不是由股权激励因素引起，因此我们将这部分样本也予以剔除。对于行权解锁公告日的样本选择，其基本思路与草案公告日的样本选择相似，但因同一个股权激励计划可能在未来几年多次行权或解锁，所以行权解锁公告日的样本总数可能大于公告股权激励计划草案的样本总数。具体而言，股权激励草案公告日的样本筛选过程如下。

以 2006 ~ 2016 年 1372 个公告股权激励计划草案的样本为基础，剔除 2006 ~ 2008 年的样本 116 个，剔除同年度公告两份股权激励计划草案的重复样本 141 个，剔除次新股样本 49 个，剔除在研究窗口期内因重大事项停牌的样本 122 个，剔除后，我们共得到 944 个公告股权激励计划草案的样本。

同理，股权激励行权解锁公告日的样本筛选过程如下：以 2006 ~ 2016 年 1453 份公告股权激励行权解锁的样本为基础，剔除 2006 ~ 2008 年行权解锁的样本 26 个，剔除同一公告日公告行权解锁的重复样本 195 个，剔除在研究窗口期内因重大事项停牌的样本 139 个，合计得到 1093 个行权解锁样本。

4.3 草案公告日的管理层机会主义择时行为分析

在本部分中，我们以 2009～2016 年公告股权激励计划草案的上市公司为样本，研究了这些激励样本在股权激励草案公告日的平均累计超额收益率分布情况，并根据平均累计超额收益率的分布判断了上市公司的管理层机会主义择时行为。

4.3.1 股权激励草案公告日的累计超额收益率分析

4.3.1.1 全样本公司股权激励草案公告日的累计超额收益率分析

在前面的分析中我们提到，在计算出了样本的超额收益率后，我们将 (T－30，T＋15) 时间窗口内样本的超额收益率进行累加，得到了上市公司在草案公告日的平均累计超额收益率 CAR，通过观察平均累计超额收益率 CAR 的走势，我们就能判断出样本在股权激励草案公告日前的管理层机会主义择时行为。

从图 4.1 可以看出，在 (T－30，T＋15) 时间窗口内，在沪深市场数据和上证市场数据两种计算方法下，上市公司在股权激励草案公告日的平均累计超额收益率数值几乎都小于 0，其变化大致可以分为三个阶段，分别为：(T－30，T－5) 时间窗口内平均累计超额收益率不断下降的阶段、(T－4，T＋2) 时间窗口内的逐步回升阶段和 (T＋3，T＋15) 内的再次下降阶段。从 (T－30，T－5) 时间窗口内上市公司的平均累计超额收益率走势及其数值上看，上市公司在股权

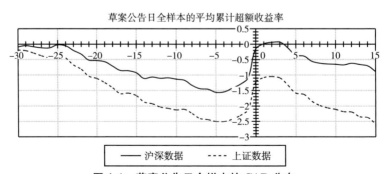

草案公告日全样本的平均累计超额收益率

图 4.1 草案公告日全样本的 CAR 分布

激励草案公告前可能存在管理层机会主义择时行为。

从表4.1平均累计超额收益率的具体值看：在时间窗口（T－30，T－5）内，不管是用上证市场数据还是沪深市场数据，模型计算出的平均累计超额收益率都一直呈逐步下降之势，并在T－5日和T－4日沪深市场数据和上证市场数据计算方法下达到最小值，分别为－1.560和－2.503；之后，在时间窗口（T－4，T＋2）内，样本的平均累计超额收益率逐步上升，并在T＋2日的上证市场数据计算方法下和T＋3日的沪深市场数据计算方法下达到最大值，分别为－1.049和0.068；在（T＋3，T＋15）时间窗口内，平均累计超额收益率再次下降，并在T＋15日达到第三阶段的最小值，分别为－0.888和－2.598。

表 4.1　　　　　　　　　草案公告日全样本的 CAR 分布

日期	沪深市场数据计算的平均累计超额收益率	T 值	上证市场数据计算的平均累计超额收益率	T 值
T－30	－0.084	－1.00	－0.187 *	－1.94
T－29	－0.045	－0.36	－0.208	－1.43
T－28	－0.084	－0.50	－0.286	－1.53
T－27	－0.117	－0.58	－0.372 *	－1.69
T－26	－0.118	－0.55	－0.440 *	－1.80
T－25	－0.019	－0.07	－0.335	－1.24
T－24	－0.053	－0.20	－0.449	－1.51
T－23	－0.202	－0.71	－0.675 **	－2.12
T－22	－0.322 **	－2.08	－0.813 **	－2.41
T－21	－0.522 *	－1.71	－1.043 ***	－2.96
T－20	－0.532 *	－1.68	－1.11 ***	－3.00
T－19	－0.570 *	－1.70	－1.246 ***	－3.19
T－18	－0.714 **	－2.05	－1.41 ***	－3.44
T－17	－0.854 **	－2.36	－1.604 ***	－3.77
T－16	－0.862 **	－2.30	－1.58 ***	－3.60
T－15	－0.928 **	－2.42	－1.668 ***	－3.74
T－14	－1.113 ***	－2.87	－1.875 ***	－4.14
T－13	－1.065 ***	－2.66	－1.927 ***	－4.12
T－12	－1.105 ***	－2.70	－2.033 ***	－4.28
T－11	－1.090 ***	－2.59	－2.076 ***	－4.20
T－10	－1.132 ***	－2.67	－2.124 ***	－4.26

续表

日期	沪深市场数据计算的平均累计超额收益率	T 值	上证市场数据计算的平均累计超额收益率	T 值
T − 9	− 1. 165 ***	− 2. 70	− 2. 103 ***	− 4. 18
T − 8	− 1. 334 ***	− 3. 02	− 2. 242 ***	− 4. 37
T − 7	− 1. 520 ***	− 3. 21	− 2. 403 ***	− 4. 56
T − 6	− 1. 456 ***	− 3. 18	− 2. 439 ***	− 4. 58
T − 5	− 1. 560 ***	− 3. 36	− 2. 498 ***	− 4. 64
T − 4	− 1. 544 ***	− 3. 24	− 2. 503 ***	− 4. 55
T − 3	− 1. 428 ***	− 2. 92	− 2. 427 ***	− 4. 32
T − 2	− 1. 305 ***	− 2. 62	− 2. 309 ***	− 4. 05
T − 1	− 1. 105 **	− 2. 17	− 2. 128 ***	− 3. 68
T + 0	− 0. 1484	− 0. 209	− 1. 220 **	− 2. 07
T + 1	0. 016	0. 03	− 1. 082 *	− 1. 78
T + 2	0. 063	0. 11	− 1. 049 *	− 1. 69
T + 3	0. 068	0. 12	− 1. 093 *	− 1. 72
T + 4	− 0. 120	− 0. 21	− 1. 330 **	− 2. 04
T + 5	− 0. 365	− 0. 62	− 1. 587 **	− 2. 40
T + 6	− 0. 387	− 0. 65	− 1. 623 **	− 2. 44
T + 7	− 0. 556	− 0. 92	− 1. 849 ***	− 2. 74
T + 8	− 0. 618	− 1. 02	− 1. 982 ***	− 2. 89
T + 9	− 0. 643	− 1. 03	− 2. 061 ***	− 2. 91
T + 10	− 0. 652	− 1. 03	− 2. 108 ***	− 2. 94
T + 11	− 0. 673	− 1. 05	− 2. 181 ***	− 2. 99
T + 12	− 0. 621	− 0. 94	− 2. 192 ***	− 2. 94
T + 13	− 0. 657	− 0. 98	− 2. 343 ***	− 3. 07
T + 14	− 0. 703	− 1. 02	− 2. 374 ***	− 3. 05
T + 15	− 0. 888	− 1. 27	− 2. 598 ***	− 3. 29
N	944			

注： * $p < 0.1$， ** $p < 0.05$， *** $p < 0.01$。

从平均累计超额收益率与 0 进行 T 检验的显著性看，在（T − 22，T − 1）的时间窗口内，在沪深市场数据和上证市场数据两种计算方法下，模型计算的平均累计超额收益率均小于 0 且与 0 存在显著差异，说明管理层在股权激励草案公告前存在显著的机会主义择时行为，即管理层选择了在股票走势较弱的时候公告股权激励计划草案，假设一得证。

4.3.1.2　不同激励类型公司草案公告日的累计超额收益率分析

图 4.2 和本书附录中的表 A－1 列示了在时间窗口（T－30，T＋15）内，股票期权激励公司和限制性股票激励公司在股权激励草案公告日的平均累计超额收益率分布情况。从图 4.2 中两种类型股权激励公司的平均累计超额收益率对比可以看出，股票期权激励公司的平均累计超额收益率走势大致可以分为四个阶段：升、跌、再升、再跌，而限制性股票的平均累计超额收益率走势只有三个阶段：跌、升、再跌。

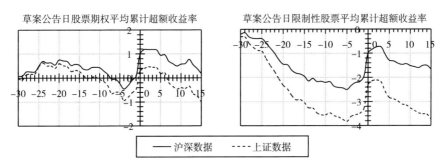

图 4.2　草案公告日不同激励类型公司的 CAR 分布

从具体值看，股票期权激励公司在（T－28，T－11）时间窗口内的平均累计超额收益率在沪深市场数据和上证市场数据两种计算方法下几乎都大于 0，而在（T－10，T＋1）时间窗口内，公司在两种计算方法下的平均累计超额收益率大部分时候又都小于 0；在（T＋0，T＋15）的时间窗口内，用沪深市场数据计算的平均累计超额收益率全部都大于 0，而用上证市场数据计算的平均累计超额收益率大于 0 与小于 0 的天数大致相等。从 T 检验看，在两种计算方法下，窗口期内样本的平均累计超额收益率与 0 进行 T 检验的 T 值基本都不显著。

从限制性股票看，不管是在沪深市场数据还是上证市场数据的计算方法之下，限制性股票激励公司在（T－24，T－1）的时间窗口内的平均累计超额收益率均为负，且 T 检验显著；在之后的时间窗口（T＋0，T＋15）内，平均累计超额收益率全部负，且在（T＋6，T＋15）期间的平均累计超额收益率在两种计算方法下均显著。

以上股票期权激励公司和限制性股票激励公司平均累计超额收益率的对比说明：以股票期权作为激励标的物的上市公司在股权激励草案公告前的管理层机会

主义择时行为不明显，而以限制性股票作为激励标的物的上市公司则存在非常显著的机会主义择时行为。

4.3.1.3 不同所有权性质公司草案公告日的累计超额收益率分析

图 4.3 和本书附录中附表 1 – 2 列示了（T – 30，T + 15）时间窗口内，民营企业和国有企业在股权激励草案公告日的平均累计超额收益率分布情况。从图 4.3 中的对比分析可以看出，民营企业平均累计超额收益率的走势与限制性股票相似，也是经历了跌、升、再跌三个阶段，而国有企业的平均累计超额收益率在草案公告前的走势总体上也是下跌，但其最大幅度小于民营企业样本，且在（T – 30，T – 20）过程中有一个小幅下跌并回升的过程。

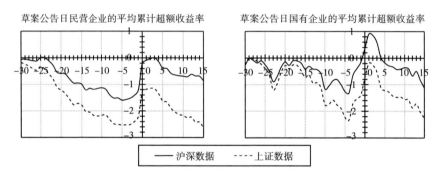

图 4.3　草案公告日不同所有权性质公司的 CAR 分布

从平均累计超额收益率的值和 T 检验看，民营企业自 T – 21 日开始至 T – 1 日，其平均累计超额收益率在沪深市场数据和上证市场数据的计算方法下都一直为负且 T 检验显著，而国有企业样本在（T – 30，T – 1）窗口期内的平均累计超额收益率虽然一直为负，但是 T 检验却不显著，这说明民营企业在股权激励草案公告前存在显著的机会主义择时行为，而国有企业的机会主义择时行为却不显著。

4.3.2　股权激励公司的草案公告日操纵分析

4.3.2.1　全样本公司的草案公告日操纵分析

除通过股权激励草案公告日的累计超额收益率来判断上市公司是否存在机会主义择时行为外，贝布丘克等（2010）还通过对"幸运授予"日的研究来判断上市公司是否存在机会主义择时行为。在西方的研究实务中，当股权激励授予日的公司股价正好是当月股价分布中最低位的 10% 区间时，则认为上市公司涉嫌授予日操纵。

在国内的股权激励实务中，上市公司的草案公告日决定了股权激励的授予价格，而授予日则是股权激励实施的一系列流程结束后，上市公司正式授予管理层股权激励的日期，故而上市公司管理层有动机操纵的是股权激励草案公告日，而非授予日。所以根据国内的股权激励实务，我们认为，如果上市公司股权激励草案公告日的股价是公司过去 30 个交易日股价的最低位、第二低位和第三低位，则判定上市公司涉嫌股权激励草案公告日操纵。

表 4.2 列示了在股权激励草案公告日，上市公司的股票收盘价是草案公告前 30 个交易日的最低收盘价至第十低收盘价的样本统计情况。从表 4.2 中可以看出，共有 110 个上市公司涉嫌草案公告日操纵行为，其草案公告日的股票收盘价正好是过去 30 个交易日的第一低位、第二低位和第三低位，占统计样本量的 11.66%，这说明上市公司在公告股权激励计划时，有约 11.66% 的样本涉嫌草案公告日操纵，这些公司可能存在机会主义择时行为。

表 4.2　　　　　　　　　全样本公司的草案公告日操纵分析

草案公告日的收盘价	样本数量（个）	占比（%）
过去 30 个交易日的第一低位	57	6.04
过去 30 个交易日的第二低位	35	3.71
过去 30 个交易日的第三低位	18	1.91
涉嫌草案公告日操纵的样本合计	110	11.66
过去 30 个交易日的第四低位	17	1.80
过去 30 个交易日的第五低位	32	3.39
收盘价是过去 30 个交易日的前五低位股价公司合计	159	16.84
过去 30 个交易日的第六低位	18	1.91
过去 30 个交易日的第七低位	24	2.54
过去 30 个交易日的第八低位	27	2.86
过去 30 个交易日的第九低位	26	2.75
过去 30 个交易日的第十低位	21	2.22
收盘价是过去 30 个交易日的前十低位股价公司合计	275	29.13
激励样本总数	944	

同时，表4.2也统计了上市公司股权激励草案公告日的股票收盘价是公司过去30个交易日的最低五位收盘价至最低十位收盘价的样本数量情况。可以看出，有159个上市公司草案公告日的股价是公司过去30个交易日的前五低位，占样本总数的16.84%；有275个上市公司草案公告日的股价处于过去30个交易日的前十低位区间，占样本总数的29.13%。

4.3.2.2 不同激励类型公司的草案公告日操纵分析

表4.3列示了股权激励草案公告日在不同激励方式下，上市公司的股票收盘价是草案公告前30个交易日的最低位收盘价至第十低位收盘价的样本统计情况。可以看出，有59个限制性股票上市公司和49个股票期权上市公司涉嫌草案公告日操纵行为，分别占限制性股票公司总数和股票期权公司总数的10.57%和13%，而股票期权激励上市公司涉嫌草案公告日操纵的比例高于限制性股票公司2.43个百分点。

表4.3　　　　　　**不同激励类型公司的草案公告日操纵分析**

草案公告日的收盘价	限制性股票		股票期权	
	样本数量（个）	占比（%）	样本数量（个）	占比（%）
过去30个交易日的第一低位	28	5.02	29	7.69
过去30个交易日的第二低位	20	3.58	13	3.45
过去30个交易日的第三低位	11	1.97	7	1.86
涉嫌草案公告日操纵的样本合计	59	10.57	49	13.00
过去30个交易日的第四低位	6	1.08	11	2.92
过去30个交易日的第五低位	18	3.23	14	3.71
收盘价是过去30个交易日的前五低位股价公司合计	83	14.87	74	19.63
过去30个交易日的第六低位	14	2.51	4	1.06
过去30个交易日的第七低位	17	3.05	7	1.86
过去30个交易日的第八低位	12	2.15	14	3.71
过去30个交易日的第九低位	13	2.33	13	3.45
过去30个交易日的第十低位	13	2.33	8	2.12
收盘价是过去30个交易日的前十低位股价公司合计	152	27.24	120	31.83
激励样本总数	558		377	

此外，从表4.3还能看出，有83个限制性股票公司和74个股票期权公司草案公告日的股价是过去30个交易日股价的前五低位，占比分别为14.87%和19.63%；有152个限制性股票公司和120个股票期权公司草案公告日的股价是公司过去30个交易日股价的前十低位，占比分别为27.24%和31.83%。

4.3.2.3 不同所有权性质公司的草案公告日操纵分析

从表4.4可以看出，在不同所有权性质情况下，民营企业和国有企业涉嫌草案公告日操纵的上市公司数量分别为99家和11家，占民营激励公司数量和国有激励公司数量的11.70%和11.22%，说明在公告股权激励草案的上市公司中，11.70%的民营上市公司和11.22%的国有上市公司涉嫌草案公告日操纵行为。

表4.4 **不同所有权性质公司的草案公告日操纵分析表**

草案公告日的收盘价	民营企业		国有企业	
	样本数量（家）	占比（%）	样本数量（家）	占比（%）
过去30个交易日的第一低位	52	6.15	5	5.10
过去30个交易日的第二低位	31	3.66	4	4.08
过去30个交易日的第三低位	16	1.89	2	2.04
涉嫌草案公告日操纵的样本合计	99	11.70	11	11.22
过去30个交易日的第四低位	16	1.89	1	1.02
过去30个交易日的第五低位	30	3.55	2	2.04
收盘价是过去30个交易日的前五低位股价公司合计	145	17.14	14	14.29
过去30个交易日的第六低位	16	1.89	2	2.04
过去30个交易日的第七低位	23	2.72	1	1.02
过去30个交易日的第八低位	17	2.01	10	10.20
过去30个交易日的第九低位	22	2.60	4	4.08
过去30个交易日的第十低位	17	2.01	4	4.08
收盘价是过去30个交易日的前十低位股价公司合计	240	28.37	35	35.71
激励样本总数	846		98	

此外，草案公告日上市公司股票收盘价是公司草案公告前30个交易日前五低位的民营企业和国有企业数量分别为145家和14家，占比分别为17.14%和14.29%；而草案公告日公司股票收盘价是公司过去30个交易日前十低位的民营

企业和国有企业公司数量分别为240家和35家，占比分别为28.37%和35.71%。

4.3.3　草案公告日操纵公司与非操纵公司的累计超额收益率分析

图4.4列示了全样本、涉嫌草案公告日操纵公司和非操纵公司的平均累计超额收益率分布情况。从图4.4中可以看出，涉嫌草案公告日操纵的上市公司在（T-20，T+0）区间呈单边下跌趋势，且平均累计超额收益率的值为负并远低于全样本和非操纵公司，这说明涉嫌草案公告日操纵的公司存在更为明显的机会主义择时行为，而非操纵公司平均累计超额收益率的走势更加平滑，尽管在（T-30，T+0）区间内，其大部分窗口期内的平均累计超额收益率都小于0。

草案公告日操纵公司与非操纵公司的累计超额收益率分布

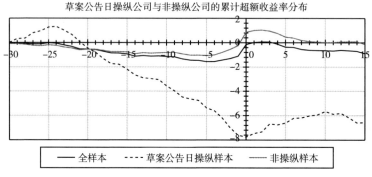

图4.4　草案公告日操纵公司与非操纵公司的CAR分布

表4.5列示了全样本、涉嫌草案公告日操纵公司和非操纵公司在（T-30，T+15）区间的平均累计超额收益率分布，以及其与0进行T检验的T值情况。平均累计超额收益率的计算采用沪深市场数据计算得出（即上证指数的涨跌幅代表沪市上市公司的市场收益率，深证综指涨跌幅代表深圳上市公司的市场收益率，然后通过累计超额收益率模型计算得出上市公司的平均累计超额收益率）。可以看出，涉嫌草案公告日操纵的上市公司平均累计超额收益率从T-19日开始就一直下降并大幅低于全样本，但是其与0进行T检验的T值从T-16日才开始显著，说明从T-16日开始，涉嫌草案公告日操纵公司的机会主义择时行为才开始显著。总体而言，涉嫌草案公告日操纵的上市公司有着更严重的机会主义择时行为。

表 4.5　　　　　草案公告日操纵公司与非操纵公司的 CAR 分布

日期	全样本（1）		草案公告日操纵样本（2）		非草案公告日操纵样本（3）	
	CAR	T 值	CAR	T 值	CAR	T 值
T − 30	− 0.084	− 1.00	0.007	0.02	− 0.096	− 1.11
T − 29	− 0.045	− 0.36	0.327	0.73	− 0.095	− 0.72
T − 28	− 0.084	− 0.50	0.360	0.59	− 0.142	− 0.83
T − 27	− 0.117	− 0.58	0.791	1.09	− 0.236	− 1.14
T − 26	− 0.118	− 0.55	0.967	1.20	− 0.261	− 1.17
T − 25	− 0.019	− 0.07	1.266	1.41	− 0.189	− 0.77
T − 24	− 0.053	− 0.20	1.317	1.36	− 0.234	− 0.86
T − 23	− 0.202	− 0.71	1.021	0.98	− 0.363	− 1.25
T − 22	− 0.322 **	− 2.08	0.656	0.65	− 0.451	− 1.46
T − 21	− 0.522 *	− 1.71	0.063	0.06	− 0.600 *	− 1.87
T − 20	− 0.532 *	− 1.68	− 0.450	− 0.46	− 0.543	− 1.62
T − 19	− 0.570 *	− 1.70	− 0.785	− 0.71	− 0.542	− 1.55
T − 18	− 0.714 **	− 2.05	− 1.316	− 1.18	− 0.635 *	− 1.73
T − 17	− 0.854 **	− 2.36	− 1.727	− 1.59	− 0.740 *	− 1.93
T − 16	− 0.862 **	− 2.30	− 1.779 *	− 1.64	− 0.741 *	− 1.85
T − 15	− 0.928 **	− 2.42	− 2.190 **	− 2.15	− 0.762 *	− 1.85
T − 14	− 1.113 ***	− 2.87	− 2.654 **	− 2.57	− 0.910 **	− 2.18
T − 13	− 1.065 ***	− 2.66	− 2.894 ***	− 2.77	− 0.824 *	− 1.91
T − 12	− 1.105 ***	− 2.70	− 2.965 ***	− 2.72	− 0.860 *	− 1.95
T − 11	− 1.090 ***	− 2.59	− 3.046 ***	− 2.69	− 0.833 *	− 1.84
T − 10	− 1.132 ***	− 2.67	− 3.568 ***	− 3.14	− 0.811 *	− 1.78
T − 9	− 1.165 ***	− 2.70	− 3.971 ***	− 3.49	− 0.795 *	− 1.72
T − 8	− 1.334 ***	− 3.02	− 4.473 ***	− 3.80	− 0.920 *	− 1.94
T − 7	− 1.520 ***	− 3.21	− 4.633 ***	− 3.79	− 1.019 **	− 2.12
T − 6	− 1.456 ***	− 3.18	− 4.760 ***	− 3.87	− 1.021 **	− 2.08
T − 5	− 1.560 ***	− 3.36	− 5.368 ***	− 4.13	− 1.057 **	− 2.14
T − 4	− 1.544 ***	− 3.24	− 5.606 ***	− 4.08	− 1.008 **	− 2.00
T − 3	− 1.428 ***	− 2.92	− 6.191 ***	− 4.48	− 0.800	− 1.54
T − 2	− 1.305 ***	− 2.62	− 6.998 ***	− 5.07	− 0.554	− 1.05
T − 1	− 1.105 **	− 2.17	− 7.605 ***	− 5.57	− 0.247	− 0.46
T + 0	− 0.148	− 0.209	− 7.760 ***	− 5.51	0.855	1.56

续表

日期	全样本（1）		草案公告日操纵样本（2）		非草案公告日操纵样本（3）	
	CAR	T 值	CAR	T 值	CAR	T 值
T + 1	0.016	0.03	− 7.469 ***	− 5.05	1.003 *	1.76
T + 2	0.063	0.11	− 7.335 ***	− 4.83	1.039 *	1.77
T + 3	0.068	0.12	− 6.684 ***	− 4.14	0.959	1.60
T + 4	− 0.120	− 0.21	− 6.753 ***	− 4.00	0.754	1.23
T + 5	− 0.365	− 0.62	− 6.615 ***	− 3.82	0.458	0.73
T + 6	− 0.387	− 0.65	− 6.216 ***	− 3.54	0.381	0.61
T + 7	− 0.556	− 0.92	− 6.181 ***	− 3.38	0.186	0.29
T + 8	− 0.618	− 1.02	− 6.021 ***	− 3.24	0.094	0.15
T + 9	− 0.643	− 1.03	− 5.943 ***	− 3.12	0.056	0.09
T + 10	− 0.652	− 1.03	− 5.662 ***	− 2.95	0.008	0.01
T + 11	− 0.673	− 1.05	− 5.882 ***	− 3.04	0.014	0.02
T + 12	− 0.621	− 0.94	− 5.813 ***	− 3.00	0.064	0.09
T + 13	− 0.657	− 0.98	− 6.176 ***	− 3.20	0.070	0.10
T + 14	− 0.703	− 1.02	− 6.593 ***	− 3.34	0.073	0.10
T + 15	− 0.888	− 1.27	− 6.567 ***	− 3.24	− 0.140	− 0.19
N	944		110		834	

注：* $p < 0.1$，** $p < 0.05$，*** $p < 0.01$。

值得注意的是，非操纵公司平均累计超额收益率的值在（T − 30，T − 1）区间内均为负，但大部分时候都大于全样本，同时，这些公司在（T − 18，T − 4）区间内与0进行T检验的T值也仍然显著为负，说明非操纵公司仍然存在较为显著的机会主义择时行为，但是幅度比全样本和涉嫌草案公告日操纵的上市公司轻。

4.3.4 放开草案公告日操纵定义后的累计超额收益率分析

通过前面的分析发现：涉嫌草案公告日操纵的上市公司存在更严重的机会主义择时行为；非操纵上市公司的机会主义择时行为虽然有所缓解，但是也仍然比较明显。为了进一步验证该结论的成立并分析操纵公司与非操纵公司机会主义择时行为的变化，笔者尝试适当放开草案公告日操纵的定义，将上市公司股权激励草案公告日的股价是公司过去 30 个交易日的最低位股价至第五低位股价的上市公司，都视同涉嫌草案公告日操纵（之前是前三低位股价），并同样分析了全样本、放开草案公告日操纵定义后的草案公告日操纵样本以及非操纵样本在（T－30，T＋15）区间的平均累计超额收益率情况。程果（2020）也曾按该思路研究过管理层的机会主义择时行为，他将股权激励草案公告日的股价是公司过去 30 个交易日股价的最低位至第五低位的上市公司视为存在市场准确判断，并认为市场准确判断和真实盈余管理是管理层机会主义择时行为所凭借的两种手段，涉嫌市场准确判断的上市公司存在更强的管理层机会主义择时行为，在剔除该因素的影响后，上市公司的管理层机会主义择时行为不再显著。

图 4.5 列示了全样本、放开草案公告日操纵定义后涉嫌草案公告日操纵样本以及非操纵样本的平均累计超额收益率走势情况。可以看出，图 4.5 中走势与未放开草案公告日操纵定义前样本的走势相似：放开定义后，涉嫌草案公告日操纵的上市公司机会主义择时行为同样严重，而非操纵公司的平均累计超额收益率走势比较平缓。

放开草案公告日操纵定义后样本的累计超额收益率分布

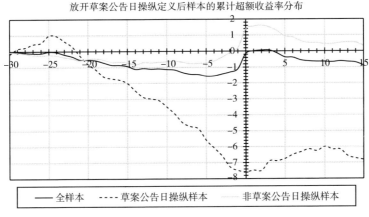

　　　全样本　　····草案公告日操纵样本　　　非草案公告日操纵样本

图 4.5　放开草案公告日操纵定义后上市公司的 CAR 分布

表 4.6 列示了全样本、放开草案公告日操纵定义后的样本以及非操纵样本在窗口期（T－30，T＋15）内每个交易日的平均累计超额收益率情况及其与 0 进行 T 检验的检验结果。

从表 4.6 列（2）可以看出，放开草案公告日操纵定义后，涉嫌操纵的上市公司平均累计超额收益率除在 T－22 日和 T－21 日大于全样本外，在其余窗口期内的 CAR 走势几乎全都低于全样本组，且其 T 检验的 T 值从 T－18 日开始一直到 T－1 日均非常显著，这说明放开草案公告日操纵定义后的操纵公司同样存在比全样本更强和更显著的管理层机会主义择时行为。

表 4.6 　　　　　　　　放开草案公告日操纵定义后的 CAR 分布

日期	全样本（1）		草案公告日操纵样本（2）		非草案公告日操纵样本（3）	
	CAR	T 值	CAR	T 值	CAR	T 值
T－30	－0.084	－1.00	－0.188	0.78	－0.063	－0.71
T－29	－0.045	－0.36	－0.153	0.43	－0.086	－0.64
T－28	－0.084	－0.50	－0.238	0.47	－0.149	－0.86
T－27	－0.117	－0.58	－0.441	0.75	－0.231	－1.1
T－26	－0.118	－0.55	－0.531	0.84	－0.252	－1.09
T－25	－0.019	－0.07	－0.988	1.40	－0.226	－0.90
T－24	－0.053	－0.20	－0.948	1.26	－0.259	－0.93
T－23	－0.202	－0.71	－0.621	0.77	－0.371	－1.25
T－22	－0.322**	－2.08	－0.303	0.38	－0.450	－1.41
T－21	－0.522*	－1.71	－0.275	0.35	－0.573*	－1.72
T－20	－0.532*	－1.68	－0.797	－1.04	－0.478	－1.37
T－19	－0.570*	－1.70	－1.146	－1.37	－0.452	－1.24
T－18	－0.714**	－2.05	－1.597*	－1.89	－0.532	－1.40
T－17	－0.854**	－2.36	－1.716**	－2.01	－0.678*	－1.70
T－16	－0.862**	－2.30	－1.796**	－2.03	－0.669	－1.62
T－15	－0.928**	－2.42	－2.006**	－2.31	－0.706*	－1.66
T－14	－1.113***	－2.87	－2.484***	－2.81	－0.831*	－1.93
T－13	－1.065***	－2.66	－2.879***	－3.24	－0.692	－1.55
T－12	－1.105***	－2.70	－2.9849***	－3.24	－0.718	－1.58
T－11	－1.090***	－2.59	－3.0879***	－3.33	－0.680	－1.44
T－10	－1.132***	－2.67	－3.4929***	－3.70	－0.647	－1.37
T－9	－1.165***	－2.70	－3.9289***	－4.18	－0.597	－1.24
T－8	－1.334***	－3.02	－4.4919***	－4.64	－0.684	－1.40
T－7	－1.520***	－3.21	－4.7239***	－4.80	－0.765	－1.53
T－6	－1.456***	－3.18	－4.8639***	－4.91	－0.756	－1.49
T－5	－1.560***	－3.36	－5.5869***	－5.41	－0.731	－1.42
T－4	－1.544***	－3.24	－6.0769***	－5.62	－0.612	－1.17
T－3	－1.428***	－2.92	－6.5759***	－6.11	－0.369	－0.69
T－2	－1.305***	－2.62	－7.2649***	－6.65	－0.080	－0.15

续表

日期	全样本（1）		草案公告日操纵样本（2）		非草案公告日操纵样本（3）	
	CAR	T 值	CAR	T 值	CAR	T 值
T - 1	- 1.105 **	- 2.17	- 7.4919 ***	- 6.78	0.208	- 0.37
T + 0	- 0.148	- 0.209	- 7.5729 ***	6.80	1.377 **	2.43
T + 1	0.016	0.03	- 7.4719 ***	6.50	1.556 ***	2.63
T + 2	0.063	0.11	- 7.4919 ***	- 6.34	1.616 ***	2.66
T + 3	0.068	0.12	- 6.8959 ***	- 5.54	1.500 **	2.42
T + 4	- 0.120	- 0.21	- 6.8869 ***	- 5.27	1.270 **	2.00
T + 5	- 0.365	- 0.62	- 6.7529 ***	- 4.98	0.9470	1.46
T + 6	- 0.387	- 0.65	- 6.4949 ***	- 4.74	0.868	1.33
T + 7	- 0.556	- 0.92	- 6.3279 ***	- 4.50	0.631	0.96
T + 8	- 0.618	- 1.02	- 6.1509 ***	- 4.34	0.519	0.78
T + 9	- 0.643	- 1.03	- 6.2579 ***	- 4.35	0.511	0.74
T + 10	- 0.652	- 1.03	- 5.9949 ***	- 4.11	0.446	0.64
T + 11	- 0.673	- 1.05	- 6.1669 ***	- 4.20	0.456	0.64
T + 12	- 0.621	- 0.94	- 6.1659 ***	- 4.20	0.519	0.72
T + 13	- 0.657	- 0.98	- 6.5839 ***	- 4.53	0.561	0.75
T + 14	- 0.703	- 1.02	- 6.7249 ***	- 4.55	0.534	0.70
T + 15	- 0.888	- 1.27	- 6.8159 ***	- 4.50	0.329	0.43
N	944		159		785	

注：* $p<0.1$，** $p<0.05$，*** $p<0.01$。

从表 4.6 列（3）可以看出，放开草案公告日操纵定义后，非操纵公司在窗口期（T - 30，T - 1）内的平均累计超额收益率均值仍然为负，但是从 T 检验的 T 值来看，除 T - 21 日、T - 17 日、T - 15 日和 T - 14 日这 4 个非连续交易日的 CAR 均值显著低于 0 外，该组样本在其余时间窗口内的 CAR 均值均未显著小于 0，这表明放开草案公告日操纵定义后，非操纵公司的管理层机会主义择时行为不再显著。该结论结合未放开草案公告日操纵定义前上市公司非操纵样本的平均累计超额收益率分布情况，我们可以得出以下结论：上市公司的草案公告日操纵会导致股权激励草案公告前更严重的管理层机会主义择时行为，且这种操纵可能是该时点管理层机会主义择时行为产生的重要原因（非操纵组的机会主义择时行为不再显著）。

4.4 行权解锁公告日的管理层机会主义择时行为分析

判断行权解锁公告日是否存在管理层机会主义择时行为，与判断草案公告日是否存在机会主义择时行为的方式正好相反，其主要原因在于，在股权激励行权解锁公告前，如果上市公司存在管理层的机会主义择时行为，那么管理层就会选择在股票行情较好时公告股权激励计划的行权解锁，这时窗口期内上市公司的平均累计收益率应该为正。但是，股权激励计划的行权解锁通常都是在股权激励正式实施后 1 年或 2 年，这时候的市场环境可能不是管理层能够选择的，而且市场也可能对即将行权解锁的股权激励计划有预期，所以管理层可能不能完全选择在某个特定时点公告股权激励的行权解锁，即管理层的机会主义择时行为在行权解锁公告前可能并不明显。

4.4.1 行权解锁公告日的累计超额收益率分析

4.4.1.1 全样本公司行权解锁公告日的累计超额收益率分析

图 4.6 列示了股权激励行权解锁样本在时间窗口（T – 30，T + 15）内的平均累计超额收益率分布情况。从图 4.6 中可以直观地看出，股权激励公司的平均累计超额收益率不管是在上证市场数据还是沪深证市场数据的计算方法下，该值都一直小于 0 并呈现单边下跌的走势，说明上市公司并未在股价上涨时公告股权

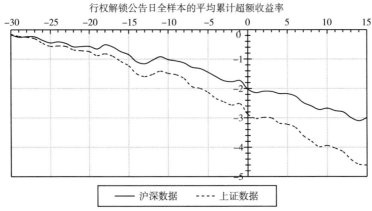

图 4.6　行权解锁公告日全样本的 CAR 分布

激励的行权解锁，即上市公司在股权激励行权解锁公告日的机会主义择时行为不明显，这初步证明了假设二的成立。

从表4.7行权解锁公告日全样本在（T－30，T＋15）窗口期内的平均累计超额收益率及其与0进行T检验的T值来看，从T－26日开始一直到T＋15日，上市公司在上证市场数据和沪深市场数据的计算方法下，其平均累计超额收益率都显著小于0，这一方面意味着市场可能预期到了股票期权或限制性股票在行权解锁公告后可能到来的高管减持，从而引起投资者抛售公司股票；另一方面这也意味着上市公司整体上在股权激励行权解锁公告前不存在管理层的机会主义择时行为，假设二得证。

表4.7　　　　　　　　　　行权解锁公告日全样本的 CAR 分布

日期	沪深市场数据计算的平均累计超额收益率	T 值	上证市场数据计算的平均累计超额收益率	T 值
T－30	－0.177 **	－2.21	－0.154 *	－1.68
T－29	－0.258 **	－2.08	－0.229	－1.63
T－28	－0.240	－1.5	－0.258	－1.44
T－27	－0.246	－1.32	－0.309	－1.48
T－26	－0.364 *	－1.7	－0.466 **	－1.97
T－25	－0.4515 *	－1.93	－0.568 **	－2.18
T－24	－0.416 *	－1.66	－0.556 *	－1.96
T－23	－0.468 *	－1.72	－0.570 *	－1.88
T－22	－0.585 **	－2.06	－0.688 **	－2.13
T－21	－0.575 *	－1.95	－0.717 **	－2.14
T－20	－0.570 *	－1.87	－0.746 **	－2.14
T－19	－0.657 **	－2.07	－0.882 **	－2.44
T－18	－0.514	－1.56	－0.821 **	－2.19
T－17	－0.590 *	－1.7	－0.905 **	－2.31
T－16	－0.745 **	－2.11	－1.079 ***	－2.7
T－15	－0.849 **	－2.31	－1.225 ***	－2.92
T－14	－1.091 ***	－2.87	－1.499 ***	－3.42
T－13	－1.159 ***	－2.98	－1.594 ***	－3.55
T－12	－1.038 ***	－2.61	－1.520 ***	－3.32
T－11	－0.922 **	－2.26	－1.412 ***	－3
T－10	－1.019 **	－2.45	－1.485 ***	－3.07

续表

日期	沪深市场数据计算的平均累计超额收益率	T 值	上证市场数据计算的平均累计超额收益率	T 值
T − 9	− 1.064 **	− 2.44	− 1.530 ***	− 3.04
T − 8	− 1.131 **	− 2.49	− 1.659 ***	− 3.16
T − 7	− 1.280 ***	− 2.77	− 1.936 ***	− 3.58
T − 6	− 1.322 ***	− 2.84	− 1.9945 ***	− 3.64
T − 5	− 1.448 ***	− 3.1	− 2.129 ***	− 3.9
T − 4	− 1.596 ***	− 3.37	− 2.338 ***	− 4.25
T − 3	− 1.734 ***	− 3.6	− 2.454 ***	− 4.4
T − 2	− 1.769 ***	− 3.6	− 2.570 ***	− 4.5
T − 1	− 1.727 ***	− 3.42	− 2.518 ***	− 4.34
T + 0	− 2.023 ***	− 3.94	− 2.879 ***	− 4.89
T + 1	− 2.142 ***	− 4.07	− 3.027 ***	− 5.01
T + 2	− 2.092 ***	− 3.9	− 2.985 ***	− 4.84
T + 3	− 2.100 ***	− 3.82	− 3.007 ***	− 4.77
T + 4	− 2.172 ***	− 3.9	− 3.184 ***	− 4.99
T + 5	− 2.175 ***	− 3.84	− 3.221 ***	− 4.97
T + 6	− 2.255 ***	− 3.9	− 3.322 ***	− 5.02
T + 7	− 2.485 ***	− 4.26	− 3.611 ***	− 5.41
T + 8	− 2.598 ***	− 4.41	− 3.793 ***	− 5.61
T + 9	− 2.721 ***	− 4.56	− 3.984 ***	− 5.77
T + 10	− 2.675 ***	− 4.38	− 3.942 ***	− 5.62
T + 11	− 2.758 ***	− 4.47	− 4.033 ***	− 5.7
T + 12	− 2.798 ***	− 4.44	− 4.151 ***	− 5.71
T + 13	− 2.992 ***	− 4.69	− 4.413 ***	− 5.96
T + 14	− 3.101 ***	− 4.84	− 4.579 ***	− 6.17
T + 15	− 2.996 ***	− 4.64	− 4.606 ***	− 6.16
样本量	1093			

注：* p < 0.1，** p < 0.05，*** p < 0.01。

4.4.1.2　行权解锁公告日不同激励类型公司的累计超额收益率分析

在行权解锁公告前，虽然上市公司总体上不存在管理层机会主义择时行为，但这并不意味着在不同激励方式和不同所有权性质情况下，上市公司仍然没有管理层机会主义择时行为。故同样按照不同股权激励方式和不同所有权性质对样本进行了分组，分别讨论了各种情况下上市公司在股权激励行权解锁公告前的管理层机会主义择时行为。

图 4.7 和附录中表 B－1 列示了在行权解锁公告前后的时间窗口（T－30，T＋15）内，股票期权公司和限制性股票公司的平均累计超额收益率分布情况。从图 4.7 中可以看出，在行权解锁公告日前（T－30，T－21）的时间窗口内，股票期权样本在沪深市场数据和上证市场数据情况下，其平均累计超额收益率基本都大于 0，之后在（T－20，T－1）时间窗口内开始逐步下降，而限制性股票样本的平均累计超额收益率从 T－30 日开始就一直小于 0，且逐步下降。

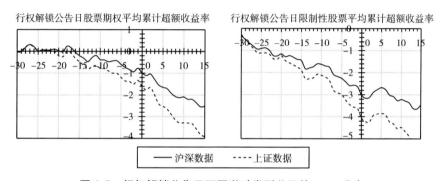

图 4.7　行权解锁公告日不同激励类型公司的 CAR 分布

从具体数值来看，限制性股票样本在时间窗口（T－30，T＋15）内的平均累计超额收益率一直小于 0，且 T 检验的显著性非常显著；而股票期权样本在沪深市场数据和上证市场数据计算方法下，在（T－30，T－1）时间窗口内分别有11 个交易日和 8 个交易日的平均累计超额收益率大于 0，且平均累计超额收益率为负的样本 T 检验不显著。从这个角度看，限制性股票激励公司在行权解锁公告前不存在管理层的机会主义择时行为，而股票期权激励公司相对存在管理层机会主义择时行为，但是其显著性不显著。

4.4.1.3　行权解锁公告日不同所有权性质公司的累计超额收益率分析

图 4.8 和附录中表 B－2 列示了不同所有权性质情况下，上市公司在时间窗口（T－30，T＋15）内的平均累计超额收益率分布情况。从图 4.8 及附录中附表 2－2 中可以看出，民营企业行权解锁公告时的平均累计超额收益率走势与限制性股票走势相似，在整个时间窗口（T－30，T＋15）内的平均累计超额收益

率均小于 0，且在显著性上非常显著。而国有上市公司平均累计超额收益率的走势与民营上市公司非常不同，在行权解锁公告前的窗口期（T－30，T－1）内，国有上市公司的平均累计超额收益率基本围绕 0 上下波动，且用沪深市场数据计算出的平均累计超额收益率有 24 个交易日大于 0（但 T 检验不显著），占 30 个交易日的 80%。因此，民营上市公司在行权解锁公告前不存在机会主义择时行为，而国有上市公司在行权解锁前相对存在更多的管理层机会主义择时行为，或者说国有上市公司的股权激励行权解锁没有对市场造成很大冲击。

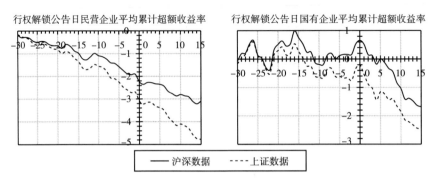

图 4.8 　行权解锁公告日不同所有权性质公司的 CAR 分布

4.4.2　股权激励公司的行权解锁公告日操纵分析

从全样本情况下的平均累计超额收益率来看，股权激励公司在行权解锁公告前没有管理层机会主义择时行为。但根据前面的文献综述分析得知，在对管理层机会主义择时行为的研究中，研究方法还包括对草案公告日操纵和行权解锁公告日操纵的研究，故而笔者按照上市公司股权激励草案公告日操纵的分析思路，也分析了上市公司行权解锁公告日的操纵情况。

4.4.2.1　全样本公司的行权解锁公告日操纵分析

表 4.8 列示了上市公司在股权激励行权解锁公告日，其股价是公告日前 30个交易日的第一高股价至第十高股价的公司数量统计情况。从表 4.8 中可以看出，在上市公司行权解锁公告日，公司股价是过去 30 个交易日最高股价的样本数量为 106 个，占行权解锁样本总数的 9.7%；而该日期股价是公司过去 30 个交易日第二高位股价和第三高位股价的公司数量分别为 63 个和 57 个，占比分别为

5.76% 和 5.22%。因此，涉嫌行权解锁公告日操纵的样本数量合计为 226 个，占行权解锁样本总数的 20.68%，这说明在行权解锁公告日，虽然上市公司整体上没有机会主义择时行为，但是却有 20.68% 的上市公司涉嫌行权解锁公告日操纵，有 226 个上市公司在行权解锁公告日可能存在机会主义择时行为。

表 4.8	全样本公司的行权解锁公告日操纵分析	
行权解锁公告日收盘价	样本数量（个）	占比（%）
过去 30 个交易日的第一高位	106	9.70
过去 30 个交易日的第二高位	63	5.76
过去 30 个交易日的第三高位	57	5.22
行权解锁公告日操纵的样本合计	226	20.68
过去 30 个交易日的第四高位	52	4.76
过去 30 个交易日的第五高位	35	3.20
收盘价是过去 30 个交易日的前五高位股价公司合计	313	28.64
过去 30 个交易日的第六高位	28	2.56
过去 30 个交易日的第七高位	32	2.93
过去 30 个交易日的第八高位	42	3.84
过去 30 个交易日的第九高位	30	2.74
过去 30 个交易日的第十高位	28	2.56
收盘价是过去 30 个交易日的前十高位股价公司合计	473	43.28
行权解锁样本总数	1093	

此外，从表 4.8 中还可以看出，在上市公司行权解锁公告日，公司股价是过去 30 个交易日的第一高股价至第五高股价的公司数量为 313 个，是过去 30 个交易日的第六高股价至第十高股价的公司数量为 473 个，分别占行权解锁上市公司总量的 28.64% 和 43.28%。

4.4.2.2　不同激励类型公司的行权解锁公告日操纵分析

表 4.9 列示了不同激励类型公司的股权激励行权解锁公告日操纵情况（未考虑样本数量过少的股票增值权激励）。可以看出，在限制性股票公司和股票期权公司的行权解锁公告日，其股价正好是公司过去 30 个交易日第一高位股价的样本数量分别为 62 个和 43 个，占限制性股票公司和股票期权公司总数的 11.27% 和 8.04%；而两者涉嫌行权解锁公告日操纵的上市公司数量分别为 126 个和 97

个，占行权解锁公司总数的 22.91% 和 18.13%，说明在行权解锁公告前，有 126个限制性股票公司和 97 个股票期权公司可能存在机会主义择时行为，且限制性股票公司进行机会主义择时行为操纵的公司比例大于股票期权公司。

表 4.9　　　　　　　不同激励类型公司的行权解锁公告日操纵分析

行权解锁公告日收盘价	限制性股票		股票期权	
	样本数量（个）	占比（%）	样本数量（个）	占比（%）
过去 30 个交易日的第一高位	62	11.27	43	8.04
过去 30 个交易日的第二高位	33	6.00	30	5.61
过去 30 个交易日的第三高位	31	5.64	24	4.49
行权解锁公告日操纵的样本合计	126	22.91	97	18.13
过去 30 个交易日的第四高位	33	6.00	19	3.55
过去 30 个交易日的第五高位	18	3.27	17	3.18
收盘价是过去 30 个交易日的前五高股价公司合计	177	32.18	133	24.86
过去 30 个交易日的第六高位	10	1.82	18	3.36
过去 30 个交易日的第七高位	9	1.64	23	4.30
过去 30 个交易日的第八高位	19	3.45	23	4.30
过去 30 个交易日的第九高位	16	2.91	14	2.62
过去 30 个交易日的第十高位	14	2.55	14	2.62
收盘价是过去 30 个交易日的前十高股价公司合计	245	44.55	225	42.06
行权解锁样本总数	550		535	

此外，在限制性股票公司和股票期权公司中，其行权解锁公告日的收盘价是公司过去 30 个交易日前五高收盘价的样本数量分别为 177 个和 133 个，占限制性股票公司和股票期权公司行权解锁数量的 32.18% 和 24.86%；而两者行权解锁公告日的股票收盘价是公司过去 30 个交易日前十高股票收盘价的样本数量分别为 245 个和 225 个，占比分别为 44.55% 和 42.06%。

4.4.2.3　不同所有权性质公司的行权解锁公告日操纵分析

表 4.10 列示了在不同所有权性质情况下，上市公司的行权解锁公告日操纵情况。可以看出，民营企业和国有企业涉嫌行权解锁公告日操纵的样本数量分别为 211 个和 15 个，占其行权解锁总数的 20.83% 和 18.75%；而在行权解锁公告

日，两者的股票收盘价是公司过去 30 个交易日前五高收盘价的公司数量分别为 289 个和 24 个，分别占行权解锁样本总数的 28.53% 和 30.00%；两者是过去 30 个交易日前十高股票收盘价的公司数量分别为 439 个和 34 个，占行权解锁样本总数的 43.34% 和 42.50%。

表 4.10　　　　　　　不同所有权性质公司的行权解锁公告日操纵分析

行权解锁公告日收盘价	民营企业		国有企业	
	样本数量（个）	占比（%）	样本数量（个）	占比（%）
过去 30 个交易日的第一高位	101	9.97	5	6.25
过去 30 个交易日的第二高位	58	5.73	5	6.25
过去 30 个交易日的第三高位	52	5.13	5	6.25
行权解锁公告日操纵的样本合计	211	20.83	15	18.75
过去 30 个交易日的第四高位	45	4.44	7	8.75
过去 30 个交易日的第五高位	33	3.26	2	2.50
收盘价是过去 30 个交易日的前五高位股价公司合计	289	28.53	24	30.00
过去 30 个交易日的第六高位	25	2.47	3	3.75
过去 30 个交易日的第七高位	31	3.06	1	1.25
过去 30 个交易日的第八高位	41	4.05	1	1.25
过去 30 个交易日的第九高位	27	2.67	3	3.75
过去 30 个交易日的第十高位	26	2.57	2	2.50
收盘价是过去 30 个交易日的前十高位股价公司合计	439	43.34	34	42.50
行权解锁样本总数	1013		80	

4.4.3　行权解锁公告日操纵公司与非操纵公司的累计超额收益率分析

虽然通过平均累计超额收益率的分析，笔者证明了在行权解锁公告前，上市公司整体上不存在机会主义择时行为，但是对上市公司的行权解锁公告日操纵进行分析后，我们发现，20.68% 的上市公司可能仍然存在行权解锁公告日操纵的机会主义择时行为。

图 4.9 列示了全样本、行权解锁公告日操纵样本、非操纵样本的平均累计超

额收益率分布情况。可以直观地看到：全样本在（T-30，T+15）区间内，其平均累计超额收益率的走势位于行权解锁公告日操纵样本和非操纵样本之间；行权解锁公告日操纵样本的平均累计超额收益率从 T-18 日开始为正，其平均累计超额收益率的走势一直到 T+0 日几乎都呈单边向上的走势；非操纵样本的平均累计超额收益率走势从 T-30 日开始就一直为负，且单边向下；在 T+0 日以后，行权解锁公告日操纵样本的平均累计超额收益率走势与之前基本持平，而非操纵样本则持续向下。

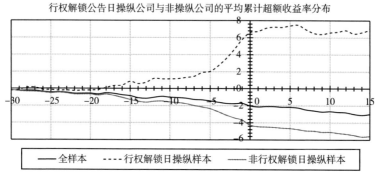

行权解锁公告日操纵公司与非操纵公司的平均累计超额收益率分布

图 4.9　行权解锁公告日操纵公司与非操纵公司的 CAR 分布

表4.11 列示了全样本、行权解锁公告日操纵样本、非操纵样本在（T-30，T+15）区间内，上市公司的平均累计超额收益率数值以及其与 0 进行 T 检验的 T 值。从表4.11 列（2）行权解锁公告日操纵样本的数据可以看出，虽然上市公司的平均累计超额收益率从 T-18 日开始大于 0，但是其与 0 进行 T 检验的 T 值却直到 T-7 日才开始显著；从 T+0 日后一直到 T+6 日，涉嫌操纵的上市公司平均累计超额收益率不断增长，且 T 检验的 T 值非常显著，说明在行权解锁公告日前，涉嫌行权解锁公告日操纵的上市公司存在机会主义择时行为，且股权激励行权解锁的公告也没有影响到后续股价走势。

表 4.11　　　　　行权解锁公告日操纵公司与非操纵公司的 CAR 分布

日期	全样本（1）		行权解锁公告日操纵样本（2）		非操纵样本（3）	
	CAR	T 值	CAR	T 值	CAR	T 值
T-30	-0.177 **	-2.21	-0.224	-1.27	-0.164 *	-1.83
T-29	-0.258 **	-2.08	-0.149	-0.59	-0.286 **	-2.01
T-28	-0.240	-1.5	0.136	0.40	-0.338 *	-1.86

日期	全样本（1）		行权解锁公告日操纵样本（2）		非操纵样本（3）	
	CAR	T 值	CAR	T 值	CAR	T 值
T − 27	− 0. 246	− 1. 32	0. 154	0. 44	− 0. 351	− 1. 62
T − 26	− 0. 364 *	− 1. 7	− 0. 138	− 0. 35	− 0. 422 *	− 1. 70
T − 25	− 0. 4515 *	− 1. 93	− 0. 153	− 0. 35	− 0. 528 *	− 1. 94
T − 24	− 0. 416 *	− 1. 66	− 0. 226	− 0. 49	− 0. 464	− 1. 59
T − 23	− 0. 468 *	− 1. 72	− 0. 205	− 0. 40	− 0. 536 *	− 1. 70
T − 22	− 0. 585 **	− 2. 06	− 0. 266	− 0. 50	− 0. 668 **	− 2. 02
T − 21	− 0. 575 *	− 1. 95	− 0. 222	− 0. 39	− 0. 667 **	− 1. 96
T − 20	− 0. 570 *	− 1. 87	− 0. 205	− 0. 34	− 0. 664 *	− 1. 89
T − 19	− 0. 657 **	− 2. 07	− 0. 140	− 0. 23	− 0. 791 **	− 2. 15
T − 18	− 0. 514	− 1. 56	0. 096	0. 16	− 0. 672 *	− 1. 75
T − 17	− 0. 590 *	− 1. 7	0. 342	0. 55	− 0. 832 **	− 2. 04
T − 16	− 0. 745 **	− 2. 11	0. 396	0. 62	− 1. 047 **	− 2. 52
T − 15	− 0. 849 **	− 2. 31	0. 849	1. 26	− 1. 292 ***	− 3. 01
T − 14	− 1. 091 ***	− 2. 87	0. 581	0. 80	− 1. 509 ***	− 3. 41
T − 13	− 1. 159 ***	− 2. 98	0. 744	0. 96	− 1. 613 ***	− 3. 57
T − 12	− 1. 038 ***	− 2. 61	1. 198	1. 55	− 1. 503 ***	− 3. 27
T − 11	− 0. 922 **	− 2. 26	1. 143	1. 46	− 1. 471 ***	− 3. 13
T − 10	− 1. 019 **	− 2. 45	1. 144	1. 46	− 1. 583 ***	− 3. 29
T − 9	− 1. 064 **	− 2. 44	1. 179	1. 43	− 1. 648 ***	− 3. 27
T − 8	− 1. 131 **	− 2. 49	1. 319	1. 58	− 1. 769 ***	− 3. 36
T − 7	− 1. 280 ***	− 2. 77	1. 453 *	1. 69	− 1. 992 ***	− 3. 72
T − 6	− 1. 322 ***	− 2. 84	1. 902 **	2. 14	− 2. 162 ***	− 4. 03
T − 5	− 1. 448 ***	− 3. 1	2. 034 **	2. 22	− 2. 355 ***	− 4. 42
T − 4	− 1. 596 ***	− 3. 37	2. 680 ***	2. 88	− 2. 710 ***	− 5. 03
T − 3	− 1. 734 ***	− 3. 6	3. 537 ***	3. 61	− 3. 107 ***	− 5. 74
T − 2	− 1. 769 ***	− 3. 6	4. 581 ***	4. 42	− 3. 424 ***	− 6. 29
T − 1	− 1. 727 ***	− 3. 42	5. 767 ***	5. 42	− 3. 679 ***	− 6. 65
T + 0	− 2. 023 ***	− 3. 94	6. 608 ***	5. 53	− 4. 273 ***	− 7. 71
T + 1	− 2. 142 ***	− 4. 07	6. 735 ***	5. 78	− 4. 456 ***	− 7. 90
T + 2	− 2. 092 ***	− 3. 9	7. 105 ***	5. 88	− 4. 489 ***	− 7. 85
T + 3	− 2. 100 ***	− 3. 82	7. 240 ***	5. 76	− 4. 534 ***	− 7. 76

日期	全样本（1）		行权解锁公告日操纵样本（2）		非操纵样本（3）	
	CAR	T 值	CAR	T 值	CAR	T 值
T + 4	−2.172***	−3.9	7.207***	5.63	−4.616***	−7.83
T + 5	−2.175***	−3.84	7.383***	5.64	−4.667***	−7.79
T + 6	−2.255***	−3.9	7.468***	5.58	−4.788***	−7.84
T + 7	−2.485***	−4.26	6.931***	5.16	−4.939***	−7.96
T + 8	−2.598***	−4.41	6.504***	4.77	−4.970***	−7.91
T + 9	−2.721***	−4.56	6.392***	4.68	−5.096***	−7.98
T + 10	−2.675***	−4.38	6.582***	4.68	−5.088***	−7.80
T + 11	−2.758***	−4.47	6.665***	4.63	−5.214***	−7.93
T + 12	−2.798***	−4.44	6.846***	4.53	−5.312***	−8.01
T + 13	−2.992***	−4.69	6.465***	4.18	−5.457***	−8.14
T + 14	−3.101***	−4.84	6.607***	4.22	−5.631***	−8.39
T + 15	−2.996***	−4.64	6.889***	4.32	−5.573***	−8.28
N	1093		226		867	

注：*p < 0.1，**p < 0.05，***p < 0.01。

而从表4.11列（3）看，行权解锁公告日非操纵的上市公司平均累计超额收益率从 T − 30 日开始就为负，且 T 检验的显著性非常显著，说明在行权解锁公告前，非操纵公司不存在机会主义择时行为。而从该组 T + 0 日至 T + 15 日的平均累计超额收益率看，其值不断下降，且 T 检验的显著性非常显著，说明对非操纵公司来说，股权激励行权解锁的公告会加速其股价下跌。

4.4.4　放开行权解锁公告日操纵定义后的累计超额收益率分析

为进一步证实行权解锁公告日操纵样本机会主义择时行为的存在性问题，并分析操纵公司与非操纵公司机会主义择时行为的变化，笔者同样放宽了对行权解锁公告日操纵的定义，将行权解锁公告日的股价是公司过去30个交易日前五高股价的上市公司都视为行权解锁公告日操纵。

图4.10列示了放开行权解锁公告日操纵定义后，全样本、行权解锁公告日操纵样本以及非操纵样本的平均累计超额收益率分布情况。可以看出，图4.10中走势与未放开行权解锁公告日操纵定义前，上市公司的平均累计超额收益率走势相似，全样本的平均累计超额收益率位于操纵样本和非操纵样本之间，行权解

锁公告日操纵样本的平均累计超额收益率从 T - 17 日开始大于 0, 并在 T + 0 日之前单边上升, 且在 T + 0 日至 T + 15 日之间变化幅度不大, 而非行权解锁公告日操纵样本则从 T - 20 日开始一直到 T + 15 日都呈现单边下跌走势。

放开行权解锁公告日操纵定义后样本的平均累计超额收益率分布

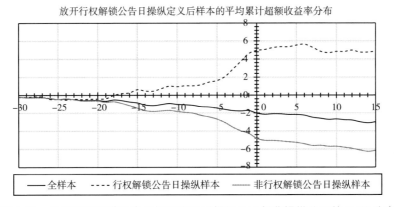

—— 全样本　---- 行权解锁公告日操纵样本　—— 非行权解锁公告日操纵样本

图 4.10　放开行权解锁公告日操纵定义后操纵公司与非操纵公司的 CAR 分布

表 4.12 列示了放开行权解锁公告日操纵定义后, 全样本、行权解锁公告日操纵样本、非操纵样本在 (T - 30, T + 15) 区间内, 其平均累计超额收益率的分布及其与 0 进行 T 检验的 T 值。从表 4.12 列 (1)、列 (2)、列 (3) 平均累计超额收益率的值以及其与 0 进行 T 检验的 T 值来看, 全样本和非行权解锁公告日操纵样本都没有机会主义择时行为, 其平均累计超额收益率的值在 (T - 30, T + 15) 区间内皆为负。而从列 (2) 行权解锁公告日操纵样本看, 其平均累计超额收益率的值从 T - 17 日开始大于 0, 之后一直到 T + 0 日之前都单边上升。但是其 T 检验的 T 值从 T - 6 日才开始显著, 之后一直到 T + 6 日, 其平均累计超额收益率的值都不断增加, 且 T 检验的显著性不断增强, 这说明对涉嫌行权解锁公告日操纵公司来说, 其机会主义择时行为是从 T - 6 日开始的, 且其股权激励行权解锁的公告也没有使其股价下跌。

表 4.12　　　　放开行权解锁公告日操纵定义后上市公司的 CAR 分布

日期	全样本 (1)		行权解锁公告日操纵 样本 (2)		非行权解锁公告日操纵 样本 (3)	
	CAR	T 值	CAR	T 值	CAR	T 值
T - 30	- 0.177 **	- 2.21	- 0.212	- 1.42	- 0.162 *	- 1.71
T - 29	- 0.258 **	- 2.08	- 0.224	- 1.04	- 0.271 *	- 1.80

日期	全样本（1）		行权解锁公告日操纵样本（2）		非行权解锁公告日操纵样本（3）	
	CAR	T 值	CAR	T 值	CAR	T 值
T − 28	− 0.240	− 1.5	− 0.163	− 0.57	− 0.271	− 1.40
T − 27	− 0.246	− 1.32	− 0.183	− 0.58	− 0.271	− 1.19
T − 26	− 0.364 *	− 1.7	− 0.450	− 1.26	− 0.329	− 1.25
T − 25	− 0.4515 *	− 1.93	− 0.449	− 1.14	− 0.451	− 1.58
T − 24	− 0.416 *	− 1.66	− 0.523	− 1.28	− 0.372	− 1.20
T − 23	− 0.468 *	− 1.72	− 0.423	− 0.93	− 0.484	− 1.45
T − 22	− 0.585 **	− 2.06	− 0.479	− 1.01	− 0.627 *	− 1.79
T − 21	− 0.575 *	− 1.95	− 0.425	− 0.82	− 0.635 *	− 1.78
T − 20	− 0.570 *	− 1.87	− 0.410	− 0.77	− 0.633 *	− 1.71
T − 19	− 0.657 **	− 2.07	− 0.369	− 0.69	− 0.772 **	− 1.99
T − 18	− 0.514	− 1.56	− 0.011	− 0.02	− 0.715 *	− 1.76
T − 17	− 0.590 *	− 1.7	0.184	0.33	− 0.900 **	− 2.08
T − 16	− 0.745 **	− 2.11	0.276	0.48	− 1.155 ***	− 2.64
T − 15	− 0.849 **	− 2.31	0.626	1.05	− 1.441 ***	− 3.17
T − 14	− 1.091 ***	− 2.87	0.479	0.78	− 1.721 ***	− 3.66
T − 13	− 1.159 ***	− 2.98	0.461	0.72	− 1.810 ***	− 3.77
T − 12	− 1.038 ***	− 2.61	0.742	1.09	− 1.751 ***	− 3.62
T − 11	− 0.922 **	− 2.26	1.011	1.49	− 1.697 ***	− 3.40
T − 10	− 1.019 **	− 2.45	0.95	1.40	− 1.813 ***	− 3.54
T − 9	− 1.064 **	− 2.44	1.056	1.49	− 1.914 ***	− 3.57
T − 8	− 1.131 **	− 2.49	1.05	1.47	− 2.007 ***	− 3.56
T − 7	− 1.280 ***	− 2.77	1.167	1.59	− 2.261 ***	− 3.95
T − 6	− 1.322 ***	− 2.84	1.460 *	1.93	− 2.438 ***	− 4.26
T − 5	− 1.448 ***	− 3.1	1.623 **	2.09	− 2.680 ***	− 4.71
T − 4	− 1.596 ***	− 3.37	2.058 ***	2.58	− 3.062 ***	− 5.34
T − 3	− 1.734 ***	− 3.6	2.882 ***	3.49	− 3.586 ***	− 6.23
T − 2	− 1.769 ***	− 3.6	3.732 ***	4.34	− 3.976 ***	− 6.88
T − 1	− 1.727 ***	− 3.42	4.600 ***	5.24	− 4.265 ***	− 7.24
T + 0	− 2.023 ***	− 3.94	4.952 ***	5.36	− 4.821 ***	− 8.20
T + 1	− 2.142 ***	− 4.07	5.050 ***	5.22	− 5.027 ***	− 8.42

续表

日期	全样本（1）		行权解锁公告日操纵样本（2）		非行权解锁公告日操纵样本（3）	
	CAR	T 值	CAR	T 值	CAR	T 值
T + 2	− 2. 092 ***	− 3. 9	5. 258 ***	5. 28	− 5. 042 ***	− 8. 31
T + 3	− 2. 100 ***	− 3. 82	5. 365 ***	5. 25	− 5. 095 ***	− 8. 19
T + 4	− 2. 172 ***	− 3. 9	5. 353 ***	5. 15	− 5. 191 ***	− 8. 28
T + 5	− 2. 175 ***	− 3. 84	5. 529 ***	5. 19	− 5. 267 ***	− 8. 29
T + 6	− 2. 255 ***	− 3. 9	5. 632 ***	5. 18	− 5. 419 ***	− 8. 36
T + 7	− 2. 485 ***	− 4. 26	5. 296 ***	4. 83	− 5. 607 ***	− 8. 53
T + 8	− 2. 598 ***	− 4. 41	4. 850 ***	4. 34	− 5. 586 ***	− 8. 41
T + 9	− 2. 721 ***	− 4. 56	4. 691 ***	4. 19	− 5. 694 ***	− 8. 42
T + 10	− 2. 675 ***	− 4. 38	4. 834 ***	4. 20	− 5. 689 ***	− 8. 23
T + 11	− 2. 758 ***	− 4. 47	4. 822 ***	4. 07	− 5. 799 ***	− 8. 35
T + 12	− 2. 798 ***	− 4. 44	4. 974 ***	4. 03	− 5. 917 ***	− 8. 44
T + 13	− 2. 992 ***	− 4. 69	4. 761 ***	3. 77	− 6. 103 ***	− 8. 64
T + 14	− 3. 101 ***	− 4. 84	4. 761 ***	3. 75	− 6. 255 ***	− 8. 82
T + 15	− 2. 996 ***	− 4. 64	4. 865 ***	3. 78	− 6. 151 ***	− 8. 63
N	1093		313		780	

注：* $p < 0.1$，** $p < 0.05$，*** $p < 0.01$。

4.5　本章小结

在本章中，笔者通过累计超额收益率模型，以及对草案公告日操纵公司和行权解锁公告日操纵公司的分析，研究了上市公司在股权激励草案公告日和行权解锁公告日前的管理层机会主义择时行为。研究发现：上市公司在股权激励草案公告前存在机会主义择时行为，这种择时行为可能是由于草案公告日操纵所引起；上市公司总体上在行权解锁公告前不存在机会主义择时行为，但存在行权解锁公告日操纵的上市公司仍然存在机会主义择时行为。

除了在总体上分析上市公司的管理层机会主义择时行为外，笔者还分组讨论了在不同激励方式和不同所有权性质情况下上市公司的机会主义择时行为，由此发现，在股权激励草案公告前，限制性股票激励公司和民营企业存在显著的机会主义择时行为，而这在股票期权激励公司和国有企业中不显著。在行权解锁公告前，限制性股票激励公司和民营企业不存在机会主义择时行为，股票期权激励公司和国有企业的机会主义择时行为也不显著。总体上看，股票期权激励公司和国有企业的管理层机会主义择时行为更少，而限制性股票激励公司和民营企业则存在更多的机会主义择时行为。

第5章

股权激励与管理层的机会主义信息披露行为分析

在第4章中，笔者通过对股权激励公司累计超额收益率和行权解锁公告日操纵的分析，研究了股权激励公司草案公告日和行权解锁公告日前的管理层机会主义择时行为，并对这两个阶段的机会主义择时行为进行了分组讨论。在本章中，本书将围绕股权激励草案公告日和行权解锁公告日这两阶段的信息披露特征进行分析，以检验管理层是否利用信息披露来配合其机会主义择时行为。同样，为研究上市公司在不同情况下的信息披露特征，笔者也按照股权激励方式和所有权性质对上市公司进行了分组，比较了不同分组情况下管理层机会主义信息披露行为的差异。

5.1　理论分析与研究假设

公司定期报告和业绩预告为投资者和各个利益相关方提供了重要信息，使其可以了解公司业务现状和未来业务发展，降低了上市公司与投资者之间的信息不对称，从而会影响公司股价走势。而在股权激励实施过程中，股权激励的授予价格和行权解锁时的公司股价直接决定了股权激励收益，故而这两个问题是管理层关注的核心要素之一。在公司披露的财务信息中，管理层对公司重大财务信息何时披露、披露程度及提前或延后披露等问题拥有较大的自主选择权，故而他们就可能利用财务信息的披露来操控公司股价，进而最大化股权激励收益。

根据当前学者们的研究，叶尔马克（1997）发现实施股权激励的上市公司在股票期权授予前存在股价下跌，而授予后股价上涨，且公司股价的这种反转是由于上市公司在股权激励授予后披露了"好消息"的缘故。程（2006）则发现上市公司管理层在买入股票前倾向于发布更精确的"坏消息"和更模糊的"好消息"，从而打压公司股价；而在卖出股票前，上市公司则倾向于发布更精确的"好消息"和更模糊的"坏消息"以提升公司股价，从而最大化个人收益。孙慧倩（2017）在研究我国上市公司股权激励草案公告前 30 个交易日的"好消息"与"坏消息"披露情况后也得出了类似结论，发现上市公司管理层在股权激励草案公告前更倾向于公告"坏消息"，而"好消息"则被推迟到股权激励草案公告后披露。扈文秀等（2017）等对 2006~2015 年我国实施股权激励的上市公司业绩预测进行了研究，发现管理层在推出股权激励计划之前，会利用业绩预测披露更多的"坏消息"，且授予管理层的股票期权价值占其总薪酬的比重越大，其业绩预测的操纵行为就越明显；还有学者则以案例形式研究了股权激励情况下的上市公司信息披露问题，如王烨等（2015），他们也发现在股权激励实施过程中存在管理层的机会主义信息披露行为。

根据上述分析和研究，提出本章的假设如下。

假设一：在股权激励草案公告前，为打压公司股价，从而获得更低的股权激励行权价格和授予价格，上市公司会披露某种形式的"坏消息"。

假设二：在股权激励行权解锁前，为提升股价，从而最大化激励收益，上市公司会披露某种形式的"好消息"。

5.2 研究设计

5.2.1 研究方法

本部分通过分析激励样本在股权激励草案公告日及行权解锁公告日前，上市公司最近一期公告的季报及业绩预告信息特征，判断了公司公告信息的"好"与"坏"。如果上市公司存在管理层的机会主义信息披露行为，则公司在股权激励草案公告前一期的季报和业绩预告中会更多地披露"坏消息"，而在股权激励行权解锁公告前一期的季报及业绩预告中会披露"好消息"。对于"好消息"与"坏消息"的界定方法，借鉴了蔡宁（2012）、孙慧倩（2017）、扈文秀（2017）

等学者的研究思路，采用以下三种方法来界定"好消息"与"坏消息"。

5.2.1.1　以市场反应为基础界定"好消息"与"坏消息"

该方法以股权激励草案公告日及行权解锁公告日前一期季报披露前后 1 个交易日、业绩预告披露前后 1 个交易日的市场反应为基础，通过短窗口期内的市场反应来界定公司披露的信息是"好消息"还是"坏消息"。具体而言，以股权激励草案公告日及行权解锁公告日前最近一期季报及业绩预告披露日为 T 日，通过观察 T 日前后 1 天的股价反应，并计算时间窗口（T－1，T＋1）内的累计超额收益率 CAR，如果 CAR(T－1，T＋1) 大于 0，则认定公司披露的季报或业绩预告是"好消息"；反之，认定其为"坏消息"。

对于此处 3 个交易日短窗口期内的累计超额收益率 CAR 的计算，借鉴谢德仁和陈运森（2010）的研究，直接用样本股票窗口期当天的股价涨跌幅度减去当天的市场回报得到超额收益率 AR（对于市场回报的计算方法，将其细分到了中小板和创业板指数，即用上证指数、深成指数、中小板指数和创业板指数的涨跌幅分别代表不同板块上市公司的市场回报率，然后用样本股票当天的市场涨跌幅减去其对应股票板块的涨跌幅得到观察样本的超额收益率），然后将超额收益率进行累加得到累计超额收益率。

5.2.1.2　以季度净利润变动界定"好消息"与"坏消息"

该方法以股权激励草案公告日及行权解锁公告日前最近一期披露的季度净利润为基础，通过同比和环比两个维度，并将其与过去三期的季度净利润增长率中位数进行比较，进而界定公司披露的信息是"好消息"还是"坏消息"。具体而言，以股权激励草案公告日或行权解锁公告日前一期披露季报的会计期间为 T 期，其季度会计期间往前推依次是 T－1 期、T－2 期和 T－3 期，然后得到每个公司在 T－1 期至 T－3 期净利润同比增长率和环比增长率的中位数，并将第 T 期净利润增长率的同比数据和环比数据与该中位数进行比较，如果大于 0，则说明公司披露的是"好消息"；反之，则说明披露的是"坏消息"。

5.2.1.3　以季度业绩预告变动界定"好消息"与"坏消息"

除关注股权激励样本在草案公告日及行权解锁公告日前披露的季报数据外，还分析了上市公司是否通过业绩预告的方式，并在窗口期前披露了"好消息"

与"坏消息"。由于业绩预告通常是同比增加或减少的一个百分比区间，所以以草案公告日及行权解锁公告日前，公司最近一个季度业绩预告同比增减变动的百分比区间平均数为基准，并将之与过去三个季度的净利润增长率中位数进行比较，如果大于0，则说明公司披露的是"好消息"；反之，则说明披露的是"坏消息"。

根据我国的业绩预告制度，除创业板公司强制披露业绩预告外，中小板公司和主板公司都是在特定情况下才披露业绩预告，如深交所主板规定，只有当上市公司出现净利润为负、扭亏为盈、实现盈利且净利润同比上升或者下降50%以上（基数过小的除外）、期末净资产为负、年度营业收入低于1千万元等情况出现时，上市公司才需要进行业绩预告，所以业绩预告样本小于总体样本。

5.2.2　样本选取与数据来源

本章数据来源于万得数据库和国泰安数据库，并使用Excel和Stata12软件进行处理，为避免极端值的影响，所有数据均在1%分位数上进行了缩尾处理。

与第4章的样本选择区间相同，我们在该部分的分析中也选取2009～2016年，深沪两市公告股权激励草案和公告行权解锁的公司为样本进行研究，共研究了股权激励草案公告前和行权解锁公告前，共两个阶段的管理层机会主义信息披露行为。

同一公司不同年份公告的股权激励计划草案或行权解锁计划，视为两个样本。在2009～2016年的时间区间内，合计得到了961个公告股权激励计划草案的样本和1027个公告行权解锁的样本。在对"好消息"和"坏消息"进行判断时，需要用到净利润同比增长率数据、环比增长率数据和业绩预告数据，由于某些公司的同比数据和环比数据比较基期未上市，所以剔除掉缺失样本后，在激励草案公告日共得到892个净利润同比增长数据和923个环比增长数据。对于业绩预告样本，剔除了未披露业绩预告的样本后，在股权激励草案公告日和行权解锁公告日分别得到661个和742个数据。

股权激励草案公告日的样本筛选过程如下：以2006～2016年1372个公告股权激励计划的样本为基础，剔除2006～2008年的样本116个，剔除同一公司同年度公告两份股权激励计划草案的重复样本141个；在以市场反应为基础确定披露信息的"好"与"坏"时，需要计算短窗口期内前后3天的累计超额收益率，

而在这 3 天内，有 154 个样本停牌，故对这些样本也加以剔除，剔除后，共得到
961 个激励样本。

在行权解锁公告日，样本的筛选过程如下：以 2006～2016 年 1453 份公告股
权激励行权解锁样本为基础，剔除 2006～2008 年公告行权解锁的样本 26 个，剔
除同一公司同一公告日公告行权解锁的重复样本 195 个，剔除计算超额收益率停
牌的样本 205 个，共得到 1027 个样本。

5.3　草案公告前管理层的机会主义信息披露分析

在本部分中，将根据以下两种方法来判断股权激励草案公告前的管理层机会
主义信息披露行为：一是以股权激励草案公告前一季报披露日和业绩预报披露日
的市场反应为基础进行判断；二是以股权激励草案公告前上市公司的季报信息和
业绩预告信息为基础进行判断。

5.3.1　草案公告前基于市场反应的信息披露分析

5.3.1.1　草案公告前基于市场反应的季报披露操纵分析

表 5.1 列示了股权激励草案公告前的最近一个季报披露窗口期（T-1，
T+1）内，上市公司的超额收益率 AR 平均数和中位数，以及根据样本超额收益
率计算得到的 T-1 日至 T+1 日累计超额收益率情况，用累计超额收益率 CAR
（T-1，T+1）的符号代表上市公司披露信息的"好"与"坏"，当 CAR（T-1，
T+1）大于 0 时，认为上市公司披露的是"好消息"；反之，则认为其披露的是
"坏消息"。

表 5.1　　　　　　　　草案公告前基于市场反应的季报披露分析

项目		全样本（1）	激励方式		所有权性质	
			股票期权（2）	限制性股票（3）	民营企业（4）	国有企业（5）
AR（T-1）	平均值	0.299	0.267	0.312	0.333	0.017
	中位数	0.091	0.105	0.081	0.100	0.042

项目		全样本 （1）	激励方式		所有权性质	
			股票期权 （2）	限制性股票 （3）	民营企业 （4）	国有企业 （5）
AR（T+0）	平均值	0.017	−0.053	0.086	−0.006	0.212
	中位数	−0.197	−0.242	−0.163	−0.215	−0.014
AR(T+1)	平均值	−0.021	0.021	−0.032	−0.044	0.167
	中位数	−0.204	−0.193	−0.213	−0.243	0.159
CAR(T−1，T+0)	平均值	0.316	0.214	0.398	0.326	0.228
	中位数	−0.132	−0.100	−0.180	−0.184	−0.032
CAR(T+0，T+1)	平均值	−0.005	−0.032	0.054	−0.050	0.378
	中位数	−0.395	−0.425	−0.357	−0.449	−0.065
CAR(T−1，T+1)	平均值	0.295	0.234	0.366	0.283	0.395
	中位数	−0.110	−0.061	−0.167	−0.205	0.225
T值		1.690	0.910	1.550	1.500	0.880
样本量		961	376	576	859	102

注：全样本公司数量不等于股票期权和限制性股票之和是因为还有少量股票增值权样本，而此处未考虑股票增值权样本的情况。

从表 5.1 中可以看出：在全样本组及各组分类情况下，CAR（T−1，T+1）的平均值均大于 0，且全样本组 CAR（T−1，T+1）与 0 进行 T 检验的 T 值大于 1.64；从 CAR（T−1，T+1）的中位数看，全样本组的 CAR（T−1，T+1）为 −0.110，在其余各组中，除国有企业组外的各组在窗口期（T−1，T+1）内的累计超额收益率都小于 0，与 CAR（T−1，T+1）平均值的符号截然相反，说明激励样本在窗口期内的累计超额收益率可能受到某些极值的影响，导致平均数与中位数之间产生了较大差异，激励样本可能在股权激励草案公告的前一个季报中更多地披露了"坏消息"，而非披露了更多的"好消息"。

值得注意的是，国有企业 CAR（T−1，T+1）的中位数与平均数均大于 0，说明从季报披露的市场反应看，国有企业没有在草案公告前一季报中披露"坏消息"，没有机会主义信息披露行为。

表 5.2 列示了在股权激励草案公告前，上市公司在最近一个季报披露窗口期（T−1，T+1）内，其累计超额收益率按符号划分的公司数量分布情况。从表 5.2 中可以清晰地看出，除国有企业组外，其余各组累计超额收益率小于 0 的公司数量均大于累计超额收益率大于 0 的公司数量，说明更多的激励样本在股权激

励草案公告前的最近一个季报中披露了"坏消息",假设一得证。

表 5. 2　　　　　　　　草案公告前基于季报市场反应的公司数量分析　　　　单位:个

项目	全样本	股票期权	限制性股票	民营企业	国有企业
CAR(T−1, T+1) 大于 0 的样本数量	463	186	271	406	57
CAR(T−1, T+1) 小于 0 的样本数量	498	190	305	453	45
合计	961	376	576	859	102

5.3.1.2　草案公告前基于市场反应的业绩预告披露操纵分析

表 5.3 列示了股权激励草案公告前,样本在最近一个季度业绩预告日前后一天(T−1,T+1)内的超额收益率情况及累计超额收益率情况,其中,T 值列示的是 CAR(T−1,T+1)与 0 进行 T 检验的 T 值,用于说明累计超额收益率的均值是否显著地大于 0 或者小于 0。在之前的分析中我们已经提到,业绩预告并非强制预告,所以在股权激励草案公告前的最近一期,进行业绩预告的上市公司只有 661 个,少于全样本 961 个。

表 5. 3　　　　　　　　草案公告前基于市场反应的业绩预告披露分析

项目		全样本 (1)	激励方式		所有权性质	
			股票期权 (2)	限制性股票 (3)	民营企业 (4)	国有企业 (5)
AR(T−1)	平均值	0.303	0.342	0.261	0.315	0.124
	中位数	−0.132	0.018	−0.212	−0.137	−0.120
AR(T+0)	平均值	−0.163	−0.025	−0.240	−0.212	0.535
	中位数	−0.369	−0.154	−0.528	−0.438	0.218
AR(T+1)	平均值	−0.031	0.129	−0.146	−0.030	−0.044
	中位数	−0.308	−0.284	−0.337	−0.316	−0.294
CAR(T−1, T+0)	平均值	0.140	0.316	0.022	0.104	0.659
	中位数	−0.146	0.399	−0.476	−0.214	0.204
CAR(T+0, T+1)	平均值	−0.194	0.104	−0.386	−0.242	0.491
	中位数	−0.428	−0.137	−0.752	−0.519	0.448
CAR(T−1, T+1)	平均值	0.109	0.445	−0.124	0.073	0.615
	中位数	−0.112	0.529	−0.536	−0.222	0.952
T 值		0.49	1.25	−0.44	0.17	0.97
样本量		661	245	411	618	43

从表 5.3 累计超额收益率 CAR(T−1,T+1)值的符号及 T 值可以看出:首

先，在全样本组中，CAR（T－1，T＋1）的平均值为 0.109，而中位值为－0.112，其符号仍然相反，且 T 值仅为 0.49，显著性不显著，更多的上市公司通过业绩预告披露了"坏消息"；其次，股票期权组、国有企业组及限制性股票组与整体样本存在较大差异，股票期权组、国有企业组 CAR（T－1，T＋1）的平均数和中位数均大于 0，而限制性股票组 CAR（T－1，T＋1）的平均数和中位数均小于 0，说明对股票期权激励的公司和国有企业而言，上市公司可能都没有在股权激励草案公告前通过业绩预告的方式披露"坏消息"，而限制性股票激励公司则在草案公告前通过业绩预告方式披露了"坏消息"，虽然显著性均不显著；最后，民营企业组与全样本组类似，虽然 CAR（T－1，T＋1）的平均数大于 0，但其中位数却仍然小于 0，说明更多的民营企业仍然在股权激励草案公告前通过业绩预告方式披露了"坏消息"。

表 5.4 列示了在股权激励草案公告前的最近一个业绩预告披露窗口期（T－1，T＋1）内，公司按累计超额收益率按符号划分的样本数量分布情况。可以看出，全样本组通过业绩预告方式披露"坏消息"的公司数量大于披露"好消息"的公司数量，这也进一步证明了假设一的成立。此外，在限制性股票组和民营企业组中，通过业绩预告方式披露"坏消息"的公司数量也大于披露"好消息"的公司数量，而股票期权激励公司和国有企业则相反，说明采用限制性股权激励的公司和民营企业更可能在草案公布前通过业绩预告方式披露"坏消息"。

表 5.4　　　　　　草案公告前基于业绩预告市场反应的公司数量分析　　　　单位：个

项目	全样本	股票期权激励公司	限制性股票激励公司	民营企业	国有企业
CAR（T－1，T＋1）大于 0 的样本数量	328	130	195	302	26
CAR（T－1，T＋1）小于 0 的样本数量	333	115	216	316	17
合计	661	245	411	618	43

5.3.2　草案公告前基于财务信息的信息披露分析

5.3.2.1　草案公告前基于净利润同比增长的信息披露分析

表 5.5 列示了在股权激励草案公告前，上市公司四个季度季报披露的公司净

利润同比增长情况。在前面我们已经提到过，以股权激励草案公告前的第一个披露季报的会计期间为 T 期，往前推依次是 T－1 期、T－2 期和 T－3 期。表 5.5 不仅列示了 T 期至 T－3 期的各期净利润同比增长平均数和中位数情况，而且还列示了过去三期（T－1 至 T－3 期）净利润增长中位数的平均数和中位数情况。另外，表 5.5 中的 T 值表示第 T 期净利润同比增长率与过去三期净利润同比增长率中位数进行 T 检验的 T 值，表示前者大于或小于后者的显著性水平。

表 5.5 草案公告前基于净利润同比增长的信息披露分析

项目		全样本（1）	激励方式		所有权性质	
			股票期权（2）	限制性股票（3）	民营企业（4）	国有企业（5）
T 期净利润同比增长	平均值	42.874	46.985	40.482	43.160	40.445
	中位数	18.331	21.238	16.664	17.754	21.269
T－1 期净利润同比增长	平均值	29.958	30.632	29.793	29.012	37.990
	中位数	19.332	20.567	18.379	19.348	19.115
T－2 期净利润同比增长	平均值	38.082	41.490	36.196	37.016	47.134
	中位数	21.467	22.943	20.476	21.424	23.929
T－3 期净利润同比增长	平均值	29.113	30.623	28.697	28.068	37.983
	中位数	16.257	19.209	13.083	15.154	25.626
T－1 至 T－3 期净利润同比增长中位数	平均值	25.387	25.392	25.621	24.578	32.247
	中位数	19.043	20.870	17.246	18.574	21.894
T 值		3.240	2.420	2.170	3.210	0.550
N		892	355	529	798	94

注：因为新上市原因，部分公司净利润同比增长数据缺失，剔除这部分数据后得到 892 个样本。

从表 5.5 中的平均数可以看出，在全样本组中，第 T 期净利润同比增长率的平均数为 42.874%，大于 T－1 至 T－3 期净利润增长率中位数的平均数 25.387%，且 T 值为 3.240；分组来看，除国有企业组外，在股票期权组、限制性股票组和民营企业组中，T 期净利润同比增长率平均数都显著大于 T－1 至 T－3 期净利润增长率中位数的平均数，但是从中位数来看，除股票期权组以外，其余各组第 T 期净利润同比增长率的中位数都小于 T－1 至 T－3 期净利润增长中位数的中位数，说明样本整体以及在限制性股票组、民营企业组和国有企业组中，更多的上市公司在 T 期披露的业绩增长数据小于 T－1 期至 T－3 期净利润增长率的中位数，即更多的上市公司在股权激励草案公告前一个季度披露的季度同比增长数据中披露了"坏消息",这也印证了假设一的成立。

5.3.2.2 草案公告前基于净利润环比增长的信息披露分析

表5.6列示了在股权激励草案公告前,上市公司在四个季报中披露的公司净利润环比增长率情况。可以看出,基于季度环比净利润增长的信息披露特征与基于同比净利润增长的信息披露特征相似。从平均数来看,股权激励草案公告前的T期净利润环比增长率在全样本情况及各种分类情况下,其值均大于T−1至T−3期环比增长率中位数,且显著性在国有企业组之外的各组中均显著。但是从中位数看,结论正好相反,即股权激励草案公告前T期净利润环比增长率在各种情况下均小于T−1至T−3期,说明在股权激励草案公告前一季度,更多的上市公司通过净利润环比增长率数据披露了"坏消息",假设一成立。

表5.6   草案公告前基于净利润环比增长的信息披露分析

项目		全样本 (1)	激励方式		所有权性质	
			股票期权 (2)	限制性股票 (3)	民营企业 (4)	国有企业 (5)
T期净利润 环比增长	平均值	71.767	81.635	64.062	70.554	81.646
	中位数	−3.548	−4.499	−2.902	−4.179	4.806
T−1期净利润 环比增长	平均值	110.070	99.007	118.376	115.350	67.143
	中位数	19.822	20.733	16.860	21.230	18.720
T−2期净利润 环比增长	平均值	66.291	76.477	59.578	61.337	106.561
	中位数	−2.913	−10.131	0.113	−5.469	11.639
T−3期净利润 环比增长	平均值	90.971	123.686	72.043	96.822	43.405
	中位数	15.427	17.386	14.185	15.955	6.132
T−1至T−3期净利润 环比增长中位数	平均值	31.687	32.746	31.121	32.157	27.873
	中位数	10.106	9.887	10.473	9.889	11.639
T值		3.41	2.53	2.21	3.1	1.44
N		923	364	551	882	101

注:因新上市原因,部分公司净利润的环比增长数据缺失,剔除这部分数据后得到923个样本。

5.3.2.3 草案公告前基于业绩预告的信息披露分析

表5.7列示了股权激励草案公告前,上市公司季度预告的净利润平均增长率以及其过去三个季度的净利润同比增长率情况,另外,还列示了上市公司季度预告平均增长率与过去三期净利润增长率中位数进行T检验的T值。

表 5.7　　　　　　　草案公告前基于业绩预告的信息披露分析

项目		全样本（1）	激励方式		所有权性质	
			股票期权（2）	限制性股票（3）	民营企业（4）	国有企业（5）
T 期预告净利润平均增长（同比）	平均值	46.409	52.169	43.263	46.957	39.087
	中位数	20.000	25.000	20.000	20.000	25.000
T－1 期净利润同比增长	平均值	37.002	38.697	35.983	34.953	64.385
	中位数	21.365	24.404	20.563	21.300	28.221
T－2 期净利润同比增长	平均值	37.758	34.045	40.536	36.315	57.038
	中位数	21.502	22.943	20.381	21.424	25.179
T－3 期净利润同比增长	平均值	24.944	23.320	26.827	23.107	49.499
	中位数	12.680	18.362	9.397	12.054	31.934
T－3 至 T－1 期净利润同比增长中位数	平均值	26.371	24.244	28.049	24.590	50.169
	中位数	17.887	19.446	16.090	17.009	29.015
T 值		3.630	2.910	2.230	3.940	－0.490
N		632	237	389	588	44

从表 5.7 可以看出，不管是从平均数维度还是中位数维度，除国有企业组外的各组在两种维度下，其 T 期预告业绩增长率均显著大于 T－3 期至 T－1 期业绩增长中位数，说明激励样本在股权激励草案公告前没有通过业绩预告披露"坏消息"并进行机会主义信息披露。

5.4　行权解锁公告前管理层的机会主义信息披露分析

在前面的分析中，分析了股权激励草案公告前管理层的机会主义信息披露行为。在下面的分析中，将分析上市公司行权解锁公告前的管理层机会主义信息披露行为，其基本分析思路与之前一样，也是通过观察股权激励行权解锁公告前，上市公司最近一个季报披露日和业绩预报披露日的市场反应，以及通过披露日前季度财务信息的变化，来判断管理层是否存在机会主义信息披露行为，但是两者的判断思路完全相反，即如果上市公司在行权解锁公告前存在机会主义信息披露行为，那么上市公司在信息披露上会披露更多的"好消息"，而非披露更多的"坏消息"。

5.4.1 行权解锁公告前基于市场反应的信息披露分析

基于市场反应的管理层机会主义信息披露分析分为两部分，一是基于行权解锁公告前一季报披露日的市场反应来判断披露信息的"好"与"坏"，二是基于行权解锁公告前一季度业绩预告披露日的市场反应来判断业绩预告披露信息的"好"与"坏"。

5.4.1.1 行权解锁公告前基于市场反应的季报披露分析

表 5.8 列示了股权激励行权解锁公告前一季报披露窗口期（T－1，T＋1）内，上市公司根据超额收益率 AR 计算出来的 T－1 日至 T＋1 日超额收益率和累计超额收益率情况。当累计超额收益率 CAR（T－1，T＋1）大于 0 时，认为其披露的是"好消息"；反之，认为其披露的是"坏消息"。而表 5.8 中 T 值表示的是 CAR（T－1，T＋1）与 0 进行 T 检验的 T 值。

表 5.8　　　　　　　　　行权解锁公告前基于市场反应的季报披露分析

项目		全样本（1）	激励方式		所有权性质	
			股票期权（2）	限制性股票（3）	民营企业（4）	国有企业（5）
AR（T－1）	平均值	0.366	0.412	0.317	0.366	0.370
	中位数	0.114	0.073	0.178	0.114	0.053
AR（T＋0）	平均值	－0.236	－0.296	－0.172	－0.279	0.340
	中位数	－0.401	－0.517	－0.269	－0.443	—
AR（T＋1）	平均值	0.020	－0.158	0.190	－0.001	0.293
	中位数	－0.153	－0.222	－0.108	－0.167	0.219
CAR（T－1，T＋0）	平均值	0.130	0.116	0.146	0.087	0.710
	中位数	－0.089	－0.092	－0.064	－0.103	—
CAR（T＋0，T＋1）	平均值	－0.216	－0.454	0.019	－0.280	0.633
	中位数	－0.357	－0.618	－0.110	－0.410	0.258
CAR（T－1，T＋1）	平均值	0.150	－0.042	0.336	0.086	1.003
	中位数	－0.002	－0.360	0.254	－0.082	1.024
T 值		1.01	－0.19	1.66	0.55	2.24
样本量		1027	518	504	955	72

从表 5.8 中可以看出：首先，在全样本组中，窗口期内累计超额收益率 CAR（T－1，T＋1）的平均值为 0.150，而 T 检验的 T 值为 1.01，但是从 CAR（T－1，T＋1）的中位数看，其值为 － 0.002，说明更多的样本在行权解锁公告前没有通过季度报表披露"好消息"；其次，在限制性股票组和国有企业组中，窗口期内的累计超额收益率 CAR（T－1，T＋1）平均值和中位数均大于 0，且 T 检验显著，说明限制性股票公司和国有公司在行权解锁公告前披露了"好消息"，存在机会主义信息披露行为；最后，股票期权公司在窗口期内的累计超额收益率 CAR（T－1，T＋1）平均值和中位数均小于 0，说明这类公司在行权解锁公告前的季度财务信息中不存在信息披露的机会主义行为，而民营企业组 CAR（T－1，T＋1）的平均值和中位数符号相反，但差异较小，T 值也仅为 0.55，说明其没有信息披露的机会主义行为或其信息披露的机会主义行为证据不明显，而且更多的民营公司披露的是"坏消息"。

5.4.1.2　行权解锁公告前基于市场反应的业绩预告披露分析

表 5.9 列示了股权激励行权解锁公告前一季度，上市公司在业绩预告披露日前后一天的时间窗口（T－1，T＋1）内，其具体的超额收益率情况及累计超额收益率情况。同样，由于业绩预告并非强制预告，所以本节分析的样本数少于上面分析的样本数。

表 5.9　　　　　　行权解锁公告前基于市场反应的业绩预告披露分析

项目		全样本（1）	激励方式		所有权性质	
			股票期权（2）	限制性股票（3）	民营企业（4）	国有企业（5）
AR（T－1）	平均值	0.233	0.118	0.366	0.250	－ 0.283
	中位数	－ 0.107	－ 0.181	－ 0.004	－ 0.100	－ 0.418
AR（T＋0）	平均值	0.453	0.522	0.337	0.469	－ 0.014
	中位数	0.045	0.090	－ 0.020	0.070	－ 0.166
AR（T＋1）	平均值	0.083	0.216	－ 0.050	0.067	0.557
	中位数	－ 0.272	－ 0.242	－ 0.323	－ 0.297	0.115
CAR（T－1，T＋0）	平均值	0.686	0.640	0.704	0.718	－ 0.297
	中位数	0.184	0.314	0.082	0.188	－ 0.508

项目		全样本 （1）	激励方式		所有权性质	
			股票期权 （2）	限制性股票 （3）	民营企业 （4）	国有企业 （5）
CAR（T+0，T+1）	平均值	0.535	0.738	0.287	0.535	0.543
	中位数	0.029	0.230	−0.094	−0.000	0.489
CAR（T−1，T+1）	平均值	0.768	0.856	0.654	0.785	0.260
	中位数	0.310	0.339	−0.053	0.339	−0.716
T值		3.840	3.140	2.190	3.840	0.260
样本量		742	384	353	718	24

从表5.9中可以看出，在全样本组中，不管是窗口期内累计超额收益率CAR（T−1，T+1）的平均数还是中位数，CAR（T−1，T+1）的值都大于0，且T检验的T值为3.84，说明上市公司在股权激励行权解锁前通过业绩预告的方式披露了"好消息"，存在机会主义的信息披露行为，假设二得证。

此外，在股票期权组和民营企业组中，CAR（T−1，T+1）中位数和平均数也都大于0，且T检验的T值分别为3.14和3.84，说明这两类股权激励公司同样在行权解锁公告前通过业绩预告方式披露了"好消息"，存在机会主义信息披露。在限制性股票组和国有企业组中，CAR（T−1，T+1）中位数均小于0，说明更多的样本并未披露"好消息"，而是披露了"坏消息"。

5.4.2　行权解锁公告前基于财务信息的信息披露分析

在下面的分析中，将以股权激励行权解锁公告前上市公司最近期季度报表和季度预告披露的财务信息为基础，从最近期季报披露的净利润同比增长、环比增长以及季度预告披露的平均净利润增长维度，分析股权激励行权解锁公告前的管理层机会主义行为。

5.4.2.1　行权解锁公告前基于净利润同比增长的信息披露分析

表5.10列示了股权激励行权解锁公告前，上市公司最近四个季度季报披露的公司净利润同比增长情况。以行权解锁公告前一期披露季报的会计期间为T期，往前推依次是T−1期、T−2期和T−3期，表5.10也列示了第T期的净利

润同比增长率与过去三期增长率中位数进行 T 检验的 T 值。

表 5.10　　　　　　　　　**行权解锁公告前基于净利润同比增长的信息披露分析**

项目		全样本（1）	激励方式		所有权性质	
			股票期权（2）	限制性股票（3）	民营企业（4）	国有企业（5）
T 期净利润同比增长	平均值	42.0	34.6	49.8	42.2	40.1
	中位数	24.699	24.614	25.058	25.316	19.479
T−1 期净利润同比增长	平均值	53.411	45.621	61.370	54.854	34.282
	中位数	28.085	30.147	27.168	28.431	25.450
T−2 期净利润同比增长	平均值	53.893	47.118	60.819	54.122	50.860
	中位数	29.269	30.246	27.899	30.088	24.909
T−3 期净利润同比增长	平均值	55.609	55.542	55.922	56.664	41.610
	中位数	30.603	31.644	28.315	30.705	25.916
T−3 至 T−1 期净利润同比增长中位数	平均值	49.181	44.072	54.349	49.892	39.751
	中位数	29.436	30.362	28.169	29.620	27.853
T 值		−2.13	−2.21	−0.87	−2.23	0.03
样本量		1027	518	504	955	72

从表 5.10 中可以看出，几乎所有组第 T 期的净利润同比增长率平均数和中位数都小于 T−1 期至 T−3 期同比增长率中位数的平均数和中位数。从 T 值来看，除限制性股票组和国有企业组以外，其余各组 T 检验的 T 值绝对值都大于 1.96，说明 T 检验在 5% 的显著性水平上显著。因此，总体上看，激励公司没有在行权解锁公告前披露同比净利润增长率的"好消息"，不存在利用同比净利润增长率披露"好消息"的机会主义信息披露行为。

5.4.2.2　行权解锁公告前基于净利润环比增长的信息披露分析

表 5.11 列示了股权激励行权解锁公告前四个季度，上市公司季报披露的净利润环比增长率情况。可以看出：首先，在各种分类情况下，样本平均值在行权解锁公告前，T 期的净利润环比增长率均大于 T−1 至 T−3 期环比增长率中位数，且全样本组和民营企业组的 T 值大于 1.64，说明在 10% 的显著性水平上显著；其次，从中位数看，在行权解锁公告前，各组公司第 T 期净利润环比增长率都小于 T−1 期至 T−3 期环比增长中位数，说明更多的行权解锁样本在 T 期并未

披露环比净利润增长率的"好消息"。综合来看，在行权解锁公告前，激励公司利用环比净利润增长率数据披露"好消息"的证据不充分。

表 5. 11　　　　行权解锁公告前基于净利润环比增长的信息披露分析

项目		全样本（1）	激励方式		所有权性质	
			股票期权（2）	限制性股票（3）	民营企业（4）	国有企业（5）
T 期净利润环比增长	平均值	45.171	43.635	46.874	46.016	33.973
	中位数	2.350	0.408	3.966	3.354	-4.538
T-1 期净利润环比增长	平均值	84.272	92.696	75.924	85.294	70.719
	中位数	11.275	12.772	7.247	11.164	11.359
T-2 期净利润环比增长	平均值	49.537	52.211	47.333	51.241	26.929
	中位数	-0.805	-0.921	-0.584	-0.652	-10.199
T-3 期净利润环比增长	平均值	123.822	148.475	99.877	128.529	61.399
	中位数	25.364	20.760	29.786	24.308	36.588
T-3 至 T-1 期净利润环比增长中位数	平均值	33.078	31.440	35.026	33.580	26.422
	中位数	11.164	8.667	12.481	11.164	11.896
T 值		1.670	1.160	1.170	1.640	0.310
样本量		1027	518	504	955	72

5.4.2.3　行权解锁公告前基于业绩预告的信息披露分析

表 5. 12 列示了股权激励行权解锁公告前，上市公司 T 期业绩预告的平均增长率以及公司过去三个季度的净利润同比增长率情况。此外，也列示了最近期季度业绩预告平均增长率与过去三期净利润同比增长率中位数进行 T 检验的 T 值。从表 5. 12 来看，不管是平均数维度还是中位数维度，在行权解锁公告前，上市公司第 T 期预告的平均净利润增长率均小于 T-3 至 T-1 期增长率的中位数，虽然 T 检验的 T 值均不显著，这说明在股权激励行权解锁公告前，上市公司并未利用业绩预告进行机会主义信息披露操纵。

表 5. 12　　　　行权解锁公告前基于业绩预告的信息披露分析表

项目		全样本	股票期权	限制性股票	民营企业	国有企业
T 期预告净利润平均增长（同比）	平均值	49.733	45.747	54.269	49.191	66.852
	中位数	30.000	30.000	25.000	30.000	32.500

续表

项目		全样本	股票期权	限制性股票	民营企业	国有企业
T－1 期净利润同比增长	平均值	62.783	54.341	71.982	63.565	38.086
	中位数	30.977	31.612	28.522	31.062	23.004
T－2 期净利润同比增长	平均值	60.675	56.377	65.370	58.758	121.250
	中位数	31.229	31.975	30.605	31.080	35.964
T－3 期净利润同比增长	平均值	60.604	64.321	57.018	60.356	68.431
	中位数	31.268	34.880	28.286	31.268	31.310
T－3 至 T－1 期净利润同比增长中位数	平均值	55.297	52.264	58.546	54.770	71.935
	中位数	30.904	32.611	29.030	30.828	34.123
T 值		－1.520	－1.280	－0.790	－1.530	－0.160
样本量		717	370	342	695	22

5.5　本章小结

在本章中，为了验证上市公司在股权激励实施过程中是否存在管理层的机会主义信息披露行为，在股权激励草案公告之前，以公司季报公告日和业绩预告公告日的市场反应和披露的财务信息为基础，研究了上市公司是否在股权激励草案公告前的季报和业绩预告中披露了"坏消息"；通过同样的方法，本章研究了上市公司是否在行权解锁公告前的季报和业绩预告中披露了"好消息"。

结果表明：在股权激励草案公告前，无论是从季报披露日的市场反应维度、业绩预告披露日的市场反应维度，还是季度净利润同比增长维度和环比增长维度来看，都发现了股权激励公司披露"坏消息"的证据，即管理层可能存在机会主义的信息披露行为，但从业绩预告的财务信息维度看，却并未发现激励公司的管理层机会主义信息披露行为。

在行权解锁公告前，当采用业绩预告的市场反应来衡量披露信息的"好"与"坏"时，激励公司在行权解锁前披露"好消息"的迹象非常明显，且 T 检验的显著性非常显著，这说明实施股权激励的上市公司存在利用业绩预告来进行机会主义信息披露的行为。但是，当采用行权解锁公告前一季报披露日的市场反应、季报财务信息，以及采用业绩预告财务信息来衡量披露信息的"好"与"坏"时，却没有发现管理层的机会主义信息披露行为。

　　分组来看，国有企业的机会主义信息披露行为明显少于民营企业，例如，从季报披露的市场反应看，国有企业没有在股权激励草案公告前通过业绩预告的方式披露"坏消息"，而更多的民营企业则披露了"坏消息"。同时，限制性股票激励公司也相对存在更多的机会主义信息披露行为，比如，在基于市场反应的业绩预告披露中，限制性股票激励公司在草案公告前通过业绩预告方式披露了"坏消息"，而在股票期权激励公司中却没有发现该现象。

第 6 章

股权激励与管理层的盈余管理行为分析

证监会公布的《股权激励有关事项备忘录》1 号明确提出，上市公司设定股权激励行权考核指标时须考虑公司的业绩情况，股票期权或限制性股票的最终行权或解锁取决于股权激励考核年度的业绩是否满足考核条件。因此，这种附业绩考核要求的股权激励方案一方面可能会激励管理层为获得激励收益而努力工作，但另一方面也可能会促使管理层在该过程中进行盈余管理。本章研究了股权激励考核基期和考核期共两个阶段的真实盈余管理操纵和应计盈余管理操纵行为，同时，按所有权性质和激励类型分类，并对上市公司的盈余管理行为进行分组讨论。

6.1 理论分析与研究假设

对于股权激励实施过程中存在盈余管理行为的研究结论，国内外学者都取得了比较一致的结论——发现了股权激励中的盈余管理现象。如高等（2002）、科尼特等（2009）证明高管持有的股票期权价值与盈余管理呈显著的正相关关系，国内吕长江等（2009）的研究也发现，股权激励更像是给予高管的福利，而不是激励；实施股权激励计划的上市公司存在明显的行权业绩条件踩线达标现象（谢德仁等，2018），甚至业绩型股权激励的实施本身就体现了高管的机会主义行为（吴德胜等，2015）。

股权激励实施过程中的盈余管理也可以分为两个阶段，一是股权激励考核基期的盈余管理，二是股权激励考核期的盈余管理。杨慧辉等（2012）研究发现，在股权激励草案公告日之前，经理人进行了向下的盈余管理，而在出售日前则进行了向上的盈余管理。

在股权激励考核基期，公司高管层至少存在三个动机进行向下的盈余管理：一是通过在股权激励考核基期向下的盈余管理，管理层可以调节公司业绩，从而影响公司股价并获得更低的股权激励授予价格。国外伯格施特雷斯和菲利普（2006）等学者早就发现股权激励确实诱使高管层为操纵短期股价而操纵了盈余。二是通过向下的盈余管理，上市公司可以在股权激励考核基期降低行权考核的比较基准。肖淑芳等在 2013 年就已经发现了管理层在股权激励考核基期的负向盈余管理现象。此外，刘宝华等（2016）也认为，在行权考核指标值的设定上，实施股权激励的上市公司存在着类似"鞭打快牛"的现象，上期净利润增长率和净资产收益率越高，上市公司对行权业绩考核指标的设定就会基于历史业绩"水涨船高"，故而上市公司就可能在股权激励考核基期降低公司业绩基准。三是通过在股权激励考核基期向下的盈余管理，管理层可以将部分本期业绩截留至下期，从而增加下期行权成功的可能性。

在股权激励考核期，管理层面临着真正兑现股权激励收益的压力，所以管理层有很强的动机通过盈余管理去提高公司业绩并提升公司股价，从而最大化股权激励收益。萨夫达尔（2003）就曾对股票期权到期前的盈余管理进行研究，发现上市公司的操纵性应计利润在股票期权到期前显著上升，而公司业绩在行权期结束后就显著下降。科恩等（2008）的研究也发现，新授予股票期权能降低可操纵性利润，但是未行权的股票期权却能够使可操纵性应计利润上升。

盈余管理可以划分为应计盈余管理和真实盈余管理，但是随着会计准则和监管要求的提高，应计盈余管理操纵的空间变得越来越小（李彬等，2009），且应计盈余管理不影响公司的利润总额，只影响净利润的跨期分布，所以管理层通过应计利润要在 3～5 年的股权激励实施过程中调控公司业绩是很难的。因此，经理人更多地愿意利用真实经营活动对公司进行盈余管理操纵（肖淑芳等，2013）。

基于上述分析，提出本章的假设如下。

假设一：在股权激励考核基期，公司管理层存在利用真实盈余管理向下操纵公司业绩的行为，而应计盈余管理的操纵不显著。

假设二：在股权激励考核期，公司管理层存在利用真实盈余管理向上操纵公司业绩的行为，而应计盈余管理的操纵不显著。

6.2　研究设计

6.2.1　研究方法

在本章中，我们研究了股权激励考核基期及考核期的应计盈余管理和真实盈余管理行为。考虑对到内生性问题的影响，实施股权激励的上市公司可能本身就业绩比较好、盈余管理较轻，故而直接用模型计算出的盈余管理数字并不能表明公司就存在盈余管理行为。因此，我们借鉴廉等（2011）研究股权激励问题的方法，引入倾向得分匹配法模型来消除样本的选择性偏差，通过比较激励样本与匹配样本的差异，考察了实施股权激励的公司是否存在盈余管理行为。

倾向得分匹配法由罗森鲍姆（Rosenbaum）和鲁宾（Rubin）在 1983 年提出，并在股权激励的研究中得到了大量的运用，可有效解决股权激励研究中的内生性问题（卢闯等，2015）。在运用该方法时，我们首先运用 Logit 模型对影响股权激励实施的变量进行回归，计算出每家公司是否实施股权激励的倾向得分，得到与每个激励样本倾向得分最接近的控制样本，然后进行平衡性测试并比较了激励组与匹配组在盈余管理问题上差异。

6.2.2　样本选取与数据来源

本书数据主要来自 Wind 数据库、国泰安数据库和笔者的手工整理，数据处理采用 Stata12 软件和 Excel 进行。

与之前的研究一样，在股权激励考核基期及考核期的年份选择上，选取 2009～2016 年的上市公司来研究股权激励公司的盈余管理行为（同一公司不同年度的激励样本视为两个样本）。在具体样本选择上，按以下步骤来选择股权激励考核基期和考核期的激励样本和匹配样本：首先，剔除计算盈余管理时的数据缺失样本；其次，剔除 ST、*ST 的样本；再次，剔除金融业样本；最后，为消除极端值的影响，剔除资产负债率大于 1、总资产增长率大于 100% 及小于 –50% 的样本，剔除主营业务收入增长率大于 200% 及小于 –50% 的样本。在计算盈余管理变量时，我们采用申万一级行业分类，分行业、分年份回归计算其值，所有变量均在

99%和1%分位数上进行了缩尾处理。

股权激励考核基期的样本筛选过程如下：以2009～2016年所有19279个A股上市公司样本为基础，剔除金融业样本409个，剔除ST和*ST样本887个，剔除盈余管理计算数据缺失的样本254个，剔除考核基期不确定的样本61个（即考核基准是过去三年平均业绩的样本），剔除考核基期是2009年之前年度的样本13个，剔除资产负债率、营业收入增长率和总资产增长率异常的样本1018个，共得到16637个样本，其中，考核基期样本880个、其他样本15757个。

在股权激励考核期，样本筛选过程如下：以2009～2016年19279个上市公司样本为基础，剔除金融业样本409个，剔除ST和*ST样本887个，剔除盈余管理计算数据缺失样本254个，剔除资产负债率、营业收入增长率和总资产增长率异常的样本1024个。经过上述处理后，在股权激励考核期共得到924个激励样本和15781个非激励样本，合计16705个样本。

6.2.3　盈余管理的计量

6.2.3.1　应计盈余管理

测量应计项目盈余管理的模型主要包括琼斯模型、修正的琼斯模型等。黄梅等（2009）验证了基本琼斯模型等七种常用的应计利润模型在我国资本市场的检验效果，发现分年度、分行业回归的截面修正琼斯模型在模型的设定和盈余管理的检验能力方面表现最佳。因此，我们采用分年度、分行业回归的截面修正琼斯模型来测算应计盈余管理。具体模型如下：

$$TACC_{i,t}/A_{i,t-1} = \beta_1 \times /A_{i,t-1} + \beta_2 \times \Delta REV_{i,t}/A_{i,t-1} + \beta_3 \times PPE_{i,t}/A_{i,t-1} + \varepsilon_{i,t}$$

$$(6.1)$$

根据该模型，先通过回归方法计算出系数 $\hat{\beta}_1$、$\hat{\beta}_2$、$\hat{\beta}_3$，然后将这些系数代入等式（6.2），计算得到 i 公司 t 年的非操控性应计利润 $NDA_{i,t}$ 为：

$$NDA_{i,t}/A_{i,t-1} = \hat{\beta}_1(1/A_{i,t-1}) + \hat{\beta}_2[(\Delta REV_{i,t} - \Delta REC_{i,t})/A_{i,t-1}] + \hat{\beta}_3(PPE_{i,t}/A_{i,t-1})$$

$$(6.2)$$

最后，我们用总应计利润减去非操控应计利润得到操控性应计利润 $DA_{i,t}$，即：

$$DA_{i,t} = TACC_{i,t}/A_{i,t-1} - NDA_{i,t}/A_{i,t-1} \qquad (6.3)$$

$TACC_{i,t}$ 为 i 公司 T 年的总应计利润，等于 T 年净利润与经营活动现金流量净额之差；$A_{i,t-1}$ 为 i 公司 T－1 年的总资产；$\Delta REV_{i,t}$ 为 i 公司 T 年营业收入与 T－1 年营业收入之差；$\Delta REC_{i,t}$ 为 i 公司 T 年应收账款与 T－1 年应收账款之差；$PPE_{i,t}$ 为 i 公司 T 年年末的固定资产；$\varepsilon_{i,t}$ 为残差。

6.2.3.2 真实盈余管理

对于真实盈余管理，我们参照罗乔杜里（Roychowdhury，2006）和科恩等（2008）的方法，通过现金流量模型、产品成本模型和费用模型计算得出。首先，我们用股权激励样本同行业、同年份的数据回归出正常现金流、正常成本和正常费用，其次，用企业的实际现金流、实际成本和实际费用分别减去这三个数，得到异常经营活动现金流（$R\_CFO_{i,t}$）、异常产品成本（$R\_PROD_{i,t}$）和异常费用（$R\_DISX_{i,t}$），最后，根据李增福等（2011）的研究，构建了综合衡量真实盈余管理的指标 $EM_{i,t}$ 如下：

$$EM_{i,t} = R\_PROD_{i,t} - R\_CFO_{i,t} - R\_DISX_{i,t} \qquad (6.4)$$

第一，现金流量模型。根据德乔等（Dechow et al.，1995）的研究，用模型（6.5）来计算上市公司的正常现金流：

$$CFO_{i,t}/A_{i,t-1} = a_1(1/A_{i,t-1}) + a_2(REV_{i,t}/A_{i,t-1}) + a_3(\Delta REV_{i,t}/A_{i,t-1}) + \varepsilon_{i,t}$$
$$(6.5)$$

第二，产品成本模型。产品成本 $PROD_{i,t}$ 就是产品销售成本 $COGREV_{i,t}$ 与当年存货变动额 $\Delta INV_{i,t}$ 之和，产品销售成本与当年销售收入之间存在如式（6.6）的线性关系：

$$COGREV_{i,t}/A_{i,t-1} = a_1(1/A_{i,t-1}) + a_2(REV_{i,t}/A_{i,t-1}) + \varepsilon_{i,t} \qquad (6.6)$$

存货变动额同当期及上期销售变动额之间存在如式（6.7）的线性关系，即：

$$\Delta INV_{i,t}/A_{i,t-1} = a_1(1/A_{i,t-1}) + a_2(\Delta REV_{i,t}/A_{i,t-1}) + a_3(\Delta REV_{i,t-1}/A_{i,t-1}) + \varepsilon_{i,t}$$
$$(6.7)$$

根据式（6.6）和式（6.7），将两者相加后得到式（6.8），并用式（6.8）来估计企业的正常产品成本，即：

$$PROD_{i,t}/A_{i,t-1} = a_1(1/A_{i,t-1}) + a_2(REV_{i,t}/A_{i,t-1}) + a_3(\Delta REV_{i,t}/A_{i,t-1})$$
$$+ a_4(\Delta REV_{i,t-1}/A_{i,t-1}) + \varepsilon_{i,t} \qquad (6.8)$$

第三，费用模型。我们使用式（6.9）来估计企业的正常费用，即：

$$DISX_{i,t}/A_{i,t-1} = a_1(1/A_{i,t-1}) + a_2(REV_{i,t-1}/A_{i,t-1}) + \varepsilon_{i,t} \qquad (6.9)$$

$A_{i,t-1}$是 i 公司 t−1 年的总资产；$CFO_{i,t}$是 i 公司 t 年的经营活动现金流量净额；$REV_{i,t}$是 i 公司 t 年的销售收入；$\Delta REV_{i,t}$是 i 公司 t 年销售收入与 t−1 年销售收入之间的变化额；$\Delta REV_{i,t-1}$是 i 公司 t−1 年销售收入与 t−2 年销售收入的变化额；$\Delta INV_{i,t}$是 i 公司 t 年存货和 t−1 年存货的变化额；$COGREV_{i,t}$是 i 公司 t 年的产品销售成本；$PROD_{i,t}$是 i 公司 t 年的产品成本，等于 t 年的销售产品成本和存货变化额之和；$DISX_{i,t}$是 i 公司 t 年的销售费用和管理费用之和。

6.2.4 倾向得分匹配模型的构建

根据连等（Lian et al.，2011）、卢闯等（2015）、陈文强等（2015）的分析，我们从公司治理、成长性、资本结构等方面共挑选出 13 个影响上市公司是否实施股权激励的因素，其基本模型如式（6.10）所示：

$$Jili_{i,t} = a_1 + a_2 Shrz_{i,t} + a_3 Shrcr5_{i,t} + a_4 Indratio_{i,t} + a_5 Broadsize_{i,t} + a_6 Mpay_{i,t}$$
$$+ a_7 Mpayincome_{i,t} + a_8 Fixedassetratio_{i,t} + a_9 BM_{i,t} + a_{10} Regr_{i,t}$$
$$+ a_{11} Listyear_{i,t} + a_{12} State_{i,t} + a_{13} Lev_{i,t} + a_{14} Size_{i,t} + \varepsilon_{i,t} \qquad (6.10)$$

表 6.1 列示了 PSM 匹配模型的主要变量说明，具体情况如下。

表 6.1　　　　　　　　　　PSM 模型的变量说明

变量	变量名称	变量说明
$Jili_{i,t}$	是否进行股权激励	如果上市公司进行了股权激励，则取值为 1，否则取值为 0
$Shrz_{i,t}$	Z 指数	第一大股东与第二大股东持股比例的比值
$Shrcr5_{i,t}$	五大股东持股比例	前五大股东持股比例之和
$Indratio_{i,t}$	独立董事比	独立董事人数/董事人数
$Broadsize_{i,t}$	董事会规模	公司董事会人数
$Mpay_{i,t}$	高管薪酬	排名前三的高管薪酬的自然对数

续表

变量	变量名称	变量说明
$Mpayincome_{i,t}$	薪酬业绩敏感度	排名前三的高管薪酬/净利润
$Fixedassetratio_{i,t}$	固定资产比	固定资产/总资产
$BM_{i,t}$	市值账面比	股东权益/公司市值
$Regr_{i,t}$	收入增长率	营业收入的变动/上期营业收入
$Listyear_{i,t}$	上市年限	以2016年为准，2016年上市则取值为0，2015年上市则取值为1，以此类推。
$State_{i,t}$	公司性质	公司为民营，则取值为0，否则取值为1
$Lev_{i,t}$	资产负债率	总负债/总资产
$Size_{i,t}$	公司规模	公司总资产的自然对数

6.3　股权激励考核基期管理层的盈余管理行为分析

6.3.1　股权激励考核基期PSM匹配的描述性统计

表6.2不仅列示了股权激励考核基期PSM匹配变量的描述性统计结果，同时也列示了是否进行股权激励变量Jili、应计盈余管理变量DA，以及真实盈余管理变量EM的描述性统计结果。从表6.2可以看出，股权激励考核基期所有样本合计16637个，是否进行股权激励变量Jili的平均值为0.053，全部样本真实盈余管理EM平均值接近0，而应计盈余管理DA的平均值为−0.082。

表6.2　　股权激励考核基期PSM模型的描述性统计表

变量	Obs	Mean	Std	Min	Max
$Shrz_{i,t}$	16637	11.569	17.257	1.035	80.965
$Shrcr5_{i,t}$	16637	53.203	15.534	22.967	83.383
$Broadsize_{i,t}$	16637	8.774	1.642	5.000	13.000
$Indratio_{i,t}$	16637	0.370	0.048	0.333	0.500
$Mpay_{i,t}$	16637	4.900	0.672	3.466	6.405
$Mpayincome_{i,t}$	16637	0.024	0.038	−0.017	0.182
$Faxassetratio_{i,t}$	16637	0.267	0.186	0.008	0.733
$BM_{i,t}$	16637	0.338	0.203	0.066	0.899
$Regr_{i,t}$	16637	11.451	24.270	−34.850	78.564

续表

变量	Obs	Mean	Std	Min	Max
$Listyear_{i,t}$	16637	12.527	6.661	0	26.000
$State_{i,t}$	16637	0.450	0.498	0	1
$Lev_{i,t}$	16637	43.916	20.814	7.431	82.769
$Size_{i,t}$	16637	21.993	1.220	20.016	25.081
$Jili_{i,t}$	16637	0.053	0.228	0	1
$EM_{i,t}$	16637	0	3.299	-17.265	15.397
$DA_{i,t}$	16637	-0.082	2.484	-10.736	10.836

6.3.2 股权激励考核基期 PSM 匹配的 Logit 回归分析

为保证匹配模型的合理性，参照连等（2011）的做法，对影响上市公司是否进行股权激励的主要变量进行了 Logit 回归，并选取 Pseudo – R^2 和 AUC 两个常用的指标来判定 Logit 模型的回归效果，通常情况下，AUC 大于0.8 即可认为回归效果较好（Lian et al.，2011）。

从表6.3 可以看出，Z 指数、前五大股东持股比例之和、独立董事比等各个变量均对上市公司是否进行股权激励具有显著影响。从 Pseudo – R^2 和 AUC 值看，前者为0.173，后者为0.814，说明模型的整体回归效果较好。

表6.3　　　　股权激励考核基期 PSM 匹配的 Logit 回归分析

主要变量	回归系数	T 值
$Shrz_{i,t}$	-0.012 ***	-3.03
$Shrcr5_{i,t}$	0.010 ***	3.52
$Indratio_{i,t}$	3.653 ***	4.19
$Broadsize_{i,t}$	0.125 ***	4.17
$Mpay_{i,t}$	0.950 ***	13.18
$Mpayincome_{i,t}$	-12.004 ***	-8.04
$Fixedassetratio_{i,t}$	-1.141 ***	-4.12
$BM_{i,t}$	2.110 ***	8.86
$Regr_{i,t}$	0.010 ***	6.56
$Listyear_{i,t}$	-0.029 ***	-3.38
$State_{i,t}$	-1.427 ***	-11.27

续表

主要变量	回归系数	T 值
$Lev_{i,t}$	0.014 ***	5.41
$Size_{i,t}$	− 0.879 ***	− 14.17
_cons	7.110 ***	5.48
行业	控制	
$Psedo - R^2$	0.173	
AUC	0.814	
N	16637	

注： *** p < 0.01。

从系数的符号中还可以看出，Z 指数、薪酬业绩敏感度、固定资产比、上市年限、公司性质及公司规模与公司是否进行股权激励负相关，而公司前五大股东持股比例之和、独立董事比、董事会规模、高管薪酬、市值账面比、收入增长率及资产负债率则与公司是否进行股权激励正相关。

6.3.3　股权激励考核基期 PSM 匹配的平衡性测试

为保证匹配效果，本书需要利用共同支持假设和独立性假设对样本进行平衡性测试。其中，共同支持假设保证激励样本能通过 PSM 方法找到与之最具可比性的匹配样本，该假设一般通过观察样本匹配前后核密度函数的重叠状况进行检验。而独立性假设则要求匹配后，各个变量在激励组和控制组之间不存在显著差异。一般而言，PSM 匹配后，变量标准偏差的绝对值小于 5% 则说明独立性较好。

6.3.3.1　共同支持假设

图 6.1 列示了激励样本匹配前后的核密度函数图。从图 6.1 可以看出，激励组和控制组的倾向得分值（pscore）概率分布在匹配前存在明显差异，控制组的分布重心显著高于激励组，而在匹配后，两组样本之间的倾向得分值概率分布差异大幅降低，说明样本的匹配效果较为理想，能够满足共同支持假设的要求。

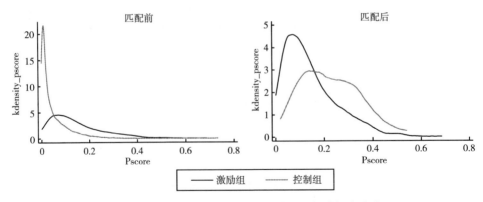

图6.1 考核基期激励组与控制组的倾向得分概率分布

6.3.3.2 独立性假设

从表6.4可以看出：匹配后，在模型控制组和匹配组之间，所有变量标准偏差的绝对值都显著减少，除 $Shrz_{i,t}$、$Indratio_{i,t}$ 和 $Regr_{i,t}$ 三个变量标准差的绝对值略高于5%外，其他变量匹配后标准差的绝对值均降到了5%以下；从T检验来看，匹配后控制组和样本组之间各变量的差异不显著，P值均大于0.15。上述结果表明，样本采用PSM方法匹配后的匹配效果较好，满足独立性假设要求。

表6.4   **股权激励考核基期的 PSM 匹配效果分析**

匹配变量	匹配阶段	均值		标准差（%）	标准差减少幅度（%）	t－test	
		激励组	控制组			t	p＞t
$Shrz_{i,t}$	匹配前	5.941	11.897	－43.1	88.3	－9.98	0.000
	匹配后	5.941	6.639	－5.1		－1.44	0.150
$Shrcr5_{i,t}$	匹配前	56.216	53.027	21.5	97	5.92	0.000
	匹配后	56.216	56.312	－0.7		－0.14	0.887
$Indratio_{i,t}$	匹配前	0.377	0.370	13.8	54.7	4.16	0.000
	匹配后	0.377	0.374	6.2		1.29	0.196
$Broadsize_{i,t}$	匹配前	8.500	8.790	－18	91.8	－5.09	0.000
	匹配后	8.500	8.524	－1.5		－0.32	0.747
$Mpay_{i,t}$	匹配前	5.045	4.891	23.1	86.9	6.61	0.000
	匹配后	5.045	5.025	3		0.65	0.515
$Mpaynetincome_{i,t}$	匹配前	0.020	0.024	－11	95	－2.79	0.005
	匹配后	0.020	0.020	－0.6		－0.14	0.887

续表

匹配变量	匹配阶段	均值		标准差（％）	标准差减少幅度（％）	t－test	
		激励组	控制组			t	p＞t
Fixedassetratio$_{i,t}$	匹配前	0.207	0.270	－37.6	89.8	－9.91	0.000
	匹配后	0.207	0.200	3.8		0.9	0.37
BM$_{i,t}$	匹配前	0.309	0.340	－16.1	95.9	－4.37	0.000
	匹配后	0.309	0.307	0.7		0.15	0.884
Regr$_{i,t}$	匹配前	19.568	10.978	36.2	86	10.24	0.000
	匹配后	19.568	20.773	－5.1		－1.01	0.312
Listyear$_{i,t}$	匹配前	8.441	12.765	－70.8	97.1	－18.93	0.000
	匹配后	8.441	8.315	2.1		0.47	0.637
State$_{i,t}$	匹配前	0.107	0.470	－87.5	99.1	－21.36	0.000
	匹配后	0.107	0.110	－0.8		－0.23	0.818
Lev$_{i,t}$	匹配前	35.476	44.407	－44.2	97.1	－12.43	0.000
	匹配后	35.476	35.732	－1.3		－0.27	0.785
Size$_{i,t}$	匹配前	21.418	22.026	－54.6	99.1	－14.47	0.000
	匹配后	21.418	21.413	0.5		0.11	0.909

6.3.4　股权激励考核基期盈余管理的 PSM 匹配结果分析

表 6.5 列示了股权激励考核基期内，在三种 PSM 匹配方法下，激励样本与匹配样本间关于盈余管理差异 T 检验的 T 值及其平均处理效应值（ATT）。同样，按照激励方式和所有权性质对样本进行了分类，本章分别研究了股票期权样本、限制性股票样本以及民营企业样本和国有企业样本的盈余管理平均处理效应。

表 6.5　　　　激励考核基期盈余管理的 PSM 匹配结果分析

变量	全样本		激励方式				所有权性质			
	（1）		股票期权（2）		限制性股票（3）		民营企业（4）		国有企业（5）	
	ATT	t－value	ATT	t－value	ATT	t－value	ATT	t－value	ATT	t－value
最近邻匹配										
EM	－0.331*	－1.76	0.214	1.00	－0.489***	－3.12	－0.321**	－2.33	0.442	1.20
DA	0.034	0.37	－0.022	－0.11	0.016	0.1	－0.027	－0.21	0.139	0.55

变量	全样本		激励方式				所有权性质			
	(1)		股票期权(2)		限制性股票(3)		民营企业(4)		国有企业(5)	
	ATT	t-value	ATT	t-value	ATT	t-value	ATT	t-value	ATT	t-value
半径匹配										
EM	-0.239*	-1.83	0.191	1.17	-0.511***	-3.40	-0.272**	-2.08	0.241	0.07
DA	0.064	0.41	0.017	0.11	0.058	0.39	0.065	0.55	-0.104	-0.52
核匹配										
EM	-0.191*	-1.87	0.165	1.04	-0.377***	-2.86	-0.176*	-1.66	-0.009	-0.02
DA	0.041	0.27	0.034	0.21	0.066	0.48	0.074	0.66	-0.097	-0.47

注：$*p<0.1$，$**p<0.05$，$***p<0.01$。

如表6.5列（1）所示，样本整体上存在向下的真实盈余管理，在最近邻匹配、半径匹配和核匹配三种匹配方式下，真实盈余管理的ATT值分别为-0.331、-0.239和-0.191，而且在这三种匹配方式下，T检验均非常显著，T值分别为-1.76、-1.83和-1.87，而与之相对的是，应计盈余管理DA在这三种匹配方式下均为不显著。这证明上市公司在股权激励考核基期存在显著向下的真实盈余管理，而应计盈余管理不显著，假设一成立。

分组来看，从列（2）和列（4）中可以看出：限制性股票样本和民营企业样本在股权激励考核基期，其向下的真实盈余管理幅度更大，显著性也更显著，而股票期权样本和国有企业样本不存在显著向上或向下的真实盈余管理。应计盈余管理DA则在各种分类情况下均不显著。

6.4 股权激励考核期管理层的盈余管理行为分析

在前面的分析中，本书已经论述了股权激励考核基期的盈余管理问题，发现了股权激励样本在考核基期存在向下真实盈余管理的证据。在本部分中，笔者运用从股权激励行权解锁期挑选出来的923个激励样本和15131个非激励样本（同一公司不同年份的行权解锁样本视为两个样本），通过PSM匹配方法，也验证激励样本与匹配样本在盈余管理上的差异。但判断激励样本在行权解锁期是否存在机会主义盈余管理行为的方法，与判断考核基期是否存在机会主义盈余管理行为的方法恰好相反——通过判断激励样本在行权解锁期是否存在向上的盈余管理，来判断其是否存在机会主义盈余管理行为。

6.4.1　股权激励考核期 PSM 匹配的描述性统计

表 6.6 列示了股权激励考核期 PSM 匹配主要变量的描述性统计结果。同时，表 6.6 也列示了是否进行股权激励的变量 Jili、应计盈余管理变量 DA 以及真实盈余管理变量 EM 的描述性统计结果。从表 6.6 可以看出：股权激励行权考核期所有样本合计 16705 个，是否进行激励的变量 Jili 平均值为 0.055；在公告行权解锁的样本中，应计盈余管理 DA 平均值为 -0.087，真实盈余管理 EM 的平均值则为 -0.091。

表 6.6　　　　　　　　　　　股权激励考核期 PSM 模型的描述性统计

变量	Obs	Mean	Std	Min	Max
$Shrz_{i,t}$	16705	12.206	21.137	1.003	134.696
$Shrcr5_{i,t}$	16705	53.252	15.972	0.811	99.230
$Indratio_{i,t}$	16705	0.372	0.055	0.091	0.800
$Broadsize_{i,t}$	16705	8.797	1.753	5	15
$Mpay_{i,t}$	16705	4.906	0.700	3.121	6.799
$Mpayincome_{i,t}$	16705	0.025	0.048	-0.037	0.307
$Faxassetratio_{i,t}$	16705	0.267	0.191	0.003	0.856
$BM_{i,t}$	16705	0.339	0.219	-0.010	2.006
$Regr_{i,t}$	16705	12.240	26.036	-45.536	103.492
$Listyear_{i,t}$	16705	12.361	6.667	0	26.000
$State_{i,t}$	16705	0.437	0.496	0	1.000
$Lev_{i,t}$	16705	43.785	21.100	4.997	88.303
$Size_{i,t}$	16705	21.997	1.260	19.731	25.910
$Jili_{i,t}$	16705	0.055	0.229	0	1.000
$EM_{i,t}$	16705	-0.091	3.835	-18.687	14.766
$DA_{i,t}$	16705	-0.087	2.635	-11.493	11.247

6.4.2　股权激励考核期 PSM 匹配的 Logit 回归分析

表 6.7 列示了上市公司股权激励是否行权解锁的 Logit 回归分析结果。除董

事会规模变量 Broadsize 和独立董事占董事会的比例 Indratio 变量外，其余变量均对公司股权激励是否行权解锁具有非常显著的影响。同样，我们利用在 PSM 分析中经常使用的 Pseudo – R^2 和 AUC 两个指标来衡量模型的匹配效果。从表 6.7 可以看出，回归模型的 Pseudo – R^2 值为 0.236，AUC 值为 0.857，大于 0.8，所以本模型的回归效果较好。

表 6.7 **股权激励考核期 PSM 匹配的 Logit 回归分析**

主要变量	回归系数	T 值
$Shrz_{i,t}$	− 0.012 **	− 2.54
$Shrcr5_{i,t}$	− 0.037 ***	− 8.29
$Broadsize_{i,t}$	0.028	1.3
$Indratio_{i,t}$	1.040	1.61
$Mpay_{i,t}$	0.585 ***	8.68
$Mpayincome_{i,t}$	− 9.979 ***	− 5.89
$Faxassetratio_{i,t}$	− 1.019 ***	− 3.72
$BM_{i,t}$	− 2.665 ***	− 9.39
$Regr_{i,t}$	0.004 ***	2.59
$Listyear_{i,t}$	− 0.054 ***	− 6.73
$Lev_{i,t}$	− 0.019 ***	− 7.39
$Size_{i,t}$	0.641 ***	11.67
$State_{i,t}$	− 1.991 ***	− 14.7
_cons	− 17.803 ***	− 14.33
N	16705	
Pseudo – R^2	0.236	
AUC	0.857	
p	0.000	

注： ** p < 0.05， *** p < 0.01。

6.4.3　股权激励考核期 PSM 匹配的平衡性测试

6.4.3.1　共同支持假设

图 6.2 列示了股权激励考核期内激励样本匹配前后的核密度函数图。从图 6.2 可以看出，激励组和控制组之间倾向得分值（pscore）的概率分布在匹配前

后存在显著差异。匹配后，两组样本间的倾向得分值概率分布差异大幅降低，匹配效果较为理想，共同支持假设得到满足。

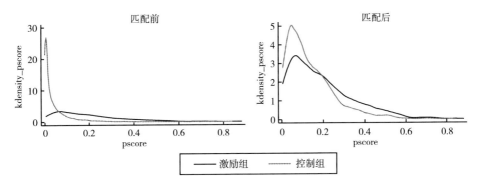

图 6.2 考核期激励组与控制组的倾向得分概率分布

6.4.3.2 独立性假设

从表 6.8 可以看出：股权激励样本在考核期 PSM 匹配成功后，所有变量匹配后标准偏差的绝对值均显著减少，几乎所有变量匹配后标准差的差异都降到了 5% 以下。从 T 检验来看，匹配前，所有变量均存在显著差异；而匹配后，激励组和控制组样本间各变量的差异变得不显著，P 值均大于 0.3，说明 PSM 匹配后，变量间不存在显著差异。上述结果表明，样本采用 PSM 方法匹配后的匹配效果较好，满足独立性假设要求。

表 6.8 **股权激励考核期的 PSM 匹配效果分析**

匹配变量	匹配阶段	均值		标准差（%）	标准差减少幅度（%）	t − test	
		激励组	控制组			t	p > t
$Shrz_{i,t}$	匹配前	6.487	12.541	− 36.6	96.7	− 8.48	0.00
	匹配后	6.487	6.287	1.2		0.44	0.658
$Shrcr5_{i,t}$	匹配前	50.649	53.404	− 18.3	84.6	− 5.1	0.00
	匹配后	50.649	50.226	2.8		0.6	0.549
$Indratio_{i,t}$	匹配前	0.378	0.371	12.3	94.6	3.72	0.00
	匹配后	0.378	0.378	0.7		0.14	0.889
$Broadsize_{i,t}$	匹配前	8.509	8.814	− 18	92.9	− 5.15	0.00
	匹配后	8.509	8.487	1.3		0.29	0.771

匹配变量	匹配阶段	均值		标准差（%）	标准差减少幅度（%）	t – test	
		激励组	控制组			t	p > t
Mpay$_{i,t}$	匹配前	5.284	4.884	58.8	91.2	17.03	0.00
	匹配后	5.284	5.249	5.2		1.08	0.279
Mpaynetincome$_{i,t}$	匹配前	0.014	0.026	− 29.5	93.6	− 7.1	0.00
	匹配后	0.014	0.013	1.9		0.7	0.486
Fixedassetratio$_{i,t}$	匹配前	0.200	0.271	− 41.5	89.9	− 11.04	0.00
	匹配后	0.200	0.193	4.2		1.01	0.311
BM$_{i,t}$	匹配前	0.255	0.344	− 47.2	95.2	− 12.01	0.00
	匹配后	0.255	0.259	− 2.2		− 0.6	0.547
Regr$_{i,t}$	匹配前	20.706	11.744	35.8	87.8	10.2	0.00
	匹配后	20.706	19.616	4.4		0.86	0.391
Listyear$_{i,t}$	匹配前	8.937	12.561	− 59.8	96.2	− 16.18	0.00
	匹配后	8.937	8.800	2.3		0.52	0.601
State$_{i,t}$	匹配前	0.084	0.457	− 92.4	100	− 22.54	0.00
	匹配后	0.084	0.084	0.0		0	1
Lev$_{i,t}$	匹配前	38.008	44.123	− 30.7	93	− 8.58	0.00
	匹配后	38.008	38.436	− 2.2		− 0.46	0.642
Size$_{i,t}$	匹配前	22.147	21.989	13.3	90.9	3.72	0.00
	匹配后	22.147	22.161	− 1.2		− 0.26	0.793

6.4.4 股权激励考核期盈余管理的 PSM 匹配结果分析

表 6.9 列示了在 PSM 三种匹配方法下，股权激励考核期激励样本与匹配样本关于盈余管理 T 检验的 T 值及其平均处理效应的值。此外，也按照激励方式与所有权性质对样本进行了分类，分别列示了股票期权公司、限制性股票公司以及民营企业和国有企业关于盈余管理匹配效果的 ATT 值及其 T 检验结果。

从表 6.9 列（1）全样本组的匹配结果中可以看出：在最近邻匹配、半径匹配和核匹配三种匹配方法下，真实盈余管理 EM 的 ATT 值分别为 0.309、0.253 和 0.211，均大于 0；从 T 检验的 T 值来看，其 T 值分别为 1.83、1.68 和 1.44，说明这种向上的真实盈余管理在最近邻匹配和半径匹配方法下均显著。从应计盈余管理看，样本的均值均小于 0，但是 T 检验均不显著，说明上市公司在股权激励考核期存在向上的真实盈余管理，而应计盈余管理不显著，假设二得证。

表 6.9　　　　　　　　　　激励考核期盈余管理的 PSM 匹配结果分析

变量	全样本		激励方式				所有权性质			
	（1）		股票期权（2）		限制性股票（3）		民营企业（4）		国有企业（5）	
	ATT	t – value	ATT	t – value	ATT	t – value	ATT	t – value	ATT	t – value
最近邻匹配										
EM	0.309 *	1.83	0.225	1.03	0.408 **	1.93	0.293 *	1.81	0.483	1.24
DA	– 0.070	– 0.64	– 0.182	– 1.14	0.143	1.04	– 0.015	– 0.14	0.037	0.12
半径匹配										
EM	0.253 *	1.68	0.139	0.69	0.377 **	2.13	0.243 *	1.70	0.498	1.51
DA	– 0.104	– 1.00	– 0.328 **	– 2.21	0.101	0.86	– 0.100	– 1.01	– 0.101	– 0.39
核匹配										
EM	0.211	1.44	0.149	0.76	0.289 *	1.65	0.195	1.40	0.370	1.12
DA	– 0.085	– 0.83	– 0.300 **	– 2.06	0.115	0.99	– 0.080	– 0.83	– 0.129	– 0.50

注：* $p < 0.1$，** $p < 0.05$。

分组来看，我们从表 6.9 中可以看出：限制性股票公司在三种匹配方法下均存在向上的真实盈余管理，且在三种匹配方法下的显著性非常显著；民营企业样本与全样本相似，真实盈余管理 ATT 值的符号均为正，且 T 检验的显著性在最近邻匹配和半径匹配方法下显著；股票期权样本匹配后真实盈余管理 ATT 的符号也为正，但其显著性不显著，且其向下的应计盈余管理在半径匹配和核匹配方法下比较显著；国有企业样本则在应计盈余管理和真实盈余管理下均不显著。

6.5　本章小结

本章考察了上市公司股权激励考核基期和考核期的盈余管理情况。通过观察股权激励考核基期和考核期是否存在向下和向上的盈余管理，本书判断出了管理层是否存在机会主义盈余管理操纵行为。通过倾向得分匹配法，笔者找到了激励样本在股权激励考核基期和考核期的匹配样本，通过激励样本与匹配样本的比较，笔者不仅发现上市公司在股权激励考核基期存在向下的真实盈余管理，而且也发现了上市公司在考核期存在向上的真实盈余管理，但是其应计盈余管理在这两个阶段均不显著。

此外，本章还对上市公司进行了分组，分别考察了在不同激励方式和不同所有权性质情况下，上市公司的盈余管理情况。研究发现，限制性股票激励公司和民营企业与全样本的盈余管理情况相似，在股权激励考核基期存在向下的真实盈余管理，在考核期存在向上的真实盈余管理，且两者的应计盈余管理在两个阶段中均不显著。对股票期权激励公司和国有企业而言，两者在两个阶段均不存在显著的真实盈余管理现象，且前者在行权解锁考核期还存在比较显著的负向应计盈余管理，而在国有企业中，应计盈余管理在两个阶段均不显著。

以上分析表明，在股权激励实施过程中，管理层不存在利用应计盈余管理进行操控的管理层机会主义行为，但是在两个阶段中却都存在机会主义的真实盈余管理操纵，这种操控行为在限制性股票公司和民营企业中比较显著，而在股票期权公司和国有企业中不显著。

第7章

股权激励方案制定中的管理层机会主义
行为分析

一份股权激励计划的核心内容包括激励对象、行权考核标准、授予价格等，这些内容能够极大地影响管理层激励收益；与此同时，股权激励计划的核心内容大部分都可以被公司管理层内部确定，因此，公司管理层有动机利用其权利在股权激励具体方案中制定对自己有利的方案，从而产生了在具体股权激励方案制定过程中的机会主义行为。

在本章中，笔者从以下三方面讨论股权激励具体方案制定中的管理层机会主义行为：第一，股权激励考核基期的确定与管理层机会主义行为；第二，股权激励业绩考核指标值的确定与管理层机会主义行为；第三，股权激励授予价格的确定与管理层机会主义行为。

7.1　理论分析与研究假设

对于一些上市公司具体股权激励方案制定中的管理层机会主义行为，投资者、媒体和经济学者都曾提出过质疑。莫菲（1999）研究了股权激励的制定流程，认为在整个股权激励方案的设计过程中，公司高管确实有能力影响股权激励方案的设计，且高管权力越大，激励方案对高管层就越有利（Bebchuk et al.，2002）。在一份具体的股权激励方案中，股权激励绩效考核指标的设计尤其关键，其有效与否将直接影响股权激励的有效性（吴育辉等，2010）。莫菲（1999）在研究美国大公司的股权激励绩效考核指标体系时发现，大部分公司设置的股权激励业绩考核指标都采用的是会计收益指标，如考核净利润和 ROE 等。国内上市公司采用的股权激励考核指标也大都相似，主要考核净利润增长率和 ROE。德乔和斯隆（Dechow and Sloan，1991）曾指出，采用会计收益指标容易被高管所控制，而且还会诱导高管放弃那些降低短期收益但是提高长期收益的项目。

肖淑芳等（2013）曾从行权业绩考核指标及其标准设置角度，研究了股权激励实施过程中的盈余管理问题，她认为我国股权激励方案中设置的行权考核指标显著偏低，而且上市公司考核基期的业绩也显著低于公司历史业绩，这说明公司股权激励考核基期的业绩可能是经过调整的，或者上市公司可能故意挑选了业绩较差的会计年度作为股权激励考核基期。吕长江等（2009）也系统研究了上市公司的股权激励方案，他通过股权激励方案中设置的解锁条件和激励有效期，将上市公司划分为福利型公司和激励型公司，福利型公司设置的解锁条件很低，而且激励有效期也很短，其推出股权激励的真正目的不是为了激励高管，而是为高管谋福利。对于上市公司具体股权激励方案中的管理层机会主义行为，吕长江等（2009）曾直接点名质疑伊利股份和凯迪电力的股权激励计划，他认为伊利股份针对总裁个人激励比重过高，而凯迪电力设置的行权解锁条件过低。

根据上述分析，笔者认为上市公司很可能在股权激励考核基期的确定、具体行权考核指标值的确定，以及授予价格的确定方面存在管理层机会主义行为。鉴于此，提出本章的研究假设如下。

假设一：上市公司在股权激励考核基期的确定上存在管理层机会主义行为，即上市公司股权激励考核基期的业绩显著偏低。

假设二：上市公司在股权激励考核指标值的设定上存在管理层机会主义行为，即上市公司设定的股权激励行权考核指标值显著偏低。

假设三：上市公司在股权激励授予价格的确定上存在管理层机会主义行为，即上市公司确定的股权激励授予价格显著低于市场价格。

7.2 研究设计

7.2.1 研究方法

本章共考察了三种股权激励具体方案中的管理层机会主义行为：股权激励考核基期的确定与管理层机会主义行为、股权激励具体考核指标值的确定与管理层机会主义行为、股权激励授予价格的确定与管理层机会主义行为。同样，本章也按所有权性质和激励类型对上市公司分类，研究了不同公司在具体股权激励方案制定中的管理层机会主义行为。

在具体研究时，主要通过对比分析来对本章问题进行研究，具体而言：在股权激励考核基期的确定与管理层机会主义行为的研究上，主要通过对公司考核基期及基期前一期净利润增长率与 ROE 的比较，来观察并判断公司基期业绩是否显著低于基期前一期的业绩；对于股权激励具体考核指标值的确定与管理层机会主义行为的研究，在剔除掉基期净利润增长率为负的样本后，比较了行权考核期与考核基期净利润增长率和 ROE 的差异，并以此判断上市公司设置的行权考核指标值是否显著低于基期指标值；对于股权激励授予价格的确定与管理层机会主义行为的研究，主要通过对草案公告日公司收盘价与授予价格的比较，来判断并研究两者的差异情况。

7.2.2　样本选取与数据来源

本章共研究了三种具体股权激励方案中的管理层机会主义行为。在研究股权激励考核基期确定中的管理层机会主义行为时，需要运用到考核基期及基期前一期的财务数据，这一部分样本挑选过程如下：以 2006~2016 年 1372 个公告股权激励计划的样本为基础，剔除 2006~2008 年的样本 116 个，剔除同年度公告两份股权激励计划草案的重复样本 141 个，剔除考核基期不确定的样本 61 个（即考核基准是过去三年平均业绩的样本），剔除次新股样本 49 个，剔除考核基期及基期前一期是 2009 年之前年度的样本 27 个，共得到 978 个样本。

在研究股权激励具体考核指标值的确定与管理层机会主义行为时，需要将第一个行权考核期的考核指标值与基期数值进行比较，所以以筛选出来的 978 个激励样本为基础，同时，考虑到上市公司行权考核期设定的净利润增长率或净资产收益率都大于 0，所以剔除基期净利润增长率小于 0 的样本 103 个，剔除了基期净资产收益率小于 0 的样本 18 个。样本剔除后，共得到考核指标包含净利润增长率的样本 805 个，考核指标包含净资产收益率的样本 452 个（部分样本同时考核净利润增长率和净资产收益率）。

在研究股权激励授予价格的确定与管理层机会主义行为时，需要将股权激励的授予价与草案公告日的收盘价进行比较（草案公告日为非交易日的，则将其与下一交易日的收盘价进行比较）。故仍然以 2006～2016 年 1372 个公告股权激励计划的样本为基础，剔除 2006～2008 年的样本 116 个，剔除同年度公告两份股权激励计划草案的重复样本 141 个，共得到 1115 个样本。

7.3 股权激励考核基期的确定与管理层机会主义行为分析

在一份股权激励方案中，行权考核条件是投资者最关注的核心要点之一，这给予了投资者对于公司未来业绩的预期，也是激励对象能否最终实现股权激励收益的关键。行权考核条件一般考核上市公司扣除非经常性损益后的净利润、营业收入等会计指标同比或环比增长多少，或者净资产收益率达到多少等。在研究会计指标的同比增长或环比增长时，样本基期与基期前一期的比较研究非常重要，这可以决定一份股权激励计划到底是对管理层的"激励"还是给予管理层的"福利"。

表 7.1 列示了在 2009～2016 年，公告股权激励草案的 978 个样本的考核指标设置情况。从表 7.1 可以看出，股权激励设置的考核指标主要是净利润相关的考核指标（包括净利润增长率、净利润数值、每股收益三种情况）和 ROE 考核指标。所以分别从净利润增长率和 ROE 视角比较了样本基期与基期前一期的公司业绩情况，以确定公司考核基期的业绩是否显著低于基期前一期业绩以及公司是否在股权激励基期的选择上存在机会主义行为。

表 7.1　　　　　　　　　　　股权激励考核指标分析表

考核指标	考核指标包含净利润的样本	考核指标包含 ROE 的样本	考核指标包含营业收入的样本	样本总数
数量（个）	908	470	271	978
占比（%）	92.84	48.05	27.71	100

注：有一些样本同时考核净利润、ROE 等一个或多个指标，故样本相加数不等于样本总数。
资料来源：万得数据库。

7.3.1 上市公司股权激励考核基期与上期的 ROE 分析

分别对上市公司样本按以下标准进行分组，并分别比较了股权激励样本基期与基期前一期的 ROE 情况：第一，股权激励考核指标是否包含 ROE；第二，不同所有权性质；第三，不同股权激励类型。

7.3.1.1　是否考核 ROE 情况下考核基期与上期的 ROE 比较

表 7.2 列示了全样本及考核指标包含 ROE 和不包含 ROE 情况下，上市公司考核基期与基期前一期的 ROE 比较情况。

表 7.2　　　　　　　　是否考核 ROE 情况下上市公司的 ROE 分析

项目	全样本			激励方案考核 ROE 的样本			激励方案不考核 ROE 的样本		
	Mean	Std	T 值	Mean	Std	T 值	Mean	Std	T 值
基期 ROE	9.526	0.245	−10.68	10.990	0.342	−8.75	8.171	0.340	−6.31
基期前一期 ROE	12.672	0.358		14.943	0.521		10.571	0.474	
样本合计（个）	978			470			508		

从表 7.2 可以看出，在全样本情况下，股权激励考核基期的 ROE 均值仅为 9.526%，而基期前一期 ROE 均值达到 12.672%，基期前一期的 ROE 均值大于基期 ROE 均值 3.146 个百分点，且 T 检验的 T 值为 −10.68，在 1% 的显著性水平上显著，说明股权激励考核基期的 ROE 整体偏低，显著小于基期前一期的 ROE 值，假设一得证。

分类来看，不管激励样本的考核指标是否包含 ROE，公司股权激励考核基期的 ROE 均值都小于基期前一期的 ROE 均值，且 T 检验显著。

7.3.1.2　不同所有权性质公司考核基期与上期的 ROE 比较

表 7.3 列示了上市公司在不同所有权性质情况下，股权激励考核基期与基期前一期的 ROE 比较情况。从表 7.3 可以看出，民营企业与国有企业在股权激励考核基期与基期前一期 ROE 的比较结果上截然相反。在民营企业组中，基期业绩仍然显著小于基期前一期，而国有企业基期的 ROE 却大于基期前一期，但 T 值仅为 0.38，不显著。这说明从 ROE 值上看，民营企业在股权激励考核基期的选择上存在机会主义行为，而国有企业不存在。

表 7.3   不同所有权性质公司的 ROE 分析

项目	全样本			民营企业样本			国有企业样本		
	Mean	Std	T 值	Mean	Std	T 值	Mean	Std	T 值
基期 ROE	9. 526	0. 245	− 10. 68	9. 328	0. 249	− 11. 27	11. 223	0. 966	0. 38
基期前一期 ROE	12. 672	0. 358		12. 874	0. 380		10. 934	1. 054	
样本合计	978			876			102		

7.3.1.3   不同激励类型公司考核基期与上期的 ROE 比较

表 7.4 列示了在不同股权激励类型情况下，上市公司股权激励考核基期与基期前一期 ROE 的比较情况。从表 7.4 可以看出，不管是在股票期权组中还是在限制性股票组中，其基期 ROE 都显著小于基期前一期的 ROE。这说明从 ROE 值上看，不管是在哪种股权激励类型中，管理层在股权激励考核基期的选择上都存在非常显著的机会主义行为。

表 7.4   不同激励类型公司的 ROE 分析

项目	全样本			股票期权			限制性股票		
	Mean	Std	T 值	Mean	Std	T 值	Mean	Std	T 值
基期 ROE	9. 526	0. 245	− 10. 68	10. 651	0. 399	− 7. 10	8. 695	0. 307	− 8. 04
基期前一期 ROE	12. 672	0. 358		14. 330	0. 595		11. 498	0. 443	
样本合计	978			395			574		

注：股票增值权样本太少，未予考虑，也对其 9 个样本加以剔除。

7.3.2   上市公司股权激励考核基期与上期的净利润增长率分析

与上面的思路类似，下面分别按股权激励考核指标是否包含净利润增长率、所有权性质和激励类型对样本进行分组，分别比较样本基期与基期前一期的净利润增长率情况。

7.3.2.1   是否考核净利润情况下上市公司的净利润增长率分析

表 7.5 列示了全样本及考核指标包含净利润和不包含净利润情况下，股权激励考核基期与基期前一期的净利润增长率情况。从表 7.5 可以看出，在全样本组中，股权激励考核基期的净利润增长率为 25. 949% ，小于基期前一期的净利润增

长率27.750%，但是从 T 检验来看，T 值仅为 -0.21，非常不显著，说明从净利润增长率维度看，股权激励考核基期的业绩并没有显著地小于基期前一期业绩。

表7.5　　　　是否考核净利润情况下上市公司的净利润增长率分析

项目	全样本			激励方案考核净利润的样本			激励方案不考核净利润的样本		
	Mean	Std	T 值	Mean	Std	T 值	Mean	Std	T 值
考核基期净利润增长率	25.949	7.196	-0.21	27.314	7.086	-0.05	8.235	40.937	-0.46
基期前一期净利润增长率	27.750	4.339		27.754	4.541		27.702	14.417	
样本合计（个）	978			908			70		

分组来看，不管是考核净利润组还是不考核净利润组，基期的净利润增长率均小于基期前一期的净利润增长率，但是从 T 值看，各组的 T 检验均不显著。这说明基期净利润增长率并不显著地低于基期前一期的净利润增长率。

7.3.2.2　不同所有权性质公司的净利润增长率分析

表7.6列示了全样本及不同所有权性质情况下，公司股权激励考核基期与基期前一期的净利润增长率比较情况。从表7.6可以看出，民营企业组与全样本组相似，考核基期的净利润增长率也低于基期前一期的净利润增长率，T 检验不显著，但是国有企业组却相反，基期净利润增长率为95.268%，显著大于基期前一期的净利润增长率57.555%。这说明从净利润增长率维度看，民营企业在股权激励考核基期的确定上存在不显著的管理层机会主义行为，而国有企业则没有管理层机会主义行为。

表7.6　　　　不同所有权性质公司的净利润增长率分析

项目	全样本			民营企业样本			国有企业样本		
	Mean	Std	T 值	Mean	Std	T 值	Mean	Std	T 值
考核基期净利润增长率	25.949	7.196	-0.21	17.877	7.290	-0.74	95.268	28.193	8.04
基期前一期净利润增长率	27.750	4.339		24.279	4.416		57.555	16.888	
样本合计（个）	978			876			102		

7.3.2.3 不同激励类型公司的净利润增长率分析

表7.7列示了全样本及不同激励类型情况下，上市公司股权激励考核基期与基期前一期的净利润增长率的比较情况。可以看出，不管是在股票期权组还是在限制性股票组中，股权激励考核基期的净利润增长率均小于基期前一期的净利润增长率，但是T检验却不显著。这说明从净利润增长率维度看，股票期权组和限制性股票组在股权激励考核基期的确定上都存在不显著的管理层机会主义行为。

表7.7   不同激励类型公司的净利润增长率分析

项目	全样本			股票期权样本			限制性股票样本		
	Mean	Std	T值	Mean	Std	T值	Mean	Std	T值
考核基期净利润增长率	25.949	7.196	−0.21	34.783	9.349	−0.05	19.542	10.426	−0.22
基期前一期净利润增长率	27.750	4.339		35.453	6.827		22.147	5.677	
样本合计（个）	978			395			574		

7.4 股权激励业绩考核值的确定与管理层机会主义行为分析

除股权激励考核基期的确定与股权激励是否能够行权息息相关外，上市公司设定的行权解锁考核指标值也将影响到股权激励的行权或解锁。本部分主要研究了股权激励草案中第一个考核期设定的净利润增长率数值、净资产收益率数值以及其与基期指标进行比较后的结果。

7.4.1 全样本及不同所有权性质公司的净利润增长率考核值分析

表7.8列示了在全样本及不同所有权性质情况下，股权激励考核指标包含净利润增长率样本的行权解锁考核指标值设置情况。从表7.8可以看出，总体上看，上市公司考核期的净利润增长率均值为39.112%，而基期净利润增长率均值为59.237%，考核期净利润增长率小于基期20.125个百分点；从T检验看，T

检验的 T 值为 - 4.28，T 检验在 1% 的显著性水平上显著，说明在第一个行权解锁考核期，股权激励公司设置的净利润增长率考核指标显著小于基期指标，上市公司在股权激励行权解锁考核指标值的设置上存在机会主义行为，假设二得证。

表 7.8　　全样本及不同所有权性质公司的净利润增长率考核值分析

项目	全样本			民营企业样本			国有企业样本		
	Mean	Std	T 值	Mean	Std	T 值	Mean	Std	T 值
第一个考核期设置的净利润增长率	39.112	1.833	- 4.28	40.032	2.033	- 3.78	33.369	3.566	- 2.04
基期净利润增长率	59.237	4.558		58.478	4.711		64.689	1.511	
样本合计（个）	805			704			101		

分组来看，不管是在民营企业样本还是国有企业样本中，第一个行权解锁考核期设置的股权激励净利润增长率指标均显著小于基期指标，T 值分别为 - 3.78 和 - 2.04，说明在股权激励行权解锁考核指标值的设置上，民营企业和国有企业同样存在管理层机会主义行为。

7.4.2　全样本及不同激励类型公司的净利润增长率考核值分析

表 7.9 列示了在全样本及不同股权激励类型情况下，股权激励考核指标包含净利润增长率样本的行权解锁考核指标值设置情况。可以发现，不管是在股票期权样本还是在限制性股票样本中，第一个考核期设置的净利润增长率数值均显著小于基期净利润增长率，T 值分别为 - 3.78 和 - 2.04。这说明在股票期权激励公司和限制性股票激励公司中，第一个考核期设置的净利润增长率数值都偏低，存在显著的管理层机会主义行为。

表 7.9　　全样本及不同激励类型公司的净利润增长率考核值分析

项目	全样本组			股票期权			限制性股票		
	Mean	Std	T 值	Mean	Std	T 值	Mean	Std	T 值
第一个考核期设置的净利润增长率	39.112	1.833	- 4.28	39.019	2.358	- 3.78	39.237	2.714	- 2.04
基期净利润增长率	59.237	4.558		47.933	5.267		69.285	7.376	
样本合计（个）	805			379			417		

7.4.3　全样本及不同所有权性质公司的 ROE 考核值分析

表 7.10 列示了在全样本及不同所有权性质情况下，上市公司的 ROE 考核指标值设置情况。在全样本组中，第一个行权解锁考核期设置的 ROE 均值为 10.174，小于基期 ROE 均值 11.484，而 T 检验的 T 值为 -5.35，在 1% 的显著性水平上显著，说明考核净资产收益率指标的样本在第一个考核期设置的 ROE 值显著偏低，存在显著的管理层机会主义行为，这也进一步证明了假设二的成立。

表 7.10　　全样本及不同所有权性质公司的 ROE 考核值分析

项目	全样本组			民营企业样本			国有企业样本		
	Mean	Std	T 值	Mean	Std	T 值	Mean	Std	T 值
第一个考核期设置的 ROE 值	10.174	0.186	-5.35	10.061	0.198	-4.92	10.707	0.501	-2.11
基期 ROE 值	11.484	0.329		11.361	0.344		12.067	0.956	
样本合计（个）	452			373			79		

从不同所有权性质的分组来看，不管是在民营企业组还是国有企业组，第一个行权解锁考核期设置的 ROE 值均显著小于基期 ROE 值，说明在这两种情况下，第一个考核期设置的 ROE 行权解锁指标值都偏低，存在显著的管理层机会主义行为。

7.4.4　全样本及不同激励类型公司的 ROE 考核值分析

表 7.11 列示了在全样本及不同激励类型情况下，上市公司的净资产收益率考核指标值设置情况。可以清晰地看出，股票期权激励公司设置的第一个考核期 ROE 指标均值为 10.419，而基期 ROE 均值为 12.114，T 检验的 T 值为 -4.79，而限制性股票激励公司第一个考核期设置的 ROE 指标均值为 9.821，同样小于基期 ROE 均值 10.542，且 T 检验的 T 值为 -2.26。这说明不管是在股票期权激励公司还是限制性股票激励公司中，第一个行权解锁考核期设置的 ROE 值都显著偏低，存在显著的管理层机会主义行为。

表 7.11　　　　　　　　全样本及不同激励类型公司的 ROE 考核值分析表

项目	全样本组			股票期权样本			限制性股票样本		
	Mean	Std	T 值	Mean	Std	T 值	Mean	Std	T 值
第一个考核期设置的 ROE 值	10. 174	0. 186	−5. 35	10. 419	0. 245	−4. 79	9. 821	0. 284	−2. 26
基期 ROE 值	11. 484	0. 329		12. 114	0. 456		10. 542	0. 454	
样本合计（个）	452			252			196		

7.5　股权激励授予价格的确定与管理层机会主义行为分析

股权激励的激励方式主要包括股票期权激励和限制性股票激励，对于股权激励的授予价格，两者的规定有所不同。根据《上市公司股权激励管理办法》和《股权激励有关事项备忘录 1 号》对股票期权和限制性股票授予价格的规定，授予的股票期权一般不低于下列价格的较高者：一是股权激励计划草案摘要公布前一个交易日的公司标的股票收盘价；二是股权激励计划草案摘要公布前 30 个交易日内的公司标的股票平均收盘价。而限制性股票的发行价格一般不低于定价基准日前 20 个交易日公司股票均价的 50%。实际上，不管是《上市公司股权激励管理办法》还是《股权激励有关事项备忘录 1 号》，两个文件都没有否定采取别的定价方式，只是需要作出更多的说明并提交监管机构审核。而 2016 年最新公布的《上市公司股权激励管理办法》对定价基准日则作出了更宽松的规定，上市公司可以选取草案公告前 1 个交易日、20 个交易日、60 个交易日或者 120 个交易日作为定价基准日，允许管理层在多个基准日之间进行选择并作为股权激励授予价格的确定依据，所以管理层在选择授予价格时，就可能选择对自己最有利的定价方式，因而存在相应的机会主义行为。

下面，将分析股权激励的授予价与市价（草案公告日收盘价）相比的折溢价情况，并对不同所有权性质和不同激励类型的授予价与市价进行比较分析。

7.5.1　股权激励授予股份的折溢价率分析

在表 7.12 中，对股权激励股票的授予价与市价相比的折溢价情况进行了分类比较，分别统计了不同折价和溢价情况下，上市公司的数量和折/溢价率平均数。从表7.12可以看出，溢价50%以上、溢价20%~50%、溢价0%~20%授予激励股票的样本数量分别为11个、47个、162个，而折价0%~20%、20%~50%、50%以上授予激励股票的样本数量分别为193个、297个、405个。折价授予激励股票的样本数量远远大于溢价授予激励股票的样本数量，且折价50%以上授予激励股票的样本数量达到样本总数的36.32%，是各种分类中样本数量最多的组。从平均折价率看，激励股票的平均折价率达到30.4%。

表7.12　　　　　　　　股权激励授予价与市价的折溢价分析

折价溢价情况	样本数（个）	占样本总数的比例（%）	股票平均折价率（%）
溢价50%以上	11	0.99	-73.6
溢价20%~50%	47	4.22	-30.6
溢价0%~20%	162	14.53	-7.6
折价0%~20%	193	17.31	6.1
折价20%~50%	297	26.64	42.1
折价50%以上	405	36.32	59.0
全样本（个）	1115	100.00	30.4

资料来源：万得数据库。

7.5.2　全样本及不同所有权性质公司的授予价与市价分析

表7.13列示了在全样本及不同所有权性质情况下，上市公司股权激励授予价与市价的比较情况，可以看出，全样本组中，授予的股权激励股票价格均值为14.639，小于股权激励草案公告日收盘价的均值22.813，且其T值为-19.29，在1%的显著性水平上显著，说明股权激励股票的授予价格显著低于市场价格，假设三得证。

表7.13　　　　　　　全样本及不同所有权性质公司的授予价与市价分析

项目	全样本			民营企业			国有企业		
	Mean	Std	T值	Mean	Std	T值	Mean	Std	T值
授予价格	14.639	0.366	-19.29	15.025	0.400	-4.73	11.430	0.693	-6.17
草案公告日收盘价	22.813	0.600		23.593	0.656		16.327	1.023	
样本量（个）	1115			994			121		

分组来看，不管是民营企业组还是国有企业组，其股权激励授予价格均值均显著小于草案公告日收盘价均值，说明不管公司是何种所有权性质，其授予管理层的激励股票价格均显著低于市价，上市公司存在显著的管理层机会主义行为。

7.5.3　全样本及不同激励类型公司的授予价与市价分析

表 7.14 列示了在全样本及不同激励类型情况下，上市公司股权激励授予价与市价的比较情况。从表 7.14 中可以清晰地观察并得出结论：不管在股票期权组还是限制性股票组中，其股权激励的授予价格均显著小于草案公告日的收盘价。值得注意的是，获授的股票期权价格与草案公告日的收盘价均值差异很小，而限制性股票的差异则非常大，其授予价格的均值为 10.928，草案公告日的收盘价均值为 24.684，授予价格的折价率均值达到 55.73%，这也跟限制性股票激励的定价方式相关。

表 7.14　　　全样本及不同激励类型公司的授予价与市价分析

项目	全样本			股票期权			限制性股票		
	Mean	Std	T 值	Mean	Std	T 值	Mean	Std	T 值
授予价格	14.639	0.366	−19.29	18.974	0.617	−4.73	10.928	0.376	−21.05
草案公告日收盘价	22.813	0.600		20.405	0.666		24.684	0.944	
样本量（个）	1115			495			610		

7.6　本章小结

在本部分中，分别从股权激励考核基期的确定、行权解锁业绩考核值的确定以及从股权激励授予价格方面讨论了股权激励具体方案中的管理层机会主义行为。

在具体分析中，将股权激励公司的基期业绩与基期前一期的业绩进行比较后，发现股权激励公司的基期 ROE 均值显著低于基期前一期的 ROE 均值，基期净利润增长率均值也低于基期前一期的净利润增长率均值（虽然不显著），相较基期前一期的财务业绩偏低，上市公司选择了一个业绩较差的年度作为业绩考核基准年度，上市公司在股权激励考核基期的选择上存在机会主义行为。

从股权激励行权解锁业绩考核值的设定上看，不管上市公司考核的是净利润增长率还是净资产收益率，其第一个行权解锁考核期的值在各种情形下均显著小于基期值，说明上市公司设置的股权激励考核指标值偏低，上市公司在股权激励考核指标值的制定上也存在管理层机会主义行为。

在股权激励的授予价格方面，比较了股权激励公司的折/溢价率情况，分析了在各种折/溢价情况下，激励样本的样本数量和折/溢价均值，发现折价授予股权激励的公司数量远远大于溢价授予的公司数量，同时，折价 50% 以上授予股权激励股票的公司数量是各种情况下样本数量最多的，占到样本总数的 36.32%。之后，又对比分析了各种分类情况下股权激励股票的授予价格与市价差异，也证明了在各种细分情况下，股权激励授予价格显著低于股权激励草案公告日的市场价格，管理层在股权激励授予价格的确定上也存在机会主义行为。

在不同激励类型和不同所有权性质的上市公司中，国有企业在股权激励考核基期的确定上没有管理层机会主义行为，其考核基期的 ROE 和净利润增长率均大于基期前一期，而在民营企业、股票期权激励公司和限制性股票激励公司中，其在考核基期的确定上均存在机会主义行为。在股权激励考核值的确定以及授予价格的确定上，上市公司在各种分类情况下均存在机会主义行为。

第 8 章

股权激励的激励效果分析

在本书前面对股权激励管理层机会主义行为的分析中，笔者发现了股权激励实施过程中存在管理层机会主义行为的诸多证据，如管理层的机会主义择时行为、信息披露的机会主义行为、管理层盈余管理操纵的机会主义行为和公司在具体股权激励方案制定中的机会主义行为。在上市公司股权激励实施过程中存在这么多管理层机会主义行为的背景下，股权激励实施后是否仍然具有激励效果呢？其管理层机会主义行为对激励效果的影响是什么？在本章中，笔者将从公司业绩维度、代理成本维度以及企业创新维度探讨股权激励实施后的激励效果问题，并研究盈余管理的机会主义行为和管理层的机会主义择时行为对激励效果的影响。

8.1 理论分析与研究假设

根据委托代理理论和不完全契约理论，股权激励能够降低代理成本，让委托人和代理人之间的目标函数趋于一致，使经理人取得公司的部分剩余索取权，从而提高经理人的工作积极性，提升公司业绩。但是在股权激励的激励约束不足时，巨大的激励收益就可能诱使高管层进行机会主义投机、加大代理成本并影响股权激励效果。

在第 2 章的文献综述中，系统回顾了学术界对股权激励效果问题的研究成果，提到学术界对股权激励效果的衡量方式主要有两种：一是采用公司业绩来衡量股权激励效果；二是用代理成本的减少来衡量股权激励效果。

在本书研究的四种管理层机会主义行为对股权激励效果的影响上，盈余管理通过对财务的操控来影响公司业绩，其对公司业绩的影响无疑是最直接的，故而盈余管理会直接影响股权激励效果。而管理层的机会主义信息披露影响的是公司股价，管理层的机会主义择时行为通过对公司股价的观察和判断，确定股权激励的授予价格和行权解锁时的卖出时点，两者均不会对公司业绩产生直接影响。此外，股权激励具体方案中的管理层机会主义行为通过降低行权解锁难度等方式，为管理层的机会主义行为提供条件，也不能直接影响公司业绩。故而在四种管理层机会主义行为中，盈余管理对股权激励效果具有直接影响，本章也重点分析了两者的相关关系。此外，很多上市公司在股权激励行权解锁时存在机会主义择时行为，这些公司在行权解锁时的股价正好是公司过去 30 个交易日的最高位、第二高位和第三高位，之所以这些公司无惧股权激励股份的解禁，可能也与公司业绩优于其他公司相关，故而分析了股权激励中的管理层机会主义择时行为与公司业绩的相关关系。

除用公司业绩衡量股权激励效果外，代理成本的减少也是衡量股权激励效果的重要手段（唐雨虹等，2017）。代理成本主要包括非效率投资和在职消费，非效率投资又包括过度投资和投资不足。在学术界的研究中，鲜有管理层机会主义行为对代理成本影响的权威研究，故而股权激励中的管理层机会主义行为对代理成本具有重要影响的理论依据不足，在进一步分析中也只探讨了股权激励的实施对代理成本的影响，而未考虑管理层机会主义行为对代理成本的影响。

在最新股权激励领域的相关研究中，很多学者开始关注股权激励的实施对企业创新的影响，如王姝勋等（2017）、田轩等（2018）以及刘宝华等（2018）学者均对该问题进行了研究，在本章的研究中也将企业创新作为股权激励效果的衡量标准之一，探讨了股权激励的实施对企业创新的影响。

从研究文献上看，麦康奈尔和塞尔瓦斯（McConnell and Servaes，1990）研究了股权激励的实施对公司业绩的影响，发现其与公司业绩显著正相关；詹森等（Johnson et al.，2010）则比较了激励公司与其他公司在核心财务指标上的差异，发现对管理层进行股权激励后，激励样本的营业利润和现金流的增长幅度会显著高于其他公司，说明股权激励的实施具有显著的激励效果。从国内研究看，夏峰等（2014）研究了深圳上市公司截至 2014 年 4 月 30 日的股权激励实施效果问题，发现股权激励计划实施后，上市公司的业绩、市场表现、创新投入和公司治理水平方面均有提高。

除上述研究结论外，也有很多学者认为股权激励会促使管理层进行机会主义投机，从而使得股权激励的实施效果减弱。程和沃菲尔德（2005）认为股权激励实施后，管理层可能会因为巨大的股权激励收益而进行财务舞弊，从而加剧公司的盈余管理。许娟娟等（2016）也发现，剔除盈余管理的影响后，股权激励计划的实施和股权激励强度均与公司绩效没有显著的相关关系。高梦捷（2018）还发现了股权激励在公司战略对财务困境的影响中具有负向作用，说明股权激励的激励效果并不明显。

从代理成本角度来说，彭耿等（2016）认为对上市公司的激励效果会因为管理层的过度自信而弱化，而这种过度自信不仅会加剧上市公司的过度投资行为，而且对投资不足的抑制不显著。唐雨虹等（2017）也认为，股权激励的施行加剧了公司的过度投资行为，在职消费没有显著降低，公司业绩改善不明显，说明股权激励的施行没有提高激励效果。

除了从公司业绩与代理成本视角研究股权激励的激励效果外，还有许多学者从企业创新的角度研究股权激励的实施对企业创新的影响。王姝勋等（2017）、田轩等（2018）以及刘宝华等（2018）均对该问题进行过研究，并发现股权激励的实施确实提高了企业的创新能力。

在本章的研究中，笔者除了从各个维度系统总结与分析股权激励效果外，还研究了股权激励行权解锁公告前的管理层机会主义择时行为对激励效果的影响，而目前国内关于该问题的研究仍然匮乏。在第 4 章中，笔者指出，如果上市公司行权解锁公告日的股票收盘价是其过去 30 个交易日股票收盘价的最高位、第二高位或第三高位，则认为上市公司涉嫌行权解锁公告日操纵，即上市公司存在管理层机会主义择时行为。通过第 4 章的实证分析得知，部分上市公司在股权激励行权解锁公告前存在管理层机会主义择时行为，其行权解锁公告日的股价不仅是公司过去 30 个交易日的最高位、第二高位或第三高位，而且这部分上市公司的累计超额收益率在行权解锁公告日前也连续数日显著大于 0。一般来说，上市公司股权激励的行权解锁会在股权激励正式实施后 1 年进行，故而市场会对这部分股权激励的限售股解禁有明确预期，所以正常情况下上市公司的股价在股权激励行权解锁公告前会呈现下跌走势，笔者在第 4 章也论证了上市公司整体上在行权解锁公告前不存在管理层机会主义择时行为。但即便如此，也有部分上市公司涉嫌行权解锁公告日操纵，其股权激励行权解锁公告日的股票收盘价正好是公司过去 30 个交易日的最高位、第二高位或第三高位，其原因到底是什么呢？当然，影响上市公司股价走势的因素很多，可能上市公司行权解锁公告日的市场行情很好，所以投资者并未在意这些股权激励股份的解禁，但是否也可能是这部分上市公司的公司业绩本身比较好，即使投资者预期到了即将到来的股权激励股份解禁，但是也仍然作出了买入股票的决定，使得公司股价继续上涨。

根据上面的研究文献和理论分析，提出本章的研究假设如下。

假设一：上市公司股权激励的实施对公司业绩具有显著的正向影响。

假设二：盈余管理对公司业绩具有显著的负向影响。

假设三：股权激励强度越大，公司业绩越好。

假设四：涉嫌股权激励行权解锁公告日操纵的上市公司业绩更好。

假设五：从代理成本减少的视角看，股权激励实施后的激励效果有限。

假设六：股权激励的实施提高了企业的创新能力。

8.2 研究设计

8.2.1 研究方法

在本章的分析中，以 2009～2016 年正式行权解锁的股权激励样本为研究对象，通过回归模型着重分析了在全样本及不同股权激励模式和不同所有权性质情况下，股权激励是否行权解锁、盈余管理及股权激励强度等变量对公司业绩的影响。在完成回归分析后，又通过 PSM 分析对回归模型进行了内生性检验，之后又分别改变因变量、自变量以及控制变量对模型进行了稳健性检验。

在进一步分析中，分别探讨了管理层的机会主义择时行为对公司业绩的影响、股权激励的实施对代理成本的影响以及股权激励的实施对企业创新的影响。

需要指出的是，在第 6 章对股权激励实施过程中盈余管理行为的研究中，笔者已经证实了上市公司在股权激励考核基期及考核期均存在显著的真实盈余管理，而应计盈余管理不显著，故本部分在研究盈余管理对激励效果的影响时，笔者只考虑了真实盈余管理对激励效果的影响，此处的盈余管理也仅指真实盈余管理。

8.2.2 样本选取与数据来源

本章数据主要来自 Wind 数据库、国泰安数据库和笔者的手工整理，数据处理采用 Stata12 软件和 Excel 进行。

与之前样本的研究一样，本章也选取 2009 ~ 2016 年的 A 股上市公司为样本进行研究。为研究需要，按以下步骤进行了样本筛选：第一，剔除盈余管理计算数据缺失的样本；第二，剔除 ST、*ST 的样本及金融行业样本；第三，为消除极端值的影响，剔除资产负债率大于 1 以及总资产增长率大于 100% 及小于 − 50% 的样本，剔除主营业务收入增长率大于 200% 及小于 − 50% 的样本。经过上述处理后，得到 16705 个样本，其中，股权激励样本 924 个，非激励样本 15781 个。在计算真实盈余管理变量时，采用申万一级行业分类对样本分行业、分年份回归计算，所有样本均在 99% 和 1% 分位数上进行了缩尾处理。

样本的筛选过程如下：以 2009 ~ 2016 年 A 股所有上市公司 19279 个样本为基础，剔除金融业样本 409 个，剔除 ST 和 *ST 样本 887 个，剔除盈余管理计算数据缺失的样本 254 个，剔除资产负债率、营业收入增长率和总资产增长率异常的样本 1024 个。经过上述处理后，在股权激励考核期共得到 924 个行权解锁的激励样本和 15781 个非激励样本，合计 16705 个样本。

8.2.3　回归模型的构建

本章对激励效果问题的研究借鉴了林大庞等（2011）、周仁俊等（2012）、刘广生等（2013）研究股权激励效果的思路，构建了如下模型来考察公司股权激励是否行权解锁、股权激励强度以及真实盈余管理与公司业绩的关系，同时，将上市公司按所有权性质和激励方式进行分组，探讨了不同分组情况下各变量对激励效果的影响。本章的回归模型如下：

$$
\begin{aligned}
AdjROA_{i,t} = & \ a_1 + a_2 Jili_{i,t} + a_3 Incentive_{i,t} + a_4 EM_{i,t} + a_5 Controlratio_{i,t} \\
& + a_6 Shrz_{i,t} + a_7 Indratio_{i,t} + a_8 Duality_{i,t} + a_9 Broadsize_{i,t} \\
& + a_{10} Tagr_{i,t} + a_{11} Listyear_{i,t} + a_{12} State_{i,t} \\
& + a_{13} Lev_{i,t} + a_{14} Size_{i,t} + \varepsilon_{i,t}
\end{aligned}
\tag{8.1}
$$

8.2.4　回归模型的变量说明

8.2.4.1　因变量

因股权激励考核的财务业绩是扣除非经常性损益后的公司业绩，且公司取得的财务业绩可能是由于行业变化引起，而非是股权激励的因素导致，故本书采用剔除行业中位数的扣非总资产收益率 $AdjROA_{i,t}$ 作为因变量，衡量公司业绩和股权激励效果。

8.2.4.2　自变量

（1）是否进行股权激励。我们用 $Jili_{i,t}$ 表示公司股权激励是否行权解锁，如果上市公司在 2009～2016 年间的股权激励正式行权或解锁，则取值为 1，否则取值为 0，同一公司不同年份的行权解锁样本视为两个样本。

（2）股权激励强度。对于股权激励强度的计算，本书参照柯尔和盖（Core and Guay，2002）、伯格斯特里瑟和菲利普（Bergstresser and Philippon，2006）的方法，考虑公司股价每上涨 1% 对管理者薪酬的影响，用 $Incentive_{i,t}$ 来衡量，具体见下式：

$$Incentive_{i,t} = \left[0.01 price_{i,t} \left(Options_{i,t} + Share_{i,t} \right) \right]$$
$$/ \left[0.01 price_{i,t} \left(Options_{i,t} + Share_{i,t} \right) + Salary_{i,t} \right] \tag{8.2}$$

式（8.2）中，$price_{i,t}$ 表示 t 年末 i 公司的股票收盘价，$Share_{i,t}$ 和 $Options_{i,t}$ 分别表示 i 公司管理层在 t 年末持有的股票和期权数量，$Salary_{i,t}$ 表示 i 公司管理层 t 年的现金薪酬，包括年薪和各类津贴等。

（3）真实盈余管理。在前面的分析中，已经用 PSM 模型比较了激励样本与匹配样本在应计盈余管理和真实盈余管理上的差异，发现样本在股权激励考核基期及考核期均存在显著的真实盈余管理现象，而应计盈余管理在股权激励考核基期和考核期均不显著。故此处我们只研究真实盈余管理对股权激励效果的影响。对于真实盈余管理的计量，根据第 6 章真实盈余管理的计算公式，并根据李增福等（2011）的研究，构造了综合衡量真实盈余管理的指标 $EM_{i,t}$ 如下：

$$EM_{i,t} = R\_PROD_{i,t} - R\_CFO_{i,t} - R\_DISX_{i,t} \tag{8.3}$$

8.2.4.3　控制变量

在控制变量的选取上，分别从股权结构、公司治理、公司规模等维度选取了 10 个变量作为控制变量，分别是公司第一大股东持股比例 $Controlratio_{i,t}$、Z 指数

（第一大股东持股比例与第二大股东持股比例的比值）$Shrz_{i,t}$、独立董事比 $Indratio_{i,t}$、董事会规模 $Broadsize_{i,t}$、总资产增长率 $Tagr_{i,t}$、上市年限 $Listyear_{i,t}$、公司所有权性质 $State_{i,t}$、公司资产负债率 $Lev_{i,t}$ 和公司规模 $Size_{i,t}$。本书回归模型的变量说明如表 8.1 所示。

表 8.1　　　　　　　　　　　　　　回归模型的变量说明

变量	变量名称	变量说明
$AdjROA_{i,t}$	中位数调整后的公司业绩	扣除非经常性损益后的净利润/上期总资产 – 行业扣非总资产收益率中位数
$Jili_{i,t}$	股权激励是否行权解锁	如果样本在 2009～2016 年间行权或解锁，则取值为 1，否则取值为 0
$Incentive_{i,t}$	股权激励强度	计算公式见（8.2）
$EM_{i,t}$	真实盈余管理	计算公式见（8.3）
$Controlratio_{i,t}$	第一大股东持股比例	第一大股东持股股份数/总股本
$Shrz_{i,t}$	Z 指数	第一大股东持股比例/第二大股东持股比例
$Indratio_{i,t}$	独立董事比	独立董事人数/董事会人数
$Duality_{i,t}$	两职合一	若董事长和总经理是同一人，则取值为 1，否则取值为 0
$Broadsize_{i,t}$	董事规模	董事会人数
$Tagr_{i,t}$	总资产增长率	总资产的变动/上期总资产
$Listyear_{i,t}$	上市年限	以 2016 年为准，2016 年上市则取值为 0，2015 年上市则取值为 1，其余年限以此类推
$State_{i,t}$	所有权性质	若公司是国有企业，则取值为 1，否则取值为 0，表示民营企业
$Lev_{i,t}$	资产负债率	总负债/总资产
$Size_{i,t}$	公司规模	公司总资产的自然对数
Year	年度变量	年度虚拟变量
Ind	行业变量	行业虚拟变量

8.3　股权激励效果的回归分析

8.3.1　变量的描述性统计

表 8.2 列示了主要回归变量的描述性统计结果。从表 8.2 可以看出，全样本组中经行业中位数调整后的公司业绩 $AdjROA_{i,t}$ 均值为 0.004，但国企 $AdjROA_{i,t}$ 均值为 −0.007，小于民营企业的均值 0.013，说明民营企业的经营业绩比国有企业和整体样本好；从股票期权和限制性股票组看，列（4）股票期权组的 $AdjROA_{i,t}$ 均值为 0.044，大于列（5）限制性股票组的 $AdjROA_{i,t}$ 均值 0.039，说明股票期权激励公司经行业中位数调整后的公司业绩比限制性股票激励公司好。

表 8.2　　　　　　　　　　回归模型的描述性统计分析

变量	全样本 (1)		所有权性质				激励类型			
			民营企业（2）		国有企业（3）		股票期权（4）		限制性股票（5）	
	Mean	Std	Mean	Std	Mean	Std	Mean	Std	Mean	Std
$AdjROA_{i,t}$	0.004	0.061	0.013	0.063	−0.007	0.056	0.044	0.059	0.039	0.058
$Jili_{i,t}$	0.055	0.229	0.090	0.286	0.011	0.103	1.000	0	1.000	0
$Incentive_{i,t}$（N = 924）	0.589	0.305	0.616	0.294	0.293	0.263	0.594	0.307	0.584	0.303
$EM_{i,t}$	−0.091	3.835	−0.171	4.287	0.011	3.155	−0.021	4.112	0.136	3.811
$Controlratio_{i,t}$（%）	35.890	15.181	33.267	14.409	39.275	15.479	31.893	13.636	31.224	13.654
$Shrz_{i,t}$	12.169	20.927	7.771	14.276	17.846	26.135	6.305	8.671	6.690	9.320
$Indratio_{i,t}$	0.372	0.055	0.374	0.054	0.368	0.056	0.377	0.052	0.380	0.063
$Duality_{i,t}$	0.237	0.425	0.346	0.476	0.096	0.294	0.386	0.487	0.309	0.462
$Broadsize_{i,t}$	8.797	1.753	8.374	1.505	9.343	1.894	8.606	1.578	8.414	1.689
$Tagr_{i,t}$（%）	14.453	20.617	16.794	22.583	11.432	17.302	25.464	22.690	21.095	19.799
$Listyear_{i,t}$	12.361	6.667	9.554	6.210	15.983	5.361	9.319	5.310	8.588	5.428
$State_{i,t}$	0.437	0.496	0	0 −	1	0 −	0.104	0.306	0.067	0.250
$Lev_{i,t}$（%）	43.783	21.092	37.629	20.025	51.725	19.738	40.481	19.861	35.786	16.867
$Size_{i,t}$	21.997	1.259	21.583	1.031	22.531	1.322	22.265	1.180	22.042	1.017
N	16705		9412		7293		442		478	

从股权激励是否行权解锁变量 $Jili_{i,t}$ 看，全体样本中合计约有 5.5% 的股权激励样本在考核期行权解锁；分组来看，民营企业组约有 9% 的样本行权解锁，高于全样本均值 5.5% 和国有企业 1.1% 的比例。因行权解锁的股票期权样本和限制性股票样本必然是行权解锁样本，故其均值为 1，标准差为 0。

从股权激励强度 $Incentive_{i,t}$ 看，因为未实施股权激励的公司不存在股权激励强度问题，所以只统计了 924 个激励样本的股权激励强度，并按照所有权性质和激励类型对样本进行了分类。整体上看，股权激励强度均值为 0.589，标准差为 0.305，同时，民营企业组的股权激励强度均值达到 0.616，大于国有企业组的激励强度均值 0.293，说明民营上市公司的股权激励强度大于国有上市公司和全样本。而从股票期权激励公司和限制性股票激励公司看，两者的股权激励强度分别为 0.594 和 0.584，差异不大。

从盈余管理 $EM_{i,t}$ 值上看，样本整体盈余管理均值为 −0.091，说明样本公司整体上存在向下的盈余管理，但这并不意味着股权激励行权解锁的 924 个样本存在向下的盈余管理。在按不同激励类型对样本进行分组后发现，限制性股票激励公司的真实盈余管理均值为 0.136，大幅度高于股票期权激励公司的均值 −0.021 和全样本盈余管理均值，这说明限制性股票激励公司在行权解锁考核年度可能存在向上的真实盈余管理，而股票期权样本则存在比较轻微的负向盈余管理。

从股权结构的两个控制变量看，第一大股东持股比例 $Controlratio_{i,t}$ 均值为 35.89%，该值在各种分类情况下的差异不大。从 Z 指数 $Shrz_{i,t}$ 看，全样本均值为 12.169，说明第一大股东持股比例平均来说是第二大股东持股比例的 12.169 倍，但是样本间差异较大，标准差达到 20.927。分组来看，可以发现，国有企业 Z 指数较大是导致全样本 Z 指数大的主要原因，国有企业的 Z 指数平均值达到 17.846，而民营企业的 Z 指数值仅为 7.771。

从公司治理的三个控制变量独立董事比例 $Indratio_{i,t}$、两职合一 $Duality_{i,t}$ 和董事会规模 $Broadsize_{i,t}$ 看：独立董事比例 $Indratio_{i,t}$ 的值在各种情况下变化都不大，都在 0.37 左右，略高于 1/3；两职合一变量 $Duality_{i,t}$ 在全样本情况下的均值为 0.237，说明更多的上市公司总经理和董事长职务是分离的；样本的董事会规模基本都围绕在 9 附近，说明大部分上市公司的董事会人数都在 9 人左右。

从成长性变量总资产增长率上看，全样本的总资产增长率 $Tagr_{i,t}$ 均值为 14.453%，处于较高水平；分组来看，民营企业组的总资产增长率达到 16.794%，高于国有企业组的 11.432% 和行业平均水平。从股票期权组和限制性股票组看，两组的总资产增长率分别为 25.464% 和 21.095% ，都大幅高于上市公司的整体水平，说明不管在哪种激励类型情况下，股权激励公司的成长性都要高于上市公司整体水平。

从上市年限看，截至 2016 年末，样本整体平均上市年限达到 12.361 年；细分来看，国有企业样本的平均上市年限达到 15.983 年，远高于民营企业的 9.554 年；从已经行权解锁的股票期权和限制性股票公司看，其平均上市年限分别为 9.319 年和 8.588 年，上市年限较上市公司整体水平更短。

从公司所有权性质变量 $State_{i,t}$ 看，民营企业样本有 9412 个，而国有企业样本为 7293 个；在正式行权解锁的股票期权公司和限制性股票公司中，$State_{i,t}$ 均值分别为 0.104 和 0.067 ，说明绝大多数的股票期权样本和限制性股票样本都是民营企业。

从资产负债率 $Lev_{i,t}$ 变量看，除国有企业组外，其余各组的资产负债率均低于50% ；从行权解锁的股票期权和限制性股票上市公司看，其资产负债率分别为 40.481% 和 35.786% ，低于全样本均值 43.783% 。说明股权激励已经行权解锁的上市公司资产负债率更低。

从公司规模看，各组公司总资产的自然对数 $Size_{i,t}$ 基本在 22 左右，变化较小。

8.3.2 皮尔森相关系数分析

表 8.3 列示了回归模型分析中各变量的皮尔森相关系数情况。总体上看，除公司股权激励是否行权解锁与股权激励强度的相关系数达到 0.883 外（之所以两者的相关系数如此之高，主要是因为只有股权激励已经行权解锁的公司才有股权激励强度，没有实施股权激励的公司股权激励强度全部为 0），其余各变量间的相关系数基本都小于 0.5 。

表 8.3　　　　　　　　　回归变量的相关系数分析

变量	AdjROA	Jili	Incentive	EM	Controlratio	Shrz	Indratio
$AdjROA_{i,t}$	1						
$Jili_{i,t}$	0.150 ***	1					
$Incentive_{i,t}$	0.149 ***	0.883 ***	1				
$EM_{i,t}$	− 0.015 *	0.009	0.013 *	1			

续表

变量	AdjROA	Jili	Incentive	EM	Controlratio	Shrz	Indratio
Controlratio$_{i,t}$	0.121 ***	− 0.070 ***	− 0.080 ***	0.018 **			
Shrz$_{i,t}$	− 0.089 ***	− 0.066 ***	− 0.068 ***	0.006	0.432 ***	1	
Indratio$_{i,t}$	− 0.023 ***	0.029 ***	0.027 ***	− 0.002	0.049 ***	0.011	1
Duality$_{i,t}$	0.073 ***	0.062 ***	0.078 ***	− 0.006	− 0.056 ***	− 0.108 ***	0.103 ***
Broadsize$_{i,t}$	0.007	− 0.040 ***	− 0.053 ***	0.016 **	0.025 ***	0.021 ***	− 0.422 ***
Tagr$_{i,t}$	0.365 ***	0.102 ***	0.115 ***	0.019 **	− 0.005	− 0.104 ***	0.002
Listyear$_{i,t}$	− 0.226 ***	− 0.124 ***	− 0.157 ***	0.022 ***	− 0.051 ***	0.232 ***	− 0.059 ***
State$_{i,t}$	− 0.160 ***	− 0.172 ***	− 0.170 ***	0.024 ***	0.196 ***	0.239 ***	− 0.060 ***
Lev$_{i,t}$	− 0.351 ***	− 0.066 ***	− 0.087 ***	0.039 ***	0.069 ***	0.150 ***	− 0.017 **
Size$_{i,t}$	− 0.023 ***	0.029 ***	− 0.003	0.048 ***	0.243 ***	0.123 ***	0.021 ***

变量	Duality$_{i,t}$	Broadsize$_{i,t}$	Tagr$_{i,t}$	Listyear$_{i,t}$	State$_{i,t}$	Lev$_{i,t}$	Size$_{i,t}$
Duality$_{i,t}$	1						
Broadsize$_{i,t}$	0.143 ***	1					
Tagr$_{i,t}$	0.020 ***	− 0.013 *	1				
Listyear$_{i,t}$	0.212 ***	0.145 ***	− 0.203 ***	1			
State$_{i,t}$	0.274 ***	0.274 ***	− 0.129 ***	0.478 ***	1		
Lev$_{i,t}$	0.142 ***	0.174 ***	0.016 **	0.414 ***	0.331 ***	1	
Size$_{i,t}$	0.172 ***	0.297 ***	0.064 ***	0.279 ***	0.374 ***	0.519 ***	1

注：* $p < 0.1$，** $p < 0.05$，*** $p < 0.01$。

从表8.3还可以看出，经行业中位数调整的公司业绩 AdjROA$_{i,t}$ 与公司股权激励是否行权解锁 Jili$_{i,t}$ 及股权激励强度 Incentive$_{i,t}$ 呈正相关关系，其相关系数分别为0.150和0.149，并在1%的显著性水平上显著，而 AdjROA$_{i,t}$ 则与真实盈余管理 EM$_{i,t}$ 负相关，并在10%的显著性水平上显著，相关系数为 − 0.015。

在 AdjROA$_{i,t}$ 与其他控制变量的关系上，可以看出，AdjROA$_{i,t}$ 与第一大股东持股比例 Controlratio$_{i,t}$、两职合一 Duality$_{i,t}$ 以及总资产增长率 Tagr$_{i,t}$ 呈正相关关系，并在1%的显著性水平上显著，说明第一大股东持股比例越大、董事长和总经理两职越集中、公司成长越快，公司业绩越好。同时，AdjROA$_{i,t}$ 与Z指数 Shrz$_{i,t}$、独立董事比例 Indratio$_{i,t}$、上市年限 Listyear$_{i,t}$、公司性质 State$_{i,t}$、资产负债率 Lev$_{i,t}$ 及公司规模 Size$_{i,t}$ 呈负相关关系，说明第一大股东持股比例与第二大股东持股比例的比值越小、独立董事比例越小、上市年限越短、为民营企业、负债率越低、公司规模更小时，公司业绩越好。

8.3.3 全样本及不同所有权性质公司的激励效果分析

表8.4列示了在全样本及不同所有权性质情况下，上市公司股权激励效果的回归分析结果。从总体上看，全样本组的样本总数为16705个，其中，民营企业组的公司数量为9412个，国有企业组为7293个。从模型整体解释力上看，在全样本组及民营企业组和国有企业组三种分类下，R^2分别为0.383、0.370和0.388，说明模型整体解释力较好。为控制行业因素和年份因素对回归效果的影响，笔者还对行业变量和年份变量进行了控制。

表8.4　　　　　　　　全样本及不同所有权性质公司的激励效果分析

变量	全样本	所有权性质	
	(1)	民营企业组 (2)	国有企业 (3)
$Jili_{i,t}$	0.018 *** (5.19)	0.012 *** (2.85)	0.021 *** (2.77)
$Incentive_{i,t}$	0.013 ** (2.52)	0.019 *** (3.25)	0.081 *** (4.18)
$EM_{i,t}$	−0.0003 *** (−2.70)	−0.0003 ** (−2.19)	−0.0003 * (−1.69)
$Controlratio_{i,t}$	0.001 *** (18.99)	0.001 *** (16.75)	0.000 *** (9.27)
$Shrz_{i,t}$	−0.0002 *** (−8.72)	−0.0003 *** (−7.12)	−0.0001 *** (−4.90)
$Indratio_{i,t}$	−0.033 *** (−4.35)	0.002 (0.13)	−0.057 *** (−5.63)
$Duality_{i,t}$	0.0002 (0.19)	−0.002 (−1.44)	0.003 * (1.65)
$Broadsize_{i,t}$	0.001 ** (2.05)	0.002 *** (4.15)	0.000 (0.20)
$Tagr_{i,t}$	0.001 *** (49.78)	0.001 *** (37.84)	0.001 *** (30.25)
$Listyear_{i,t}$	−0.0003 *** (−4.19)	−0.0003 *** (−3.04)	−0.0002 * (−1.70)

变量	全样本	所有权性质	
	（1）	民营企业组（2）	国有企业（3）
State$_{i,t}$	-0.006 *** （-6.31）	—	—
Lev$_{i,t}$	-0.001 *** （-54.06）	-0.001 *** （-37.70）	-0.001 *** （-39.28）
Size$_{i,t}$	0.010 *** （23.60）	0.010 *** （16.16）	0.009 *** （17.88）
_cons	-0.163 *** （-18.07）	-0.207 *** （-14.20）	-0.143 *** （-12.23）
Year&Ind	控制	控制	控制
N	16705	9412	7293
R^2	0.383	0.370	0.388
F	211.321	114.605	95.836
p	0.000	0.000	0.000

注：* p<0.1，** p<0.05，*** p<0.01。

从表8.4可以看出，在全样本情况下，激励效果与股权激励是否行权解锁及股权激励强度呈正相关关系，其回归系数分别为0.018和0.013，并分别在1%和5%的显著性水平上显著；公司真实盈余管理EM与股权激励效果负相关，其回归系数为-0.0003，并在1%的显著性水平上显著。从其他控制变量上看，公司第一大股东持股比例、董事会人数、总资产增长率及公司规模均与激励效果呈显著正相关关系，说明第一大股东持股比例越高、董事会人数越多、总资产增长率越快、公司规模越大，公司的股权激励效果越好。此外，公司Z指数、独立董事比例、上市年限、公司性质及公司资产负债率均与股权激励效果显著负相关。

在民营企业组和国有企业组中，其回归系数的符号和显著性与全样本组的情况基本一致，股权激励效果与股权激励是否行权解锁及股权激励强度均呈正相关关系，并与真实盈余管理负相关，且T检验的显著性显著。但是从回归系数的值上看，笔者还发现，国有企业组股权激励是否行权解锁的回归系数为0.021，大于民营企业组的回归系数0.012，也大于全样本组的0.018，说明国有企业实施股权激励后，其激励效果的提升会更大。从股权激励强度系数Incentive$_{i,t}$上也能看出，国有企业组的回归系数为0.081，大于民营企业组的0.019，这也说明在同样的股权激励强度下，国有企业的激励效果更好。

8.3.4 全样本及不同激励类型公司的激励效果分析

表8.5列示了全样本及不同激励类型公司关于股权激励效果回归分析结果。全样本情况下的回归分析结果与前面一致。但是股票期权激励公司和限制性股票激励公司的回归分析结果却与全样本组有所差异。因股票期权样本和限制性股票样本是股权激励计划已经行权解锁的样本，所以两者在样本数量上均不到500个，显著少于全样本。

表8.5　　　　　全样本及不同激励类型公司的激励效果分析

变量	全样本（1）	股票期权组（2）	限制性股票组（3）
$Jili_{i,t}$	0.018 *** (5.19)	—	—
$Incentive_{i,t}$	0.013 ** (2.52)	0.044 *** (4.43)	0.009 (0.92)
$EM_{i,t}$	− 0.000 *** (− 2.70)	− 0.000 (− 0.06)	− 0.002 *** (− 3.48)
$Controlratio_{i,t}$	0.001 *** (18.99)	0.000 (1.07)	0.0008 *** (3.39)
$Shrz_{i,t}$	− 0.000 *** (− 8.72)	0.000 (0.14)	− 0.001 (− 1.48)
$Indratio_{i,t}$	− 0.033 *** (− 4.35)	− 0.005 (− 0.09)	− 0.054 (− 1.19)
$Duality_{i,t}$	0.0002 (0.19)	− 0.004 (− 0.70)	0.000 (0.02)
$Broadsize_{i,t}$	0.001 ** (2.05)	− 0.002 (− 1.05)	− 0.003 * (− 1.72)
$Tagr_{i,t}$	0.001 *** (49.78)	0.001 *** (6.87)	0.001 *** (6.45)
$Listyear_{i,t}$	− 0.000 *** (− 4.19)	0.001 (1.15)	0.000 (0.18)
$State_{i,t}$	− 0.006 *** (− 6.31)	0.023 *** (2.67)	0.051 *** (4.66)

续表

变量	全样本（1）	股票期权组（2）	限制性股票组（3）
$Lev_{i,t}$	− 0.001 *** (− 54.06)	− 0.001 *** (− 6.87)	− 0.002 *** (− 10.21)
$Size_{i,t}$	0.010 *** (23.60)	0.008 ** (2.37)	0.014 *** (4.19)
_cons	− 0.163 *** (− 18.07)	− 0.088 (− 1.31)	− 0.182 ** (− 2.36)
Year&Ind	控制	控制	控制
N	16705	442	478
R^2	0.383	0.478	0.415
F	211.321	7.872	6.649
p	0.000	0.000	0.000

注：* $p < 0.1$，** $p < 0.05$，*** $p < 0.01$。

整体上看，股票期权激励公司的样本数量为 442 个，限制性股票激励公司的数量为 478 个，R^2 分别为 0.478 和 0.415，说明模型整体解释力较强。在回归系数及其显著性上，可以发现，股票期权组的股权激励强度与激励效果正相关，且在 1% 的显著性水平上显著，盈余管理虽然与激励效果负相关，但是不显著。在限制性股票组中，股权激励强度与激励效果虽然正相关，但是也不显著，而盈余管理则与激励效果呈负相关关系，其回归系数为 − 0.002，且在 1% 的显著性水平上显著。

在股票期权组和限制性股票组中，能够发现，公司所有权性质变量回归系数的符号与全样本回归情况下的符号完全相反，且在 1% 的水平上显著，说明在全样本组中，越是民营企业，样本剔除行业中位数后的公司业绩就越好。但是在股权激励行权解锁的样本中，不管是采取股票期权激励还是限制性股票激励，国有企业的激励效果都更好。在其他控制变量中，总资产增长率及公司规模在股票期权激励和限制性股票激励方式下都与股权激励效果正相关，说明资产增长率越快、资产规模越大，公司的激励效果越好，而公司资产负债率则与激励效果负相关，说明上市公司的资产负债率越低，公司的激励效果就越好。

8.3.5　回归模型的多重共线性检验

为检验模型是否存在多重共线性，对全样本及各种分类情况下的回归模型进行了多重共线性检验。在上面对变量的相关系数分析中已经提到，各变量间的相关系数基本都小于0.5（公司股权激励是否行权解锁与股权激励强度的相关系数除外），各变量间的相关性不明显。表8.6列示了回归模型多重共线性检验的VIF值，可以发现，模型各变量在下面几种分类回归情况下的VIF值均小于10，说明回归模型在各种情况下均不存在多重共线性。

表8.6 　　　　　　　　　　　回归模型的多重共线性分析

变量	VIF				
	全样本	民营企业	国有企业	股票期权	限制性股票
$Jili_{i,t}$	4.64	5.18	2.3	—	—
$Incentive_{i,t}$	4.67	5.21	2.29	2.04	1.96
$EM_{i,t}$	1.01	1.02	1.02	1.15	1.1
$Controlratio_{i,t}$	1.47	1.37	1.61	1.9	2.24
$Shrz_{i,t}$	1.38	1.29	1.4	1.99	1.85
$Indratio_{i,t}$	1.27	1.51	1.18	1.86	1.79
$Duality_{i,t}$	1.14	1.07	1.03	1.46	1.14
$Broadsize_{i,t}$	1.49	1.6	1.29	2.03	2.06
$Tagr_{i,t}$	1.13	1.15	1.11	1.44	1.21
$Listyear_{i,t}$	1.93	1.86	1.25	2.48	3.11
$State_{i,t}$	1.7	—	—	1.48	1.65
$Lev_{i,t}$	1.73	1.71	1.48	2.65	2
$Size_{i,t}$	1.94	1.68	1.79	3.14	2.49

8.3.6　回归模型的内生性检验

股权激励的实施与公司业绩可能存在一定的内生性关系，业绩更好的上市公司可能更偏向于实施股权激励。故而通过倾向得分匹配模型，比较了实施股权激励的上市公司与非激励公司在公司业绩上的差异，以分析实施了股权激励的上市公司业绩更好的结论是否仍然成立。

在第6章研究管理层的盈余管理问题时，已经运用倾向得分匹配法对上市公司进行研究，比较了激励公司与非激励公司在盈余管理上的差异。在使用倾向得分匹配法解决模型的内生性问题时，笔者仍然使用与研究股权激励盈余管理相同的模型对激励效果进行分析，其基本 logit 回归模型如下：

$$Jili_{i,t} = a_1 + a_2 Shrz_{i,t} + a_3 Shrcr5_{i,t} + a_4 Indratio_{i,t} + a_5 Broadsize_{i,t} + a_6 Mpay_{i,t}$$
$$+ a_7 Mpayincome_{i,t} + a_8 Fixedassetratio_{i,t} + a_9 BM_{i,t} + a_{10} Regr_{i,t} + a_{11} Listyear_{i,t}$$
$$+ a_{12} State_{i,t} + a_{13} Lev_{i,t} + a_{14} Size_{i,t} + \varepsilon_{i,t} \qquad (8.4)$$

在前面的分析中，笔者已经对该模型的匹配效果进行过验证，Z 指数、前五大股东持股比例之和等各个变量均对上市公司是否进行股权激励具有显著影响。此外，笔者也利用了在股权激励倾向得分匹配分析的 logit 模型中经常使用的 $Pseudo - R^2$ 和 AUC 两个指标来衡量模型的匹配效果，经过实证分析，得到 $Pseudo - R^2$ 和 AUC 的值分别为 0.236 和 0.857，模型回归效果较好。之后，我们还检验了模型是否满足共同支持假设和独立性假设的问题，结果也验证通过。

8.3.6.1　全样本公司的内生性检验

表 8.7 列示了采用最近邻匹配、半径匹配和核匹配三种匹配方法下的公司业绩 ROA、经行业业绩中位数调整后的公司业绩 AdjROA 以及经过行业业绩中位数和真实盈余管理调整后的公司业绩 AdjROA_EM 匹配前后的差异。从表 8.7 可以看出，PSM 匹配后，激励组的公司业绩 ROA 和经过中位数调整后的公司业绩 AdjROA 在三种匹配方法下均大于控制组，平均处理效应 ATT 均大于 0，且 T 值均大于 2.58，说明股权激励的实施提高了上市公司业绩，激励效果显著。

表 8.7　　　　　　　　　　　　　　全样本公司的内生性分析

匹配方式	变量	匹配阶段	激励组	控制组	ATT	标准差	T - stat
最近邻匹配	ROA	匹配前	0.078	0.035	0.042	0.002	21.91
		匹配后	0.078	0.061	0.017	0.003	5.68
	AdjROA	匹配前	0.042	0.002	0.040	0.002	19.6
		匹配后	0.042	0.025	0.017	0.003	5.24
	AdjROA_EM	匹配前	-0.009	0.106	-0.115	0.130	-0.89
		匹配后	-0.009	0.294	-0.303	0.201	-1.51
半径匹配	ROA	匹配前	0.078	0.035	0.042	0.002	21.91
		匹配后	0.077	0.060	0.017	0.002	7.65
	AdjROA	匹配前	0.042	0.002	0.040	0.002	19.6
		匹配后	0.041	0.024	0.017	0.002	7.27
	AdjROA_EM	匹配前	-0.009	0.106	-0.115	0.130	-0.89
		匹配后	0.009	0.193	-0.184	0.157	-1.17

续表

匹配方式	变量	匹配阶段	激励组	控制组	ATT	标准差	T－stat
核匹配	ROA	匹配前	0.078	0.035	0.042	0.002	21.91
		匹配后	0.078	0.058	0.020	0.002	9.85
	AdjROA	匹配前	0.042	0.002	0.040	0.002	19.6
		匹配后	0.042	0.022	0.020	0.002	9.27
	AdjROA_EM	匹配前	－0.009	0.106	－0.115	0.130	－0.89
		匹配后	－0.009	0.187	－0.196	0.146	－1.35
样本总数（个）			924				

在考虑盈余管理的影响因素后，三种匹配方法下激励组经过行业中位数和真实盈余管理调整的公司业绩 AdjROA_EM 均小于控制组，平均处理效应也为负，但 T 检验不显著。说明在考虑盈余管理的因素后，激励组的公司业绩小于控制组，盈余管理对公司业绩具有负向影响。

8.3.6.2 不同所有权性质公司的内生性检验

表8.8 列示了在三种 PSM 匹配方法下，民营企业和国有企业回归模型的内生性检验结果。从表8.8 可以看出，不管是对民营企业还是国有企业，公司的激励效果 ROA 及剔除行业 ROA 中位数后的激励效果 AdjROA 的平均处理效应均大于0，且 T 值都大于2.58，这说明不管是在国有企业还是在民营企业，股权激励的实施均产生了显著的激励效果。

表8.8 不同所有权性质公司的内生性分析

匹配方式	变量	民营企业样本		国有企业样本	
		ATT	T－stat	ATT	T－stat
最近邻匹配	ROA	0.017	6.65	0.024	2.57
	AdjROA	0.017	6.22	0.025	2.58
	AdjROA_EM	－0.324	－1.79	0.066	0.18
半径匹配	ROA	0.018	7.44	0.024	3.19
	AdjROA	0.017	6.87	0.027	3.4
	AdjROA_EM	－0.207	－1.16	－0.054	－0.15
核匹配	ROA	0.018	8.24	0.04	5.22
	AdjROA	0.018	7.73	0.039	4.95
	AdjROA_EM	－0.229	－1.42	－0.123	－0.36
样本总数（个）		846		78	

与全样本的情况相似，在考虑盈余管理的因素后，民营企业和国有企业的公司业绩都发生了重大变化，AdjROA_EM 的平均处理效应在三种匹配方法下都小于 0，但是 T 值在大部分情况下都不显著。这说明在考虑盈余管理因素后，国有企业和民营企业均没有激励效果，其剔除行业业绩中位数和盈余管理影响后的公司业绩甚至低于匹配样本，盈余管理对公司业绩产生了负向影响。

8.3.6.3　不同激励类型公司的内生性检验

表 8.9 列示了不同激励类型公司通过 PSM 模型进行内生性检验的检验结果。可以看出，其匹配效果与全样本组及国有企业组和民营企业组非常相似。在未考虑盈余管理因素前，股票期权激励公司和限制性股票激励公司的业绩 ROA 以及剔除行业业绩中位数后的公司业绩 AdjROA，在三种 PSM 匹配方法下的平均处理效应 ATT 均大于 0，且 T 值都大于 2.58，这说明股权激励的实施提高了公司业绩，但在剔除盈余管理的影响后，AdjROA_EM 在三种匹配方法下的平均处理效应均小于 0，其业绩低于匹配样本，说明盈余管理对公司业绩产生了负向影响。

表 8.9　　　　　　　　　　　不同激励类型公司的内生性分析

匹配类型	变量	股票期权样本		限制性股票样本	
		ATT	T − stat	ATT	T − stat
最紧邻匹配	ROA	0.020	5.16	0.015	4.13
	AdjROA	0.020	4.88	0.014	3.57
	AdjROA_EM	− 0.240	− 0.94	− 0.383	− 1.44
半径匹配	ROA	0.020	6.92	0.014	5.45
	AdjROA	0.021	6.81	0.013	4.77
	AdjROA_EM	− 0.050	− 0.24	− 0.328	− 1.74
核匹配	ROA	0.023	8.77	0.018	7.45
	AdjROA	0.024	8.53	0.017	6.52
	AdjROA_EM	− 0.133	− 0.68	− 0.277	− 1.58
样本总数（个）		442		478	

8.3.7　回归模型的稳健性检验

为检验模型的回归结果是否稳健，分别按以下方法对模型的稳健性进行了检验：首先，改变因变量：用剔除行业平均数的公司业绩代替剔除行业中位数的公司业绩，并对模型进行回归分析；其次，改变自变量：用申万三级行业分类计算得到的真实盈余管理 EM3，代替申万一级行业分类计算得到的真实盈余管理对模型进行回归分析；最后，改变控制变量：用权益负债比 Debtequi（总负债/股东权益）替代资产负债率衡量公司的财务杠杆，并重新对模型进行回归分析。

8.3.7.1 因变量改变后的稳健性检验

在上面的分析中，为衡量剔除行业因素对公司业绩的影响，用剔除行业 ROA 中位数后的公司业绩 AdjROA 作为因变量，并对模型进行回归分析。为检验模型的稳健性，我们采用剔除行业 ROA 平均数的公司业绩作为因变量对模型进行回归分析，以观察回归分析的结论是否稳健。

表 8.10 列示了在全样本及各种分类情况下，模型改变因变量后的回归分析结果。可以看出，因变量改变后，在全样本及各种分类情况下，变量回归系数的符号及显著性都没有发生太大变化。例如，不管在全样本组、民营企业组还是国有企业组，股权激励是否行权解锁及股权激励强度仍然与剔除行业平均数后的激励效果显著正相关，而盈余管理与之显著负相关。在股票期权组，股权激励强度与激励效果正相关，而盈余管理与之的相关性不显著；在限制性股票组，盈余管理与激励效果显著负相关，而股权激励强度与激励效果的相关性不显著。

表 8.10   因变量改变后的稳健性分析

变量	全样本（1）	民营企业（2）	国有企业（3）	股票期权（4）	限制性股票（5）
$Jili_{i,t}$	0.016 *** (4.84)	0.010 ** (2.51)	0.018 ** (2.53)	—	—
$Incentive_{i,t}$	0.016 *** (3.26)	0.022 *** (3.83)	0.089 *** (4.95)	0.045 *** (4.78)	0.009 (0.96)
$EM_{i,t}$	-0.000 *** (-3.36)	-0.000 ** (-2.57)	-0.000 ** (-2.40)	0.000 (0.20)	-0.002 *** (-3.11)
$Controlratio_{i,t}$	0.001 *** (20.31)	0.001 *** (17.44)	0.000 *** (10.54)	0.000 * (1.86)	0.001 *** (3.70)
$Shrz_{i,t}$	-0.000 *** (-9.79)	-0.000 *** (-7.27)	-0.000 *** (-6.09)	-0.000 (-0.27)	-0.001 * (-1.72)
$Indratio_{i,t}$	-0.035 *** (-4.89)	0.001 (0.09)	-0.060 *** (-6.40)	-0.041 (-0.78)	-0.078 * (-1.77)

续表

变量	全样本（1）	民营企业（2）	国有企业（3）	股票期权（4）	限制性股票（5）
Duality$_{i,t}$	0.000 (0.61)	−0.001 (−1.13)	0.003 ** (2.16)	−0.002 (−0.36)	0.002 (0.36)
Broadsize$_{i,t}$	0.001 * (1.87)	0.002 *** (4.03)	0.000 (0.06)	−0.003 (−1.36)	−0.004 ** (−2.36)
Tagr$_{i,t}$	0.001 *** (51.26)	0.001 *** (39.33)	0.001 *** (30.78)	0.001 *** (6.84)	0.001 *** (6.69)
Listyear$_{i,t}$	−0.000 *** (−4.45)	−0.000 *** (−3.31)	−0.000 ** (−2.15)	0.001 (1.00)	−0.000 (−0.38)
State$_{i,t}$	−0.006 *** (−6.86)	—	—	0.025 *** (3.11)	0.053 *** (4.98)
Lev$_{i,t}$	−0.001 *** (−56.81)	−0.001 *** (−39.18)	−0.001 *** (−41.91)	−0.001 *** (−6.60)	−0.002 *** (−10.15)
Size$_{i,t}$	0.010 *** (24.63)	0.010 *** (16.89)	0.009 *** (19.06)	0.006 * (1.87)	0.013 *** (3.98)
_cons	−0.145 *** (−17.06)	−0.1854 *** (−13.32)	−0.130 *** (−12.00)	−0.071 (−1.12)	−0.090 (−1.20)
Year&Ind	控制	控制	控制	控制	控制
N	16705	9412	7293	442	478
R^2	0.355	0.337	0.372	0.438	0.421
F	187.305	98.935	89.433	6.685	6.825
p	0.000	0.000	0.000	0.000	0.000

注：* $p<0.1$，** $p<0.05$，*** $p<0.01$。

8.3.7.2　自变量改变后的稳健性检验

在计算样本的真实盈余管理时，需要利用上市公司同行业同年份的数据回归分析得出计算结果。在对行业样本进行回归处理时，因某些行业细分到三级行业分类的样本数量可能小于 15 个，所以学者们通常都采用一级行业分类对同行业同年份的样本进行回归，并计算出相应的真实盈余管理数据。为检验模型的稳健性，使用申万三级行业分类重新计算出了盈余管理数据，并将之代入模型进行回归分析，对于申万三级行业分类公司数量小于 15 的行业，我们仍采用申万一级行业分类的数据计算真实盈余管理。

表 8.11 列示了在全样本及各种分组情况下，将申万三级行业分类计算出的盈余管理数据 EM3 代入回归方程，并进行回归处理后得到的回归分析结果。从表 8.11 中可以看出，回归分析的符号及显著性与自变量改变前基本一致。

表 8.11　　　　　　　　　　自变量改变后的稳健性分析

变量	全样本（1）	民营企业组（2）	国有企业（3）	股票期权（4）	限制性股票（5）
$Jili_{i,t}$	0.018 *** (5.23)	0.012 *** (2.89)	0.021 *** (2.79)	—	—
$Incentive_{i,t}$	0.013 ** (2.45)	0.019 *** (3.18)	0.080 *** (4.13)	0.044 *** (4.43)	0.005 (0.52)
$EM3_{i,t}$	− 0.001 *** (− 4.04)	− 0.001 *** (− 3.84)	− 0.000 (− 1.18)	− 0.000 (− 0.21)	− 0.004 *** (− 2.88)
$Controlratio_{i,t}$	0.001 *** (19.00)	0.001 *** (16.75)	0.000 *** (9.26)	0.000 (1.07)	0.001 *** (2.97)
$Shrz_{i,t}$	− 0.000 *** (− 8.72)	− 0.000 *** (− 7.11)	− 0.000 *** (− 4.88)	0.000 (0.14)	− 0.000 (− 1.09)
$Indratio_{i,t}$	− 0.033 *** (− 4.30)	0.001 (0.12)	− 0.057 *** (− 5.60)	− 0.005 (− 0.09)	− 0.063 (− 1.37)
$Duality_{i,t}$	0.000 (0.12)	− 0.002 (− 1.57)	0.003 * (1.64)	− 0.004 (− 0.67)	0.000 (0.06)
$Broadsize_{i,t}$	0.001 ** (2.10)	0.002 *** (4.12)	0.000 (0.22)	− 0.002 (− 1.03)	− 0.004 * (− 1.95)
$Tagr_{i,t}$	0.001 *** (49.78)	0.001 *** (37.88)	0.001 *** (30.26)	0.001 *** (6.87)	0.001 *** (6.36)
$Listyear_{i,t}$	− 0.000 *** (− 4.19)	− 0.000 *** (− 3.03)	− 0.000 * (− 1.69)	0.001 (1.15)	− 0.000 (− 0.06)
$State_{i,t}$	− 0.006 *** (− 6.32)	—	—	0.023 *** (2.67)	0.049 *** (4.44)
$Lev_{i,t}$	− 0.001 *** (− 54.06)	− 0.001 *** (− 37.72)	− 0.001 *** (− 39.29)	− 0.001 *** (− 6.86)	− 0.002 *** (− 10.27)
$Size_{i,t}$	0.010 *** (23.59)	0.010 *** (16.14)	0.009 *** (17.85)	0.008 ** (2.37)	0.015 *** (4.36)
_cons	− 0.163 *** (− 18.11)	− 0.207 *** (− 14.20)	− 0.143 *** (− 12.20)	− 0.088 (− 1.31)	− 0.181 ** (− 2.33)

续表

变量	全样本（1）	民营企业组（2）	国有企业（3）	股票期权（4）	限制性股票（5）
Year&Ind	控制	控制	控制	控制	控制
N	16705	9412	7293	442	478
R^2	0.384	0.371	0.388	0.478	0.410
F	211.620	114.934	95.786	7.874	6.512
p	0.000	0.000	0.000	0.000	0.000

注：$*p<0.1$，$**p<0.05$，$***p<0.01$。

8.3.7.3　控制变量改变后的稳健性检验

在回归模型控制变量的选取上，分别从股权结构、公司治理、成长性、上市年限、公司性质、财务杠杆和公司规模方面选择了控制变量。在财务杠杆控制变量的选择上，很多学者选择用资产负债率作为财务杠杆的表征。除了资产负债率可以代表公司的财务杠杆外，权益乘数和权益负债比 Debtequi（总负债/股东权益）也能够代表公司的财务杠杆情况。

在表 8.12 的稳健性分析中，笔者用权益负债比代替资产负债率，对模型进行了稳健性检验。从表 8.12 可以看出，用权益负债比 Debtequi 代替资产负债率对样本进行回归分析后，模型主要变量的符号及显著性基本没有变化，回归分析的结果仍然稳健。

表 8.12　　　　　　　　　　控制变量改变后的稳健性分析

变量	全样本（1）	民营企业组（2）	国有企业（3）	股票期权（2）	限制性股票（3）
$Jili_{i,t}$	0.017 *** (4.68)	0.012 *** (2.85)	0.015 * (1.94)	—	—
$Incentive_{i,t}$	0.016 *** (3.00)	0.020 *** (3.23)	0.098 *** (4.99)	0.046 *** (4.59)	0.005 (0.46)
$EM_{i,t}$	-0.000 *** (-2.70)	-0.000 * (-2.21)	-0.000 (-1.45)	-0.000 (-0.25)	-0.002 *** (-3.29)
$Controlratio_{i,t}$	0.001 *** (20.18)	0.001 *** (17.53)	0.000 *** (10.29)	0.000 (0.67)	0.001 *** (3.44)
$Shrz_{i,t}$	-0.000 *** (-9.49)	-0.000 *** (-7.83)	-0.000 *** (-5.26)	0.000 (0.06)	-0.001 ** (-2.11)
$Indratio_{i,t}$	-0.029 *** (-3.72)	-0.000 (-0.02)	-0.054 *** (-5.26)	0.007 (0.11)	-0.035 (-0.77)

续表

变量	全样本（1）	民营企业组（2）	国有企业（3）	股票期权（2）	限制性股票（3）
Duality$_{i,t}$	0.006 (0.51)	−0.001 (−0.93)	0.001 (0.80)	−0.022 (−0.44)	0.000 (0.05)
Broadsize$_{i,t}$	0.001 ** (2.14)	0.002 *** (4.17)	0.000 (0.05)	−0.002 (−1.16)	−0.003 (−1.61)
Tagr$_{i,t}$	0.001 *** (46.44)	0.001 *** (35.62)	0.001 *** (28.52)	0.001 *** (6.42)	0.001 *** (5.87)
Listyear$_{i,t}$	−0.001 *** (−8.77)	−0.001 *** (−5.99)	−0.000 *** (−3.09)	0.001 (0.95)	−0.000 (−0.50)
State$_{i,t}$	−0.007 *** (−7.30)	—	—	0.024 *** (2.79)	0.047 *** (4.24)
Debtequi$_{i,t}$	−0.016 *** (−45.35)	−0.019 *** (−30.62)	−0.015 *** (−35.32)	−0.023 *** (−5.52)	−0.049 *** (−10.02)
Size$_{i,t}$	0.006 *** (15.86)	0.006 *** (10.16)	0.007 *** (13.44)	0.005 (1.47)	0.016 *** (4.57)
_cons	−0.128 *** (−16.67)	−0.155 *** (−13.15)	−0.134 *** (−13.42)	−0.056 (−0.82)	−0.261 *** (−3.24)
Year&Ind	控制	控制	控制	控制	控制
N	16705	9412	7293	442	478
R^2	0.355	0.341	0.367	0.458	0.411
F	186.946	100.714	87.526	7.249	6.539
p	0.000	0.000	0.000	0.000	0.000

注：* $p < 0.1$，** $p < 0.05$，*** $p < 0.01$。

8.4 进一步分析

在前面，笔者对全样本、国有公司、民营公司，以及对股票期权激励公司和限制性股票激励公司的激励效果问题进行了分析，发现股权激励的实施提高了公司业绩，股权激励强度越大，激励效果越好，而盈余管理则对公司的激励效果具有显著的负向影响。在本部分中，笔者进一步对股权激励效果问题进行了讨论：第一，探讨了管理层机会主义择时行为与股权激励效果的关系，即涉嫌行权解锁公告日操纵的上市公司是否存在更好的公司业绩；第二，用代理成本的减少来衡量股权激励效果，探讨了股权激励的实施是否减少过度投资与在职消费，并增加了投资不足；第三，用企业创新来衡量股权激励效果，研究了股权激励的实施是否提高了企业的创新能力。

8.4.1　管理层的机会主义择时行为与激励效果分析

本书在第 4 章中研究了上市公司的机会主义择时行为，发现部分上市公司存在股权激励草案公告日操纵和行权解锁公告日操纵。通过对上市公司累计超额收益率的分析，可以发现，在股权激励实施后，上市公司整体上在行权解锁公告前虽然不存在机会主义择时行为，但是涉嫌行权解锁公告日操纵的上市公司却存在机会主义择时行为，其累计超额收益率在股权激励行权解锁公告前连续数日显著大于 0。因此，笔者思考，在涉嫌行权解锁公告日操纵的上市公司与其他公司之间，其激励效果是否存在显著差异？在对盈余管理、股权激励强度等问题的影响上，两者是否存在显著差异？为此，对两类样本进行了 T 检验，并将上市公司是否涉嫌行权解锁公告日操纵的变量 If 加入回归模型，并对模型再次进行了回归分析。

对于行权解锁公告日操纵的定义，同样采用第 4 章的定义：如果在行权解锁公告日，上市公司的股票收盘价是公司过去 30 个交易日收盘价的最高位、第二高位或第三高位，则上市公司涉嫌行权解锁公告日操纵。对于放开定义后的行权解锁公告日操纵，笔者认为，在行权解锁公告日，如果上市公司的股票收盘价是公司过去 30 个交易日收盘价的第一高位至第五高位，则上市公司涉嫌行权解锁公告日操纵。

8.4.1.1　行权解锁公告日操纵公司与非操纵公司的业绩比较

表 8.13 列示了放开行权解锁公告日操纵定义前后，涉嫌行权解锁公告日操纵的公司和非操纵公司之间，下列指标的均值和两类样本进行 T 检验的 T 值：公司业绩 ROA、调整行业中位数后的公司业绩 AdjROA、调整行业中位数和盈余管理后的公司业绩 AdjROA_EM、盈余管理 EM，以及股权激励强度 Incentive。

表 8.13　　　　　行权解锁公告日操纵公司与非操纵公司的业绩比较

变量	涉嫌操纵样本	非操纵样本	T 值	放开定义后的操纵样本	放开定义后的非操纵样本	T 值
	mean			mean		
ROA	0.085	0.037	11.85	0.083	0.037	13.06
AdjROA	0.049	0.037	10.7	0.047	0.035	11.75
AdjROA_EM	0.369	0.096	1.01	0.172	0.099	0.31
EM	−0.322	−0.088	−0.87	−0.127	−0.091	−0.16
N	226	16479	—	313	16392	—
Incentive	0.487	0.580	−3.85	0.466	0.581	−5.10
N	226	698	—	313	611	—

从表 8.13 可以看出，放开草案公告日操纵定义前后，涉嫌操纵样本的公司业绩 ROA 以及调整行业中位数后的公司业绩 AdjROA 均显著大于非操纵样本，说明涉嫌行权解锁公告日操纵的上市公司业绩更好。但是从调整行业中位数和盈余管理后的公司业绩 AdjROA_EM 以及盈余管理 EM 看，涉嫌行权解锁公告日操纵的上市公司却存在更大的负向盈余管理，但是也并未显著大于非操纵公司。从股权激励强度看，涉嫌操纵公司的股权激励强度比非操纵公司更小，且 T 检验的结果非常显著，这可能是由于当股权激励强度更小时，预期更小的行权解锁股份数量对市场冲击更小，从而累计超额收益为正。

8.4.1.2　行权解锁公告日操纵与股权激励效果的回归分析

表 8.14 列示了加入是否涉嫌行权解锁公告日操纵变量 If 后，模型的回归分析结果。从回归模型看，列（2）和列（3）与列（1）全样本情况下模型的回归结果相似，变量的值和显著性与列（1）无太大差异。从 If$_{i,t}$ 的系数看，其系数在列（2）和列（3）分别为 0.007 和 0.006，T 值分别为 1.75 和 1.67，说明涉嫌行权解锁公告日操纵的上市公司业绩更好，假设四得证，这部分解释了为什么涉嫌行权解锁公告日操纵的上市公司，其股价在股权激励行权解锁前仍然上涨。

表 8.14　　　　　　　　行权解锁公告日操纵与股权激励效果的回归分析

变量	全样本（1）	行权解锁公告日操纵组（2）	放开定义后的行权解锁公告日操纵组（3）
$Jili_{i,t}$	0.018 *** (5.19)	0.017 *** (4.76)	0.017 *** (4.61)
$If_{i,t}$	—	0.007 * (1.75)	0.006 * (1.67)
$Incentive_{i,t}$	0.013 ** (2.52)	0.013 ** (2.43)	0.013 ** (2.45)
$EM_{i,t}$	−0.0003 *** (−2.70)	−0.000 *** (−2.68)	−0.000 *** (−2.69)
$Controlratio_{i,t}$	0.001 *** (18.99)	0.001 *** (18.98)	0.001 *** (18.98)
$Shrz_{i,t}$	−0.0002 *** (−8.72)	−0.000 *** (−8.72)	−0.000 *** (−8.72)
$Indratio_{i,t}$	−0.033 *** (−4.35)	−0.033 *** (−4.35)	−0.033 *** (−4.35)
$Duality_{i,t}$	0.0002 (0.19)	0.000 (0.19)	0.001 (0.19)
$Broadsize_{i,t}$	0.001 ** (2.05)	0.001 ** (2.05)	0.001 ** (2.05)
$Tagr_{i,t}$	0.001 *** (49.78)	0.001 *** (49.79)	0.001 *** (49.79)
$Listyear_{i,t}$	−0.0003 *** (−4.19)	−0.000 *** (−4.19)	−0.000 *** (−4.18)
$State_{i,t}$	−0.006 *** (−6.31)	−0.006 *** (−6.31)	−0.006 *** (−6.32)
$Lev_{i,t}$	−0.001 *** (−54.06)	−0.001 *** (−54.06)	−0.001 *** (−54.06)
$Size_{i,t}$	0.010 *** (23.60)	0.010 *** (23.60)	0.010 *** (23.60)
_cons	−0.163 *** (−18.07)	−0.163 *** (−18.06)	−0.163 *** (−18.07)
Year&Ind	控制	控制	控制
N	16705	16705	16705
R^2	0.383	0.383	0.383
F	211.321	207.182	207.172
p	0.000	0.000	0.000

注：* $p<0.1$，** $p<0.05$，*** $p<0.01$。

8.4.2 股权激励与代理成本减少

作为股权激励制度的理论基础之一，委托代理理论认为，委托人和代理人之间的利益不一致，为解决该问题，股权激励制度被迅速推广并在全世界范围内得到了广泛的运用。唐雨虹等（2017）认为，股权激励制度的设计初衷是为了减少代理问题，故而考察股权激励的实施效果应该首先考察其是否减少了代理成本。代理成本的表现形式包括投资效率的提升和在职消费的减少等，故而本书在本部分继续探讨了股权激励的实施对投资效率和在职消费的影响。

投资效率增加包括两种情况，一是过度投资的减少，二是投资不足的提升。吕长江等（2011）认为，股权激励制度有助于抑制上市公司的非效率投资行为，既能抑制上市公司的过度投资，也能缓解投资不足。陈效东等（2016）的研究则发现，投资效率在激励型公司与非激励型公司中存在较大差异，激励型公司的股权激励抑制了非效率投资，而非激励型公司的股权激励却加剧了非效率投资。彭耿等（2016）则认为，股权激励对过度投资和投资不足的影响存在显著差异：股权激励能够有效地抑制过度投资，但是却加剧了投资不足现象。唐雨虹等（2017）除了研究股权激励对投资效率的影响外，还同时研究了其对在职消费的影响，发现股权激励能够抑制投资不足，但是却加剧了过度投资，并且不能显著地降低在职消费，故而股权激励的激励效果并不明显。

8.4.2.1 非效率投资与在职消费的计量

对于非效率投资计算公式，本书参照理查森（Richardson，2006）、肖珉（2010）以及吕长江等（2011）的方法，采用以下模型来计算上市公司的非效率投资，并以式（8.5）的回归结果正残差表示过度投资，以回归结果的负残差表示投资不足：

$$Inv_{i,t} = a_1 + a_2 Q_{i,t-1} + a_3 Lev_{i,t-1} + a_4 Cash_{i,t-1} + a_5 Listyear_{i,t-1} + a_6 Size_{i,t-1}$$
$$+ a_7 Reture_{i,t-1} + a_8 Inv_{i,t-1} + a_9 \sum Year + a_{10} \sum Industry + \varepsilon_{i,t} \quad (8.5)$$

式（8.5）中，$Inv_{i,t-1}$ 表示 i 公司 t−1 年的新增投资支出，等于 i 上市公司 t 年构建固定资产、无形资产和其他长期资产所支付的现金，减去处置固定资产、无形资产以及其他长期资产而收回的现金，并除以年初总资产；$Q_{i,t-1}$表示 i 公司 t－1 年的托宾 Q 值；$Lev_{i,t-1}$表示 i 公司 t－1 年的财务杠杆，等于总负债除以年初总资产；$Cash_{i,t-1}$表示 i 公司 t－1 年的货币资金持有量，等于货币资金除以年初总资产；$Listyear_{i,t-1}$表示 i 公司 t－1 年的上市年限，等于公司 IPO 的年份到 t－1 年的年数；$Size_{i,t-1}$表示 i 公司 t－1 年的公司规模，等于 i 公司 t－1 年总资产的自然对数；$Reture_{i,t-1}$表示 i 公司 t－1 年的年度股票回报率；$Inv_{i,t-1}$则表示 i 公司 t－1 年的新增投资性支出。

对于在职消费的计算，本书根据权小锋等（2010）以及王曾等（2014）的计算方法，采用式（8.6）来计算异常在职消费：

$$Perks_{i,t}/A_{i,t-1} = \beta_0 + \beta_1/A_{i,t-1} + \beta_2 \times \Delta REV_{i,t}/A_{i,t-1} + \beta_3 \times PPE_{i,t}/A_{i,t-1}$$
$$+ \beta_4 \times Inventory_{i,t}/A_{i,t-1} + \beta_5 \ln Employee_{i,t} + \varepsilon_{i,t} \quad (8.6)$$

式（8.6）中，$Perks_{i,t}$表示 i 公司 t 年的在职消费金额，等于 i 上市公司 t 年管理费用减去董事、监事和高管的薪酬总额、坏账准备、存货跌价准备和无形资产摊销等明显不属于在职消费项目后的金额；$A_{i,t-1}$表示 i 公司 t－1 年的总资产额；$\Delta REV_{i,t}$表示 i 公司 t 年营业收入的变动额；$PPE_{i,t}$表示 i 公司 t 年的固定资产净值；$Inventory_{i,t}$表示 i 公司 t 年的存货总额；$\ln Employee_{i,t}$表示 i 公司 t 年的员工人数自然对数。

我们用式（8.6）分行业分年份回归后得到的因变量预测值表示正常在职消费，而实际在职消费与预测在职消费的差额就表示异常在职消费。

在计算上市公司的过度投资、投资不足以及在职消费时，笔者剔除了金融行业样本、ST 及 *ST 样本和 PT 样本，对计算数据缺失的样本也进行了剔除。此外，笔者还对样本数据在 1% 分位数上进行了缩尾处理。

在下述过度投资、投资不足以及在职消费的三个描述性统计表中，T 年度表示股权激励上市公司的行权解锁年度，T－1 年、T－2 年和 T－3 年分别表示行权解锁年度的前一年、前两年和前三年。

8.4.2.2　股权激励与代理成本减少的回归模型构建

根据吕长江等（2011）、陈效东等（2016）、彭耿等（2016）以及唐雨虹等（2017）的研究，本书用以下模型来研究股权激励的实施对代理成本的影响。

$$
\begin{aligned}
Agencycost_{i,t} = & \ a_1 + a_2 Jili_{i,t} + a_3 Incentive_{i,t} + a_4 ROA_{i,t} + a_5 Controlratio_{i,t} + a_6 Shrhfd5_{i,t} \\
& + a_7 Regr_{i,t} + a_8 Fcf_{i,t} + a_9 Reture_{i,t} + a_{10} Cash_{i,t} + a_{11} Grossrate_{i,t} \\
& + a_{12} Listyear_{i,t} + a_{13} State_{i,t} + a_{14} lev_{i,t} + a_{15} Size_{i,t} + \varepsilon_{i,t} \quad\quad (8.7)
\end{aligned}
$$

式（8.7）中，$Agencycost_{i,t}$ 表示上市公司的代理成本，包括投资不足、过度投资以及在职消费三种情况；$Jili_{i,t}$ 表示上市公司的股权激励是否行权解锁；$ROA_{i,t}$ 表示上市公司的总资产收益率，等于公司净利润除以年初总资产；$Controlratio_{i,t}$ 表示上市公司的第一大股东持股比例；$Shrhfd5_{i,t}$ 表示上市公司前五大股东持股比例的平方和；$Cash_{i,t}$ 表示上市公司的货币资金持有量，等于货币资金除以年初总资产；$Grossrate_{i,t}$ 表示上市公司的毛利率；$Regr_{i,t}$ 表示上市公司的营业收入增长率；$Fcf_{i,t}$ 表示上市公司的现金流量，等于上市公司经营活动产生的现金净流量除以年初总资产；$Reture_{i,t}$ 表示上市公司的年度股票回报率；$Listyear_{i,t}$ 表示上市公司的上市年限，等于公司 IPO 到 t 年的年数；$State_{i,t}$ 表示上市公司的公司性质，如果上市公司是国有企业，则取值为 1，否则取值为 0；$Lev_{i,t}$ 表示上市公司的财务杠杆，等于公司总负债除以总资产；$Size_{i,t}$ 表示上市公司的公司规模，等于公司上年总资产的自然对数。

8.4.2.3 股权激励公司的非效率投资与在职消费描述性统计

表 8.15 列示了投资不足的股权激励上市公司在 T－3 年至 T 年间，其非效率投资的描述性统计情况，同时，表 8.15 也列示了 T 年度非激励公司投资不足的描述性统计情况，以及激励公司与非激励公司进行 T 检验的 T 值。从表 8.15 T－2 年至 T 年的投资不足中位数和均值情况可以看出，激励公司的投资不足情况在股权激励行权解锁前呈逐步下降趋势，尤其是 T 年与 T－1 年相比，投资不足有了较大缓解，但是从股权激励上市公司与非激励上市公司 T 检验的 T 值看，股权激励公司的投资不足现象却更严重，虽然显著性不显著。

表 8.15　　　　　　　　　股权激励公司的投资不足描述性统计

项目	激励公司				非激励公司	T 值
	T 年	T－1 年	T－2 年	T－3 年	T 年	
Med	－0.114	－0.125	－0.143	－0.133	－0.122	
Mean	－0.177	－0.191	－0.190	－0.174	－0.168	
Max	－0.000	－0.001	－0.001	－0.002	－0.000	－0.73
Min	－2.213	－7.143	－2.208	－0.708	－7.667	
N	524	474	441	402	7920	

　　表 8.16 列示了过度投资的股权激励上市公司在 T－3 年至 T 年内,其非效率投资的描述性统计情况,同时,表 8.16 也列示了 T 年度非激励公司的过度投资描述性统计情况,以及激励公司与非激励公司进行 T 检验的 T 值。从表 8.16 可以看出,T 年度股权激励上市公司的过度投资情况较过去 3 年有明显减少,且与非激励公司相比,激励公司的过度投资情况也显著低于非激励公司,说明股权激励的实施可能有助于减少过度投资。

表 8.16　　　　　　　　　　股权激励公司的过度投资描述性统计

项目	激励公司				非激励公司	T 值
	T 年	T－1 年	T－2 年	T－3 年	T 年	
Med	0.100	0.161	0.133	0.127	0.142	
Mean	0.180	0.256	0.250	0.259	0.250	
Max	0.821	1.080	1.056	1.109	1.543	－5.29
Min	0.000	0.000	0.000	0.000	0.000	
N	363	308	309	277	5312	

　　从表 8.17 中 T－3 年至 T 年上市公司的在职消费情况看,T 年度股权激励公司的在职消费情况比过去 3 年更少,但是从激励公司与非激励公司 T 年度 T 检验的 T 值看,激励公司的在职消费情况却显著地高于非激励公司,说明股权激励的实施对在职消费的抑制作用可能并不明显。

表 8.17　　　　　　　　　　股权激励公司的在职消费描述性统计

项目	激励公司				非激励公司	T 值
	T 年	T－1 年	T－2 年	T－3 年	T 年	
Med	0.002	0.002	0.002	0.001	－0.004	
Mean	0.007	0.008	0.009	0.008	－0.002	
Max	0.262	0.188	0.190	0.158	1.031	8.06
Min	－0.239	－0.159	－0.085	－0.088	－1.016	
N	892	871	815	708	14191	

8.4.2.4　股权激励公司的非效率投资及在职消费回归分析

　　表 8.18 列示了上市公司的非效率投资和在职消费回归分析结果。从列（1）投资不足、列（2）过度投资、列（3）在职消费的回归分析结果可以看出,股

权激励的行权解锁对投资不足和在职消费具有显著的正向影响，即股权激励的实施有助于缓解投资不足，但同时也增加了在职消费，但是从列（2）过度投资组的回归分析可以看出，股权激励对过度投资的抑制作用不明显。

表8.18　　　　　　股权激励与上市公司的非效率投资及在职消费回归分析

变量	投资不足（1）	过度投资（2）	在职消费（3）
$Jili_{i,t}$	0.053 ** （2.28）	− 0.003 （− 0.15）	0.005 ** （2.14）
$Incentive_{i,t}$	− 0.125 *** （− 3.65）	− 0.039 （− 1.32）	0.005 （1.45）
$ROA_{i,t}$	− 0.349 *** （− 5.67）	0.192 *** （3.27）	0.076 *** （12.63）
$Controlratio_{i,t}$	− 0.001 （− 1.13）	− 0.001 （− 1.34）	− 0.000 （− 1.52）
$Shrhfd5_{i,t}$	0.040 （0.48）	− 0.070 （− 0.99）	0.011 （1.33）
$Cash_{i,t}$	− 0.025 ** （− 2.51）	0.010 （1.25）	0.008 *** （17.45）
$Grossrate_{i,t}$	0.001 *** （2.70）	− 0.000 （− 1.44）	0.000 *** （13.84）
$Regr_{i,t}$	− 0.000 （− 0.87）	− 0.000 *** （− 3.95）	− 0.000 *** （− 15.66）
$Fcf_{i,t}$	− 0.088 *** （− 3.70）	− 0.153 *** （− 6.73）	0.008 *** （3.53）
$Reture_{i,t}$	0.010 ** （1.98）	0.021 *** （4.25）	0.000 （0.76）
$Listyear_{i,t}$	− 0.005 *** （− 8.97）	− 0.001 *** （− 3.08）	0.000 ** （2.43）
$State_{i,t}$	− 0.006 （− 0.90）	− 0.002 （− 0.33）	0.003 *** （5.16）
$Lev_{i,t}$	− 0.000 （− 0.59）	0.000 *** （2.97）	0.000 *** （4.79）
$Size_{i,t}$	0.058 *** （18.46）	0.019 *** （7.41）	− 0.002 *** （− 7.00）

续表

变量	投资不足（1）	过度投资（2）	在职消费（3）
_cons	− 1. 314 *** （− 18. 95）	− 0. 329 *** （− 5. 40）	0. 026 *** （3. 96）
N	8444	5675	15083
R²	0. 186	0. 514	0. 084
F	38. 332	119. 124	27. 514
p	0. 000	0. 000	0. 000

注：** p < 0. 05，*** p < 0. 01。

因此从代理成本减少的角度看，股权激励能够缓解投资不足，但是同时也增加了在职消费，而对过度投资的影响不显著，股权激励的实施效果有限，假设五得证。

8.4.3　股权激励与企业创新

在"大众创业、万众创新"的大背景下，企业创新被提升到国家战略高度。党的十九大报告指出，"创新是引领发展的第一动力，是建设现代化经济体系的战略支撑"，故而如何提高企业的创新能力、增加企业创新也是党和国家关心的重要内容。对股权激励制度来说，除了从公司业绩提升和代理成本减少维度来考察激励效果外，企业创新是否也应该成为衡量激励效果的一个标准？股权激励的实施是否能够真正提升企业的创新能力？

8.4.3.1　股权激励与企业创新的模型构建

国内学者对股权激励与企业创新关系的研究兴起于 2017 年之后，王姝勋等（2017）考察了股票期权激励对企业创新的影响，发现在非国有企业、基金持股较多的企业、行权期较长的企业以及期权授予规模较大的企业中，股票期权对企业创新的作用更加明显。田轩等（2018）同样发现，股权激励的实施对企业创新有显著的促进作用，且这种正向影响在民营企业、股价信息含量高的企业以及激励对象包含核心技术人员的企业中效果更好。刘宝华等（2018）则侧重从行权条件限制的角度探讨了股权激励的实施对企业创新的影响，发现管理层对公司短期业绩的关注是损害企业创新活力的主要原因。

笔者在本章中也探讨了股权激励与企业创新的关系，借鉴王姝勋等（2017）、田轩等（2018）以及刘宝华等（2018）学者的研究模型，本书采用以下模型（8.8）来研究股权激励与企业创新的关系：

$$Patent_{i,t} = a_1 + a_2 Jili_{i,t} + a_3 Ratio_{i,t} + a_4 R\&D_{i,t} + a_5 Controlratio_{i,t} + a_6 Shrhfd5_{i,t}$$
$$+ a_7 Broadsize_{i,t} + a_8 Indratio_{i,t} + a_9 Duality_{i,t} + a_{10} ROE_{i,t} + a_{11} BM_{i,t}$$
$$+ a_{12} State_{i,t} + a_{13} lev_{i,t} + a_{14} Size_{i,t} + \varepsilon_{i,t} \tag{8.8}$$

其中，Patent 表示企业创新。具体而言，笔者用上市公司及其子公司、联营公司等的专利申请数来表示企业的创新水平，在计算该指标时，因外观设计专利不涉及技术创新，故而仅用上市公司的发明专利申请数、实用新型专利申请数来计算该指标。同时，考虑到专利申请可能存在时滞，故而分别采用企业当期的专利申请数和下一期的专利申请数来衡量企业创新，并得到了企业创新的两个度量指标 Patent1 和 Patent2。

该模型的因变量分别是 $Jili_{i,t}$ 和 $Ratio_{i,t}$，分别表示上市公司是否实施股权激励以及股权激励行权解锁的比例。式（8.8）的变量说明如表 8.19 所示。

表 8.19 股权激励与企业创新的回归变量说明

变量	变量名称	变量说明
$Jili_{i,t}$	股权激励	如果上市公司在 2009 年至 2016 年间正在实施股权激励，则取值为 1，否则取值为 0
$Ratio_{i,t}$	行权解锁比例	上市公司行权解锁的股份数量/总股本
$R\&D_{i,t}$	研发投入	研发支出/营业收入
$Controlratio_{i,t}$	第一大股东持股比例	第一大股东持股份数/总股本
$Shrhfd5_{i,t}$	股权集中度	前五大股东持股比例的平方和
$Broadsize_{i,t}$	董事规模	董事会人数
$Indratio_{i,t}$	独立董事比例	独立董事人数/董事会人数
$Duality_{i,t}$	两职合一	若董事长和总经理是同一人，则取值为 1；否则取值为 0
$ROE_{i,t}$	净资产收益率	$2 \times$ 净利润/（期初所有者权益 + 期末所有者权益）
$BM_{i,t}$	市值账面比	（权益市值 + 债务市值）/总资产
$State_{i,t}$	所有权性质	若公司是国有企业，则取值为 1，否则取值为 0，表示民营企业
$Lev_{i,t}$	资产负债率	总负债/总资产
$Size_{i,t}$	公司规模	公司总资产的自然对数
Year	年度变量	年度虚拟变量
Ind	行业变量	行业虚拟变量

8.4.3.2　股权激励与企业创新的 PSM 匹配分析

为了比较激励公司与非激励公司在企业创新上的差异，我们采用 PSM 模型分析了实施股权激励的上市公司与非激励上市公司在企业创新上的差异。

对于 PSM 分析中的 logit 模型，仍然采用第 6 章中研究管理层盈余管理时的 logit 回归模型。经过分析，该模型 Pseudo $- R^2$ 和 AUC 的值分别为 0.236 和 0.857，模型拟合效果较好。

表 8.20 列示了企业创新采用 PSM 模型的匹配分析结果。从表 8.20 可以看出，衡量企业创新的两个变量 Patent1 和 Patent2 在最近邻匹配、半径匹配和核匹配三种匹配方法下，其平均处理效应 ATT 匹配后的 T 值均大于 1.64，说明实施股权激励的上市公司在企业创新上仍然显著大于非激励公司，股权激励的实施提高了企业的创新能力，这也证明了假设六的成立。

表 8.20　　　　　　　　股权激励与企业创新的 PSM 匹配结果分析

项目			激励组	控制组	Std	T 值
最近邻匹配	Patent1	匹配前	52.632	29.653	1.995	11.52
	ATT	匹配后	52.632	47.173	3.077	1.77
	Patent2	匹配前	73.756	41.357	2.708	11.97
	ATT	匹配后	73.756	62.749	4.186	2.63
半径匹配	Patent1	匹配前	52.632	29.653	1.995	11.52
	ATT	匹配后	49.991	41.650	2.686	3.11
	Patent2	匹配前	73.756	41.357	2.708	11.97
	ATT	匹配后	69.819	55.932	3.666	3.79
核匹配	Patent1	匹配前	52.632	29.653	1.995	11.52
	ATT	匹配后	52.632	45.766	2.695	2.55
	Patent2	匹配前	73.756	41.357	2.708	11.97
	ATT	匹配后	73.756	62.245	3.693	3.12

8.4.3.3　股权激励与企业创新的回归分析

表 8.21 列示了股权激励与企业创新的回归分析结果。从表 8.21 可以看出，不管是在列（1）还是列（2）中，是否实施股权激励均与企业创新呈显著的正相关关系，这也再一次说明，股权激励的实施对企业创新具有显著的提升作用，

即股权激励的实施提高了企业的创新能力，这再次证明了假设六的成立。

表8.21 股权激励与企业创新的回归分析

变量	Patent1 （1）	Patent2 （2）
$Jili_{i,t}$	10. 555 ***	15. 638 ***
	（3. 78）	（4. 18）
$Ratio_{i,t}$	628. 024 *	532. 202
	（1. 79）	（1. 13）
$R\&D_{i,t}$	225. 115 ***	275. 003 ***
	（10. 65）	（9. 70）
$Controlratio_{i,t}$	− 0. 396 ***	− 0. 871 ***
	（− 2. 79）	（− 4. 57）
$Shrhfd5_{i,t}$	58. 461 ***	118. 398 ***
	（3. 19）	（4. 83）
$Broadsize_{i,t}$	− 0. 248	− 0. 364
	（− 0. 62）	（− 0. 68）
$Indratio_{i,t}$	58. 565 ***	89. 250 ***
	（4. 74）	（5. 39）
$Duality_{i,t}$	1. 971	2. 811
	（1. 37）	（1. 46）
$ROE_{i,t}$	1. 441 ***	2. 351 ***
	（4. 34）	（5. 29）
$BM_{i,t}$	3. 850 ***	5. 937 ***
	（9. 67）	（11. 13）
$State_{i,t}$	2. 740 *	6. 230 ***
	（1. 93）	（3. 27）
$Lev_{i,t}$	− 0. 088 **	− 0. 107 **
	（− 2. 43）	（− 2. 21）
$Size_{i,t}$	35. 317 ***	49. 912 ***
	（49. 94）	（52. 64）
_cons	− 784. 772 ***	− 1114. 737 ***
	（− 47. 59）	（− 50. 42）
N	16688	16688
R^2	0. 290	0. 308
F	138. 925	151. 224
p	0. 000	0. 000

注：* $p<0.1$，** $p<0.05$，*** $p<0.01$。

　　从其他变量看，行权解锁的股份占总股本的比例在列（1）中与企业创新呈显著正相关关系，但是在列（2）中的显著性却不显著。而企业的研发投入、股权集中度、独立董事比例、净资产收益率、市值账面比以及公司规模在列（1）与列（2）中均与企业创新呈显著的正相关关系，这表明当企业的研发投入越多、前五大股东持股比例越集中、独立董事占董事会的比例越大、净资产收益率越高、成长速度越快、公司规模越大时，企业的创新能力越强。而公司第一大股东持股比例和资产负债率则与企业创新呈显著的负相关关系，说明公司第一大股东持股比例和资产负债率越低时，公司的创新能力越强。

8.5　本章小结

　　本章主要讨论了股权激励的激励效果以及管理层的盈余管理和机会主义择时行为对激励效果的影响，其主要内容及结论如下：第一，笔者探讨了上市公司的股权激励效果及其与股权激励强度、盈余管理等变量的相关关系，笔者发现，剔除行业中位数后，公司业绩与股权激励是否行权解锁、股权激励强度显著正相关，而与盈余管理显著负相关，这说明股权激励的实施对公司业绩具有显著的正向影响，但是盈余管理却对公司业绩存在显著的负向影响。第二，笔者分组讨论了在不同所有权性质和不同激励类型情况下，上市公司的激励效果问题，笔者发现，国有上市企业在进行股权激励后，其激励效果较民营上市企业更佳；而上市公司的激励强度更大时，其激励效果也会更好，但是这在限制性股票激励公司中不显著。第三，在模型中加入了是否涉嫌行权解锁公告日操纵的变量，并对模型重新进行了回归分析，以探讨管理层的机会主义择时行为对激励效果的影响之后，笔者发现，涉嫌行权解锁公告日操纵的上市公司业绩更好，这也部分解释了为什么部分上市公司在激励股份解禁前股价继续上涨的问题。第四，笔者探讨了股权激励的实施对过度投资、投资不足以及在职消费的影响，发现股权激励的实施能够缓解投资不足，但同时也增加了在职消费，而对过度投资的影响不显著，这说明从代理成本减少的视角上看，股权激励实施后的激励效果并不非常显著。第五，笔者探讨了股权激励的实施对企业创新的影响，发现激励公司在企业创新上显著优于未实施股权激励的上市公司，是否实施股权激励与企业创新显著正相关，这说明从企业创新的维度上看，股权激励的实施具有显著的激励效果。

　　以上分析表明，股权激励的实施能够提高公司业绩、缓解投资不足、提高企业创新能力，股权激励的实施具有显著的激励效果；但是股权激励的实施也同时增加了在职消费，而对过度投资的影响不显著，这说明从代理成本减少的视角上看，股权激励的激励效果还具有一定局限性。对于不同所有权性质和不同激励类型的公司而言，国有企业的激励效果更佳；在采用股票期权激励的上市公司中，股权激励强度与激励效果显著正相关。此外，盈余管理的管理层机会主义行为对公司业绩具有显著的负向影响，而涉嫌行权解锁公告日操纵的上市公司业绩却更佳。

| 第 9 章 |

研究结论、政策建议及研究局限和未来展望

本章主要对本书的研究结论进行归纳总结，提出了相关政策建议，并在研究局限性的基础上指出了本书的下一步研究方向。

9.1　研究结论

本书基于委托代理理论和不完全契约理论，着重研究了股权激励实施过程中存在的四种管理层机会主义行为、三种股权激励效果，以及管理层的盈余管理和机会主义择时行为对公司业绩产生的影响。本书的主要研究结论如下。

第一，上市公司在股权激励草案公告前存在机会主义择时行为，这种机会主义择时行为很可能是由于草案公告日的操纵所引起；在行权解锁公告前，上市公司总体上不存在管理层机会主义择时行为，但存在行权解锁公告日操纵的上市公司却仍然存在机会主义择时行为。

除整体上对管理层的机会主义择时行为进行讨论外，本书还讨论了不同激励类型和不同所有权性质情况下，上市公司的管理层机会主义择时行为。笔者发现，在股权激励草案公告前，限制性股票激励公司和民营企业存在显著的机会主义择时行为，而股票期权激励公司和国有企业的机会主义择时行为相对不明显。在行权解锁公告前，在不同激励类型和不同所有权性质情况下，上市公司的管理层机会主义择时行为与股权激励草案公告前恰好相反：限制性股票激励公司和民营企业没有管理层机会主义择时行为，而股票期权激励公司和国有企业则相对存在机会主义择时行为，但是其显著性不显著。

第二，在股权激励草案公告前，上市公司存在披露"坏消息"的证据，而在股权激励行权解锁公告前，发现了管理层披露"好消息"的证据。这说明在股权激励草案公告前和行权解锁公告前的两个阶段中，实施股权激励的上市公司均存在信息披露的机会主义行为。

分组来看，国有企业和股票期权激励公司相对存在更少的管理层机会主义信息披露行为。

第三，在股权激励考核基期，上市公司存在向下的真实盈余管理；而在股权激励的业绩考核期，上市公司则存在向上的真实盈余管理。应计盈余管理在这两个阶段中均不显著。

通过分组考察不同激励方式和不同所有权性质情况下上市公司的盈余管理情况，笔者发现，与全样本的盈余管理一样，限制性股票激励公司和民营企业在股权激励考核基期存在向下的真实盈余管理，而在考核期存在向上的真实盈余管理，且应计盈余管理在两个阶段均不显著。但是在股票期权激励公司和国有企业中，股权激励考核基期及考核期均不存在显著的真实盈余管理现象，且前者在行权解锁时还存在显著的负向应计盈余管理。而在国有企业中，应计盈余管理在股权激励考核基期及行权解锁考核期均不显著。

第四，在制定具体股权激励方案时，上市公司存在三种管理层机会主义行为：选择业绩较差的年度作为业绩基准年度、制定较低的行权解锁考核值、获得显著低于市场价格的股权激励股票。分组来看，在考核基期的确定上，民营企业、股票期权激励公司和限制性股票激励公司均存在机会主义行为；在股权激励考核值的确定以及授予价格的确定上，上市公司在各种分类情况下均存在机会主义行为。

第五，在股权激励效果问题上，笔者发现，从公司业绩和企业创新维度上看，股权激励具有显著的激励效果，不仅能够提高公司业绩，也能够提高企业的创新能力，但是从代理成本减少的维度看，股权激励在缓解投资不足的同时，在职消费也增加了，而且对过度投资的影响不显著，这说明从代理成本减少的视角上看，股权激励的激励效果还具有一定局限性。

对于不同所有权性质和不同激励类型的上市公司而言，国有企业的激励效果更佳；在采用股票期权激励的上市公司中，股权激励强度与激励效果显著正相关。此外，盈余管理的管理层机会主义行为对公司业绩具有显著的负向影响，而涉嫌行权解锁公告日操纵的上市公司业绩却更佳，这也部分解释了为什么有些存在股权激励解禁压力的上市公司股价仍然继续上涨的问题。

第六，总体上看，在不同所有权性质和不同激励类型的上市公司中，国有企业和股票期权激励公司存在更少的管理层机会主义行为和更好的股权激励效果。在管理层机会主义问题上，国有企业和股票期权激励公司在股权激励草案公告日的机会主义择时行为不显著，在股权激励考核基期和考核期的真实盈余管理行为也不显著，其机会主义信息披露行为也更少，而民营企业和限制性股票激励公司在上述几个方面则存在显著的管理层机会主义行为。对股权激励效果而言，国有企业的激励效果比民营企业更好，股票期权激励公司的股权激励强度与公司业绩显著正相关，而在限制性股票激励公司中，其显著性不显著。

9.2 政策建议

本书研究了股权激励授予时和行权解锁时两个阶段的管理层机会主义行为以及股权激励的三种激励效果，同时，本书也研究了管理层的盈余管理和机会主义择时行为对公司业绩产生的影响。基于本书的分析研究，提出政策建议如下。

第一，监管层应该减少股权激励实施过程中的自由选择权。股权激励实施过程中，过多的自由选择权是造成上市公司管理层机会主义行为的重要原因，例如，根据最新的《上市公司股权激励管理办法》，管理层在确定股权激励的授予价格时，上市公司可以选取股权激励计划草案公告前 1 个交易日、20 个交易日、60 个交易日或者 120 个交易日的股票交易均价作为定价基准，而且还可以采取其他的定价方式，但是需要提供更多的说明。此外，在确定股权激励考核指标值时，上市公司可以根据 ROE、净利润增长率、营业收入增长率等会计指标来设置具体的考核指标值，在这种情况下，上市公司管理层必然会在规则范围内选择对自己最有利的方案，从而导致了机会主义行为的产生。

第二，对于股权激励实施过程中管理层能够完全控制的事项，监管机构应该发挥更多的监督作用。在股权激励实施时，股权激励计划草案推出的时点、股权激励具体考核指标的制定、考核基期的选择等事项都是完全由管理层内部确定的，而本书又证明了上市公司在制定股权激励计划时存在各种机会主义行为，如选择业绩较差的年份作为业绩比较基期、设置显著低于历史值的行权考核值、在公司股价处于明显底部区域时推出股权激励计划等。这时候，监管层就应该发挥其应有的监督职能，让上市公司修正其机会主义行为明显的股权激励方案。

第三，对于行权考核指标值的确定，监管层应该让上市公司更多地参照行业发展情况和公司历史业绩，而非简单地确定一个业绩增长比例。

第四，让更多的利益相关方有机会对股权激励方案发表意见。在当前的股权激励制度下，仅证监会、律师事务所、独立董事等相关方能够对股权激励计划发表意见。实际上，投资者尤其是机构投资者，他们也应该拥有更多发表意见的机会，他们往往更关注股权激励的激励性，对股权激励中的管理层机会主义行为也更敏感，能够起到更好的监督作用。

第五，监管层应该在股权激励实施过程中更强调会计师事务所的责任。股权激励中的盈余管理行为与会计处理息息相关，而这些会计信息是否处理合理就需要会计师事务所进行审计和判断。在当前的风险导向审计背景下，股权激励应该作为事务所审计前的重要考虑事项，并重点关注上市公司在股权激励实施前是否进行了向下的盈余管理，而在行权解锁前是否存在向上的盈余管理问题。

第六，加强上市公司的公司治理。本书第8章分析了股权激励的激励效果问题，发现公司治理对股权激励实施后，上市公司的业绩提升和企业创新具有显著影响。比如，公司的董事会人数与股权激励实施后的公司业绩正相关、独立董事占董事会的比例越大、企业的创新能力越强。由此可见，适当加大董事会规模并提高独立董事比例将将有助于股权激励效果的提高。

第七，加大国有企业的股权激励实施力度。在对股权激励的机会主义行为分析中发现，国有企业在股权激励草案公告前的机会主义择时行为不显著，其机会主义信息披露行为更少，其应计盈余管理和真实盈余管理在股权激励考核基期及考核期均不明显；在股权激励考核基期的设置上，国有企业也不存在机会主义行为。从激励效果看，国有企业实施股权激励后，其公司业绩提升更大，且在同样的股权激励强度下，国有企业对公司业绩的提升更多。

第八，在股票期权激励和限制性股票激励的选择问题上，监管层应该更加鼓励上市公司实施股票期权激励，股票期权激励公司的管理层机会主义行为更少，激励效果也更好。在具体实施股权激励时，股票期权激励不需要管理层付款购买，而限制性股票激励需要管理层自掏腰包，虽然其授予价以定价基准日股票均价的50%确定，但是管理层自己掏钱购买时出于规避风险的天性可能就使得限制性股票激励出现了更多的机会主义行为。在本书的研究中也证实了限制性股票激励公司存在更多的机会主义行为和更差的激励效果。例如，在股权激励草案公告时，限制性股票激励公司表现出了显著的机会主义择时行为，而股票期权激励公司的机会主义择时行为不明显；在盈余管理问题上，限制性股票激励公司在股权激励考核基期及考核期，其分别存在向下的真实盈余管理和向上的真实盈余管理，而股票期权激励公司则不存在这种情况；同样，在机会主义信息披露问题上，限制性股票激励公司的机会主义信息披露行为更多，股票期权激励公司则存在更少的机会主义信息披露行为；在激励效果问题上，股票期权激励公司的股权激励强度与激励效果显著正相关，而限制性股票激励公司没有表现出这种显著性，这也说明了股票期权激励的实施效果更好。

9.3 研究局限和未来展望

虽然本书研究了股权激励实施过程中的四种管理层机会主义行为及三种股权激励效果，但本书还存在以下不足，这些研究不足也是该领域未来的进一步研究方向。

第一，在对管理层机会主义行为及其激励效果的研究上，除公司性质和股权激励类型会对其产生影响外，大股东控制权、公司发展速度等也会对其产生影响，而这些影响因素则是本书未考虑的。

第二，在对股权激励的激励效果研究中，本书仅考虑了短期的激励效果，而忽视了对于长期激励效果的研究，这也是本书研究不足的地方之一。

第三，盈余管理的管理层机会主义行为在短期内对激励效果具有负面影响，在长期中，这种负面影响是否仍然成立？这也是本书没有考虑的，也是未来的研究方向之一。

第四，本书只考虑了管理层的盈余管理和机会主义择时行为对激励效果产生的影响，而其他管理层机会主义行为对激励效果的影响，本书也没有进行深入研究。

第五，在第8章进一步分析中，限于篇幅限制，没有对回归分析的结论进行稳健性检验和内生性检验，而且也没有探讨不同激励类型公司和不同所有权性质公司在代理成本和企业创新等问题上存在的差异，这也是本书的研究不足与进一步的研究方向。

综上所述，上述五个方面都是本书研究不足的地方，也是该领域未来进一步研究的方向。

9.4 本章小结

    本章是本书的结尾部分。首先，本章对本书的六个研究结论进行了阐述，说明了上市公司在股权激励实施过程中可能存在四种机会主义行为，其激励效果从不同视角上看也存在较大差异，而且在不同所有权性质公司和不同激励类型公司中，国有企业和股票期权激励公司的管理层机会主义行为更少，其激励效果更佳。其次，根据本书的研究结论和研究过程，针对性地提出了八个政策建议。最后，本章对本书的研究局限进行了说明，并提出了未来该领域的进一步研究方向。

参考文献

［1］伯利，米恩斯．现代公司与私有财产［M］．北京：商务印书馆，2005.

［2］程果．股权激励的管理层机会主义择时：市场准确判断 or 盈余管理结果？［J］．上海金融，2020（1）：39－53.

［3］程果．股权激励的真实盈余管理及其激励效果［J］．系统工程，2020，38（1）：120－130.

［4］程果，蒋水全．管理层激励的盈余管理及股东财富增长——来自考核基期的证据［J］．南京审计大学学报，2019，16（3）：28－37.

［5］蔡宁．信息优势、择时行为与大股东内幕交易［J］．金融研究，2012（5）：179－192.

［6］陈千里．股权激励、盈余操纵与国有股减持［J］．中山大学学报（社会科学版），2008，48（1）：149－156.

［7］陈仕华，李维安．中国上市公司股票期权：大股东的一个合法性"赎买"工具［J］．经济管理，2012（3）：61－70.

［8］醋卫华．期权激励与管理层择机：中国的经验证据［J］．财经研究，2016（4）：123－133.

［9］醋卫华，王得力，董青．期权激励与管理层择机行权研究［J］．中南大学学报（社会科学版），2017（5）.

［10］陈文强，贾生华．股权激励存在持续性的激励效应吗？——基于倾向得分匹配法的实证分析［J］．财经论丛，2015（9）：59－68.

［11］陈效东，周嘉南，黄登仕．高管人员股权激励与公司非效率投资：抑制或者加剧？［J］．会计研究，2016（7）：42－49.

［12］丁越兰，高鑫. A股上市公司股权激励效果的实证检验［J］. 统计与决策，2012，60（6）：164 – 166.

［13］冯星，陈少华. 股权激励实施效果研究——来自沪深两市上市公司的经验证据［J］. 现代管理科学，2014（2）：21 – 23.

［14］顾斌，周立烨. 我国上市公司股权激励实施效果的研究［J］. 会计研究，2007（2）：79 – 84.

［15］葛军. 股权激励与上市公司绩效关系研究［D］. 北京：中国大地出版社，2007.

［16］高磊. 管理层激励、风险承担与企业绩效研究［J］. 财经理论研究，2018（4）：1 – 18.

［17］高梦捷. 公司战略、高管激励与财务困境［J］. 财经问题研究，2018（3）：101 – 108.

［18］葛文雷，荆虹玮. 我国上市公司股权激励与企业业绩的关系研究［J］. 华东经济管理，2008，22（3）：84 – 88.

［19］郭雪萌，梁彭，解子睿. 高管薪酬激励、资本结构动态调整与企业绩效［J］. 山西财经大学学报，2019（4）：78 – 91.

［20］胡代光，高鸿业. 西方经济学大辞典［M］. 北京：经济科学出版社，2000.

［21］黄梅，夏新平. 操纵性应计利润模型检测盈余管理能力的实证分析［J］. 南开管理评论，2009，12（5）：136 – 143.

［22］郝昕. 深市公司股权激励和员工持股情况分析［J］. 证券市场导报，2019（10）：67 – 73.

［23］何妍，赵新泉，李庆. 股权激励行权价格对公司业绩影响的实证分析［J］. 统计与决策，2019，35（5）：167 – 170.

［24］刘宝华，罗宏，周微. 股权激励行权限制与盈余管理优序选择［J］. 管理世界，2016（11）：141 – 155.

［25］刘宝华，王雷. 业绩型股权激励、行权限制与企业创新［J］. 南开管理评论，2018，21（1）：17 – 27，38.

［26］李彬，章军. 经营者持股水平与公司绩效——基于日本公司2001 ~ 2006年面板数据的实证分析［J］. 软科学，2009，23（6）：43 – 47.

［27］吕长江，郑慧莲，严明珠. 上市公司股权激励制度设计：是激励，还

是福利？［J］．管理世界，2009（9）：133 – 147.

［28］吕长江，张海平．股权激励计划对公司投资行为的影响［J］．管理世界，2011（11）：118 – 126.

［29］吕长江，张海平．上市公司股权激励计划对股利分配政策的影响［J］．管理世界，2012（11）：133 – 143.

［30］卢闯，孙健，张修平，等．股权激励与上市公司投资行为——基于倾向得分配对方法的分析［J］．中国软科学，2015（5）：110 – 118.

［31］林大庞，苏冬蔚．股权激励与公司业绩——基于盈余管理视角的新研究［J］．金融研究，2011（9）：162 – 177.

［32］刘光军，彭韶兵．高管权力强度、股权激励与高管显性腐败［J］．财经论丛（浙江财经学院学报），2018（6）：87 – 95.

［33］刘广生，马悦．中国上市公司实施股权激励的效果［J］．中国软科学，2013（7）：110 – 121.

［34］路军伟，韩菲，石昕．高管薪酬激励、管理层持股与盈余管理偏好——基于对盈余管理方式的全景式考察［J］．山西财经大学学报，2015，37（11）：89 – 103.

［35］廖理，许艳．不同盈余管理手段对于上市公司业绩的影响研究［J］．系统工程理论与实践，2005，25（8）：24 – 31.

［36］罗纳德·哈里·科斯．企业、市场与法律（当代经济学系列丛书）［M］．格致出版社，上海三联书店，上海人民出版社，2013.

［37］扈文秀，付强，吴婷婷．股票期权激励与管理层业绩预测披露的操控行为［J］．管理科学，2017，30（6）：142 – 158.

［38］刘银国，孙慧倩，王烨．股票期权激励、行权业绩条件与真实盈余管理［J］．管理工程学报，2018，32（2）：128 – 136.

［39］李增福，董志强，连玉君．应计项目盈余管理还是真实活动盈余管理［J］．管理世界，2011（1）：121 – 133.

［40］刘志远，刘倩茹．业绩型股票期权的管理层收益与激励效果［J］．中国工业经济，2015（10）：131 – 145.

［41］彭耿，廖凯诚．股权激励对企业非效率投资行为的影响研究基于高管过度自信中介效应的视角［J］．财经理论与实践，2016，37（4）.

［42］权小锋，吴世农，文芳．管理层权力、私有收益与薪酬操纵［J］．经

济研究，2010（11）：75-89.

[43] 苏冬蔚，林大庞．股权激励、盈余管理与公司治理 [J]．经济研究，2010（11）：88-100.

[44] 孙慧倩．股票期权激励行权价格代理问题研究 [D]．合肥：合肥工业大学，2017.

[45] 盛明泉．国资控股、政府干预与股权激励计划选择——基于2006年股权激励制度改革后数据的实证研究 [C] // 中国会计学会教育分会．中国会计学会2011学术年会论文集，2011：1559-1586.

[46] 田轩，孟清扬．股权激励计划能促进企业创新吗 [J]．南开管理评论，2018，21（3）：178-192.

[47] 唐雨虹，周蓉，杨啸宇，等．中国上市公司股权激励实施效果研究 [J]．财经理论与实践，2017，38（4）：57-61.

[48] 吴德胜，王栋．中国业绩型股权激励公告前的盈余操纵 [J]．审计与经济研究，2015（5）：66-75.

[49] 王福胜，吉姗姗，程富．盈余管理对上市公司未来经营业绩的影响研究——基于应计盈余管理与真实盈余管理比较视角 [J]．南开管理评论，2014（2）：95-105.

[50] 王姝勋，方红艳，荣昭．期权激励会促进公司创新吗？——基于中国上市公司专利产出的证据 [J]．金融研究，2017（3）：180-195.

[51] 吴育辉，吴世农．企业高管自利行为及其影响因素研究——基于我国上市公司股权激励草案的证据 [J]．管理世界，2010（5）：141-149.

[52] 王烨，孙榴萍，陈志斌，等．股票期权激励计划公告与机会主义择时——基于中集集团的案例研究 [J]．管理案例研究与评论，2015，8（5）：457-470.

[53] 王曾，符国群，黄丹阳．国有企业 CEO "政治晋升" 与 "在职消费" 关系研究 [J]．管理世界，2014（5）：163-177.

[54] 谢德仁，崔宸瑜，汤晓燕．业绩型股权激励下的业绩达标动机和真实盈余管理 [J]．南开管理评论，2018（1）：159-171.

[55] 谢德仁，陈运森．业绩型股权激励、行权业绩条件与股东财富增长 [J]．金融研究，2010（12）：103-118.

[56] 谢德仁．当代经济学文库，企业剩余索取权：分享安排与剩余计量

［M］．上海：上海人民出版社，2001．

［57］许丹．高管薪酬激励是否发挥了既定效用——基于盈余管理权衡视角的经验证据［J］．现代财经：天津财经大学学报，2016（3）：73－89．

［58］谢德仁，张新一，崔宸瑜．经常性与非经常性损益分类操纵——来自业绩型股权激励"踩线"达标的证据［J］．管理世界，2019，35（7）：167－181．

［59］夏峰，谢佳斌，熊佳，等．深市上市公司股权激励实施情况调查分析［J］．证券市场导报，2014（9）：45－51．

［60］许娟娟，陈艳，陈志阳．股权激励、盈余管理与公司绩效［J］．山西财经大学学报，2016（3）：100－112．

［61］许娟娟，陈志阳．股权激励对盈余管理影响的实证研究——基于激励有效期与行权指标的视角［J］．上海金融，2017（7）．

［62］夏纪军，张晏．控制权与激励的冲突——兼对股权激励有效性的实证分析［J］．经济研究，2008（3）：89－100．

［63］徐经长，张璋，张东旭．高管的风险态度与股权激励方式选择［J］．经济理论与经济管理，2017（12）：75－89．

［64］肖珉．现金股利、内部现金流与投资效率［J］．金融研究，2010（10）：117－134．

［65］徐倩．不确定性、股权激励与非效率投资［J］．会计研究，2014（3）：41－48．

［66］肖淑芳，刘颖，刘洋．股票期权实施中经理人盈余管理行为研究——行权业绩考核指标设置角度［J］．会计研究，2013（12）：40－46．

［67］肖淑芳，轩然，张晨宇．我国上市公司首次披露股权激励计划的市场反应分析［J］．数理统计与管理，2009（5）：531－537．

［68］亚当·斯密．国富论（下卷）［M］．王亚南，郭大力译．北京：中华书局，1936．

［69］杨慧辉，葛文雷，程安林．股票期权激励计划的披露与经理的机会主义行为［J］．华东经济管理，2009（3）：123－129．

［70］杨慧辉，潘飞，梅丽珍．节税驱动下的期权行权日操纵行为及其经济后果研究［J］．中国软科学，2016，301（1）：126－142．

［71］杨慧辉，潘飞，赵媛．后股权分置改革时代股权激励契约下的盈余管

理研究 [J]. 中国会计评论, 2012, 10 (4): 411 - 430.

[72] 俞鸿琳. 政府控制和治理机制的有效性——基于中国 A 股市场的经验证据 [J]. 南开管理评论, 2006 (1): 100 - 104.

[73] 杨明基. 新编经济金融词典 [M]. 北京: 中国金融出版社, 2015.

[74] 尹美群, 盛磊, 李文博. 高管激励、创新投入与公司绩效——基于内生性视角的分行业实证研究 [J]. 南开管理评论, 2018, 21 (1): 109 - 117.

[75] 于赛渊. 管理层内部薪酬差距、薪酬水平与管理层机会主义行为 [D]. 大连东北财经大学, 2017.

[76] 张敦力, 阮爱萍. 股权激励、约束机制与业绩相关性——来自中国上市公司的经验证据 [J]. 会计与经济研究, 2013, 27 (1): 3 - 12.

[77] 赵华伟. 经理人股权激励与盈余管理 [J]. 财经问题研究, 2017 (10): 80 - 86.

[78] 张俊瑞, 张健光, 王丽娜. 中国上市公司股权激励效果考察 [J]. 西安交通大学学报 (社会科学版), 2009, 29 (1): 1 - 5.

[79] 张奇峰, 冯琪, 陈世敏. 股权激励计划修订的动因与后果——以神州泰岳为例 [J]. 会计研究, 2018, 370 (8): 50 - 57.

[80] 周仁俊, 高开娟. 大股东控制权对股权激励效果的影响 [J]. 会计研究, 2012 (5): 50 - 58.

[81] 张兴亮. 高管薪酬研究综述 [J]. 财务研究, 2015 (6): 52 - 63.

[82] 张治理, 肖星. 我国上市公司股权激励计划择时问题研究 [J]. 管理世界, 2012 (7): 180 - 181.

[83] Aboody D, Hughes J, Liu J, et al. Are Executive Stock Option Exercises Driven by Private Information? [J]. Review of Accounting Studies, 2008, 13 (4): 551 - 570.

[84] Aboody D, Johnson N B, Kasznik R. Employee Stock Options and Future Firm Performance: Evidence from Option Repricings [J]. Journal of Accounting & Economics, 2010, 50 (1): 74 - 92.

[85] Aboody D, Kasznik R. CEO Stock Option Awards and the Timing of Corporate Voluntary Disclosures [J]. Journal of Accounting & Economics, 2000, 29 (1): 73 - 100.

[86] Alchian A A, Demsetz H. The Property Right Paradigm [J]. Journal of

Economic History, 1973, 33 (1): 16 −27.

[87] Baker, T., D. Collins, and A. Reitenga. Stock Option Compensation and Earnings Management Incentives [J]. Journal of Accounting, Auditing & Finance, 2003, 18 (4): 556 −582.

[88] Barton J, Simko P J. The Balance Sheet as an Earnings Management Constraint [J]. Social Science Electronic Publishing, 2002, 77: 1 −27.

[89] Bebchuk L A, Fried J M, Walker D I. Managerial Power and Rent Extraction in the Design of Executive Compensation [J]. The University of Chicago Law Review, 2002, 69 (3): 751 −846.

[90] Bebchuk L A, Grinstein Y, Peyer U. Lucky CEOs and Lucky Directors [J]. The Journal of Finance, 2010, 65 (6): 39.

[91] Benmelech E, Kandel E, Veronesi P. Stock − Based Compensation and CEO (Dis) Incentives [J]. Quarterly Journal of Economics, 2010, 125 (4): 1769 − 1820.

[92] Bergstresser D, Philippon T. CEO Incentives and Earnings Management [J]. Journal of Financial Economics, 2006, 80 (3): 511 −529.

[93] Bettis J C, Bizjak J, Coles J L, et al. Performance − vesting Provisions in Executive Compensation [J]. Journal of Accounting and Economics, 2018, 66.

[94] Brockman P, Martin X, Puckett A. Voluntary Disclosures and the Exercise of CEO Stock Options [J]. Journal of Corporate Finance, 2010, 16 (1): 0 −136.

[95] Burns N, Kedia S. The Impact of Performance − based Compensation on Misreporting [J]. Journal of Financial Economics, 2006, 79 (1): 35 −67.

[96] Cai J. Executive Stock Option Exercises: Good Timing or Backdating? [J]. Ssrn Electronic Journal, 2006.

[97] Chauvin, K. and C. Shenoy. Stock price decreases prior to executive stock option grants [J]. Journal of Corporate Finance, 2001, 7: 53 −76.

[98] Cheng Q, Kin L O. Insider Trading and Voluntary Disclosures [J]. Journal of Accounting Research, 2006, 44 (5): 815 −848.

[99] Cheng Q, Warfield T D. Equity Incentives and Earnings Management [J]. Accounting Review, 2005, 80 (2): 441 −476.

[100] Cohen D A, Dey A, Lys T Z. Real and Accrual - Based Earnings Man-

agement in the Pre – and Post – Sarbanes – Oxley Periods [J]. Accounting Review, 2008, 83 (3): 757 – 787.

[101] Collins D W, Gong G, Li H . Corporate Governance and Backdating of Executive Stock Options [J]. Contemporary Accounting Research, 2006, 26 (2): 403 – 445.

[102] Cornett M M, Mcnutt J J, Tehranian H . Corporate Governance and Earnings Management at Large U. S. Bank Holding Companies [J]. Journal of Corporate Finance, 2009, 15 (4): 412 – 430.

[103] Datta S, Raman I D . Executive Compensation and Corporate Acquisition Decisions [J]. The Journal of Finance, 2001, 56 (6): 2299 – 2336.

[104] Dechow, Patricia M, Sloan, et al. Executive Incentives and the Horizon Problem: An Empirical Investigation [J]. Journal of Accounting & Economics, 1991, 14 (1): 51 – 89.

[105] Dechow P M, Sloan R G, Hutton A P . Detecting Earnings Management [J]. The Accounting Review, 1995, 70 (2): 193 – 225.

[106] Demsetz H, Villalonga B. Ownership Structure and Corporate Performance [J]. Journal of Corporate Finance, 2001, 7 (3): 209 – 233.

[107] Denis D J, Hanouna P, Sarin A . Is there a Dark Side to Incentive Compensation? [J]. Journal of Corporate Finance, 2006, 12 (3).

[108] Fama E F, Jensen M C . Agency Problems and Residual Claims [J]. The Journal of Law and Economics, 1983, 26 (2): 327 – 349.

[109] Gao P, Shrieves R E . Earnings Management and Executive Compensation: A Case of Overdose of Option and Underdose of Salary? [J]. Ssrn Electronic Journal, 2002.

[110] Grossman S J, Hart O D . The Costs and Benefits of Ownership: A Theory of Vertical and Lateral Integration [J]. Journal of Political Economy, 1986, 94 (4): 691 – 719.

[111] Hall B J, Murphy K J . The Trouble with Stock Options [J]. Journal of Economic Perspectives, 2003, 17 (3): 49 – 70.

[112] Hart, Oliver, Moore, John. Property Rights and the Nature of the Firm [J]. Journal of Political Economy, 1990 (98).

[113] Jensen M C . The Modern Industrial Revolution, Exit, And The Failure Of

Internal Control Systems ［J］. Journal of Applied Corporate Finance, 1994, 6 (3):
831 – 880.

［114］ Johnson A. Should Options Reward Absolute or Relative Shareholder Re-
turns? ［J］. Compensation & Benefits Review, 1999, 31 (1): 38 – 43.

［115］ Kim H T, Kwak B, Lee J, et al. CEO and Outside Director Equity Com-
pensation: Substitutes or Complements for Management Earnings Forecasts? ［J］. Eu-
ropean Accounting Review, 2018 (3).

［116］ Lian Y, Su Z, Gu Y. Evaluating the Effects of Equity Incentives Using
PSM: Evidence from China ［J］. Frontiers of Business Research in China, 2011, 5
(2): 266 – 290.

［117］ Lie, Erik. On the Timing of CEO Stock Option Awards ［J］. Management
Science, 2005, 51 (5): 802 – 812.

［118］ Lie H E . What Fraction of Stock Option Grants to Top Executives Have
Been Backdated or Manipulated? ［J］. Management Science, 2009, 55 (4): 513 –
525.

［119］ Mcconnell J J, Servaes H . Additional Evidence on Equity Ownership and
Corporate Value ［J］. Journal of Financial Economics, 1990, 27 (2): 595 – 612.

［120］ Mei – Ling Wang. Evaluating the Lagged Effects of Direct Employee Equity
Incentives on Organizational Innovation ［J］. Journal of Testing and Evaluation, 2016,
44 (1): 206 – 212.

［121］ Morck R, Shleifer A, Vishny R W . Management Ownership and Market
Valuation: An Empirical Analysis ［J］. Journal of Financial Economics, 1988, 20
(88): 293 – 315.

［122］ Morgan A G, Poulsen A B . Linking Pay to Performance – compensation
Proposals in the S&P 500 ［J］. Journal of Financial Economics, 2001, 62 (3): 489 –
523.

［123］ Murphy K J. Chapter 38 Executive Compensation ［J］. Handbook of Labor
Economics, 1999, 3 (3): 2485 – 2563.

［124］ Narayanan M P, Seyhun H N . The Dating Game: Do Managers Designate
Option Grant Dates to Increase Their Compensation? ［J］. Social Science Electronic Pub-
lishing, 2008, 21 (5): 1907 – 1945.

[125] Jensen, M. C. and Meckling, W. H. Theory of the Firm: Managerial Behavior, Agency Costs and Ownership Structure [J]. Journal of Financial Economics, 1976 (3): 305 – 360.

[126] Panousi V, Papanikolaou D. Investment, Idiosyncratic Risk, and Ownership [J]. Journal of Finance, 2012, 67 (3): 1113 – 1148.

[127] Richardson S. Over – investment of Free Cash Flow [J]. Review of Accounting Studies, 2006, 11 (2 – 3): 159 – 189.

[128] Roychowdhury S. Earnings Management through Real Activities Manipulation [J]. Journal of Accounting and Economics, 2006, 42 (3): 0 – 370.

[129] Ryan H E, Wiggins R A, Ⅲ. The Interactions between R&D Investment Decisions and Compensation Policy [J]. Financial Management, 2002, 31 (1): 5 – 29.

[130] Safdar I. Stock Option Exercise, Earnings Management, and Abnormal Stock Returns [J]. Ssrn Electronic Journal, 2003.

[131] Sesil J C, Kroumova M K, Kruse D L, et al. Broad – Based Employee Stock Options in the U. S. – Company Performance and Characteristics [J]. Management Revue, 2007, 18 (1): 5 – 22.

[132] Stephen, A, Ross. The Economic Theory of Agency: The Principal's Problem [J]. The American Economic Review, 1973.

[133] Tian Y S. Too Much of a Good Incentive? The case of executive stock options [J]. Journal of banking & finance, 2004, 28 (6): 1225 – 1245.

[134] Uzuna H, Zheng Y. The Effects of Option Incentives on Backdating and Earnings Management [J]. International Journal of Business, 2012, 17 (1): 1 – 23.

[135] William J. Baumol, O. E. Williamson. The Economic Instiutions of Capitalism [J]. Rand Journal of Economics, 1986, 17 (2).

[136] Williamson O E, Harris W J E. Understanding the Employment Relation: The Analysis of Idiosyncratic Exchange [J]. The Bell Journal of Economics, 1975, 6 (1): 250 – 278.

[137] Yermack D. Good Timing: CEO Stock Option Awards and Company News Announcements [J]. The Journal of Finance, 1997, 52 (2): 449 – 476.

附　录

附录1　草案公告日不同分类公司的
平均累计超额收益率分布

附表1-1　　　　　草案公告日不同激励类型公司的CAR分布

日期	股票期权样本的平均累计超额收益率				限制性股票样本的平均累计超额收益率			
	沪深市场数据计算结果	T值	上证市场数据计算结果	T值	沪深市场数据计算结果	T值	上证市场数据计算结果	T值
T-30	0.081	0.65	-0.025	-0.18	-0.206*	-1.82	-0.312**	-2.39
T-29	0.084	0.43	-0.079	-0.36	-0.138	-0.82	-0.307	-1.57
T-28	0.258	1.03	0.140	0.51	-0.315	-1.41	-0.590**	-2.33
T-27	0.255	0.84	0.162	0.50	-0.376	-1.39	-0.757**	-2.53
T-26	0.254	0.76	0.163	0.45	-0.382	-1.31	-0.874***	-2.67
T-25	0.493	1.35	0.466	1.17	-0.382	-1.18	-0.909**	-2.48
T-24	0.694*	1.71	0.631	1.42	-0.583*	-1.66	-1.217***	-3.06
T-23	0.625	1.40	0.499	1.03	-0.786**	-2.15	-1.507***	-3.58
T-22	0.634	1.32	0.507	0.97	-0.999***	-2.63	-1.754***	-3.95
T-21	0.539	1.14	0.400	0.77	-1.266***	-3.14	-2.054***	-4.32
T-20	0.751	1.62	0.594	1.15	-1.453***	-3.39	-2.321***	-4.53
T-19	0.713	1.50	0.513	0.96	-1.473***	-3.21	-2.472***	-4.53
T-18	0.688	1.41	0.475	0.86	-1.702***	-3.55	-2.741***	-4.74
T-17	0.520	1.05	0.271	0.49	-1.821***	-3.61	-2.924***	-4.83
T-16	0.570	1.08	0.317	0.54	-1.860***	-3.58	-2.913***	-4.67
T-15	0.530	0.97	0.272	0.45	-1.954***	-3.7	-3.036***	-4.86
T-14	0.370	0.66	0.102	0.17	-2.145***	-4.03	-3.258***	-5.14
T-13	0.342	0.59	-0.019	-0.03	-2.040***	-3.71	-3.258***	-4.96
T-12	0.434	0.72	0.042	0.06	-2.170***	-3.9	-3.474***	-5.22
T-11	0.448	0.72	0.038	0.06	-2.160***	-3.78	-3.552***	-5.13

日期	股票期权样本的平均累计超额收益率				限制性股票样本的平均累计超额收益率			
	沪深市场数据计算结果	T 值	上证市场数据计算结果	T 值	沪深市场数据计算结果	T 值	上证市场数据计算结果	T 值
T − 10	0.426	0.68	− 0.055	− 0.08	− 2.204 ***	− 3.83	− 3.557 ***	− 5.06
T − 9	0.293	0.46	− 0.141	− 0.20	− 2.172 ***	− 3.71	− 3.471 ***	− 4.91
T − 8	0.154	0.24	− 0.307	− 0.44	− 2.363 ***	− 3.95	− 3.588 ***	− 4.98
T − 7	− 0.048	− 0.07	− 0.651	− 0.92	− 2.415 ***	− 3.93	− 3.642 ***	− 4.88
T − 6	− 0.056	− 0.09	− 0.589	− 0.82	2.432 ***	− 3.87	− 3.736 ***	− 4.95
T − 5	− 0.232	− 0.35	− 0.606	− 0.84	− 2.500 ***	− 3.9	− 3.830 ***	− 5.01
T − 4	− 0.457	− 0.66	− 0.933	− 1.24	− 2.334 ***	− 3.58	− 3.618 ***	− 4.69
T − 3	− 0.324	− 0.46	− 0.810	− 1.06	− 2.212 ***	− 3.29	− 3.550 ***	− 4.48
T − 2	− 0.101	− 0.14	− 0.619	− 0.78	− 2.180 ***	− 3.21	− 3.509 ***	− 4.4
T − 1	0.066	0.09	− 0.483	− 0.59	− 1.957 ***	− 2.84	− 3.296 ***	− 4.11
T + 0	1.002	1.30	0.301	0.36	− 0.983	− 1.4	− 2.310 ***	− 2.83
T + 1	1.182	1.48	0.392	0.46	− 0.836	− 1.14	− 2.138 **	− 2.52
T + 2	1.176	1.45	0.463	0.53	− 0.741	− 0.98	− 2.111 **	− 2.44
T + 3	1.181	1.44	0.441	0.50	− 0.730	− 0.94	− 2.164 **	− 2.43
T + 4	1.165	1.37	0.432	0.47	− 1.041	− 1.31	− 2.566 ***	− 2.81
T + 5	0.940	1.07	0.189	0.20	− 1.297	− 1.62	− 2.834 ***	− 3.08
T + 6	0.965	1.10	0.221	0.24	− 1.326 *	− 1.64	− 2.889 ***	− 3.13
T + 7	0.691	0.78	− 0.191	− 0.20	− 1.418 *	− 1.73	− 2.975 ***	− 3.17
T + 8	0.590	0.67	− 0.348	− 0.36	− 1.469 *	− 1.77	− 3.105 ***	− 3.23
T + 9	0.494	0.54	− 0.463	− 0.47	− 1.436 *	− 1.67	− 3.140 ***	− 3.16
T + 10	0.573	0.62	− 0.403	− 0.40	− 1.517 *	− 1.75	− 3.264 ***	− 3.25
T + 11	0.592	0.62	− 0.441	− 0.43	− 1.559 *	− 1.78	− 3.365 ***	− 3.31
T + 12	0.770	0.80	− 0.328	− 0.31	− 1.601 *	− 1.8	− 3.475 ***	− 3.35
T + 13	0.538	0.54	− 0.659	− 0.61	− 1.511 *	− 1.66	− 3.515 ***	− 3.31
T + 14	0.380	0.37	− 0.757	− 0.69	− 1.505	− 1.61	− 3.526 ***	− 3.26
T + 15	0.177	0.17	− 0.995	− 0.88	− 1.664 *	− 1.76	3.728 ***	− 3.41
样本量	377				558			

注：＊p < 0.1，＊＊p < 0.05，＊＊＊p < 0.01，除 377 个股票期权样本和 558 个限制性股票样本外，还有 9 个股票增值权样本因样本量太少而未予考虑。

附表 1－2　　　　　草案公告日不同所有权性质公司的 CAR 分布

日期	民营企业样本的平均累计超额收益率				国有企业样本的平均累计超额收益率			
	沪深市场数据计算结果	T 值	上证市场数据计算结果	T 值	沪深市场数据计算结果	T 值	上证市场数据计算结果	T 值
T－30	－ 0.061	－ 0.67	－ 0.178 *	－ 1.7	－ 0.271	－ 1.31	－ 0.258	－ 1.17
T－29	－ 0.049	－ 0.36	－ 0.236	－ 1.5	－ 0.022	－ 0.07	0.017	0.05
T－28	－ 0.084	－ 0.46	－ 0.320	－ 1.57	－ 0.084	－ 0.21	－ 0.017	－ 0.04
T－27	－ 0.108	－ 0.49	－ 0.403 *	－ 1.68	－ 0.186	－ 0.38	－ 0.126	－ 0.25
T－26	－ 0.120	－ 0.5	－ 0.467 *	－ 1.76	－ 0.107	－ 0.21	－ 0.230	－ 0.4
T－25	0.010	0.04	－ 0.326	－ 1.1	－ 0.252	－ 0.48	－ 0.403	－ 0.67
T－24	0.000	0	－ 0.428	－ 1.32	－ 0.484	－ 0.87	－ 0.620	－ 0.95
T－23	－ 0.116	－ 0.38	－ 0.609 *	－ 1.76	－ 0.886	－ 1.41	－ 1.203	－ 1.64
T－22	－ 0.276	－ 0.86	－ 0.794 **	－ 2.17	－ 0.693	－ 0.95	－ 0.967	－ 1.17
T－21	－ 0.545 *	－ 1.65	－ 1.108 ***	－ 2.9	－ 0.345	－ 0.45	－ 0.533	－ 0.62
T－20	－ 0.581 *	－ 1.7	－ 1.214 ***	－ 3.03	－ 0.148	－ 0.18	－ 0.281	－ 0.31
T－19	－ 0.608 *	－ 1.68	－ 1.352 ***	－ 3.19	－ 0.273	－ 0.31	－ 0.405	－ 0.42
T－18	－ 0.791 **	－ 2.13	－ 1.559 ***	－ 3.52	－ 0.098	－ 0.1	－ 0.254	－ 0.24
T－17	－ 0.948 **	－ 2.46	－ 1.771 ***	－ 3.87	－ 0.109	－ 0.1	－ 0.275	－ 0.24
T－16	－ 0.947 **	－ 2.38	－ 1.724 ***	－ 3.66	－ 0.185	－ 0.16	－ 0.470	－ 0.38
T－15	－ 0.994 **	－ 2.44	－ 1.786 ***	－ 3.76	－ 0.405	－ 0.35	－ 0.725	－ 0.57
T－14	－ 1.214 ***	－ 2.95	－ 2.030 ***	－ 4.2	－ 0.309	－ 0.27	－ 0.637	－ 0.5
T－13	－ 1.147 ***	－ 2.7	－ 2.050 ***	－ 4.11	－ 0.413	－ 0.34	－ 0.948	－ 0.71
T－12	－ 1.189 ***	－ 2.72	－ 2.173 ***	－ 4.26	－ 0.432	－ 0.38	－ 0.922	－ 0.73
T－11	－ 1.154 **	－ 2.55	－ 2.195 ***	－ 4.12	－ 0.584	－ 0.51	－ 1.123	－ 0.88
T－10	－ 1.128 **	－ 2.48	－ 2.170 ***	－ 4.03	－ 1.166	－ 1.01	－ 1.759	－ 1.37
T－9	－ 1.180 **	－ 2.54	－ 2.149 ***	－ 3.95	－ 1.052	－ 0.93	－ 1.740	－ 1.38
T－8	－ 1.395 ***	－ 2.93	－ 2.325 ***	－ 4.19	－ 0.847	－ 0.73	－ 1.584	－ 1.23
T－7	－ 1.520 ***	－ 3.14	－ 2.484 ***	－ 4.37	－ 0.803	－ 0.69	－ 1.762	－ 1.32
T－6	－ 1.515 ***	－ 3.07	－ 2.508 ***	－ 4.35	－ 0.996	－ 0.85	－ 1.890	－ 1.43

续表

日期	民营企业样本的平均累计超额收益率				国有企业样本的平均累计超额收益率			
	沪深市场数据计算结果	T 值	上证市场数据计算结果	T 值	沪深市场数据计算结果	T 值	上证市场数据计算结果	T 值
T − 5	− 1. 597 ***	− 3. 17	− 2. 532 ***	− 4. 34	− 1. 264	− 1. 11	− 2. 230 *	− 1. 7
T − 4	− 1. 572 ***	− 3. 05	− 2. 524 ***	− 4. 23	− 1. 323	− 1. 14	− 2. 336 *	− 1. 79
T − 3	− 1. 525 ***	− 2. 88	− 2. 516 ***	− 4. 12	− 0. 651	− 0. 54	− 1. 721	− 1. 29
T − 2	− 1. 420 ***	− 2. 64	− 2. 406 ***	− 3. 89	− 0. 393	− 0. 31	− 1. 535	− 1. 14
T − 1	− 1. 225 **	− 2. 23	− 2. 220 ***	− 3. 54	− 0. 150	− 0. 12	− 1. 393	− 0. 99
T + 0	− 0. 213	− 0. 38	− 1. 281 **	− 2. 01	0. 364	0. 28	− 0. 730	− 0. 5
T + 1	− 0. 095	− 0. 16	− 1. 192 *	− 1. 81	0. 903	0. 67	− 0. 197	− 0. 13
T + 2	− 0. 035	− 0. 06	− 1. 147 *	− 1. 71	0. 851	0. 61	− 0. 267	− 0. 17
T + 3	0. 002	0	− 1. 166 *	− 1. 69	0. 595	0. 43	− 0. 515	− 0. 33
T + 4	− 0. 139	− 0. 22	− 1. 357 *	− 1. 91	0. 023	0. 02	− 1. 121	− 0. 72
T + 5	− 0. 389	− 0. 61	− 1. 633 **	− 2. 27	− 0. 179	− 0. 13	− 1. 229	− 0. 79
T + 6	− 0. 400	− 0. 62	− 1. 668 **	− 2. 31	− 0. 284	− 0. 19	− 1. 276	− 0. 81
T + 7	− 0. 584	− 0. 89	− 1. 902 ***	− 2. 59	− 0. 327	− 0. 23	− 1. 429	− 0. 92
T + 8	− 0. 643	− 0. 97	− 2. 045 ***	− 2. 73	− 0. 425	− 0. 3	− 1. 477	− 0. 96
T + 9	− 0. 673	− 0. 99	− 2. 135 ***	− 2. 77	− 0. 407	− 0. 28	− 1. 466	− 0. 93
T + 10	− 0. 689	− 1	− 2. 177 ***	− 2. 78	− 0. 359	− 0. 24	− 1. 559	− 0. 97
T + 11	− 0. 708	− 1. 01	− 2. 258 ***	− 2. 84	− 0. 394	− 0. 26	− 1. 570	− 0. 96
T + 12	− 0. 615	− 0. 86	− 2. 232 ***	− 2. 75	− 0. 667	− 0. 42	− 1. 871	− 1. 11
T + 13	− 0. 678	− 0. 93	− 2. 422 ***	− 2. 92	− 0. 494	− 0. 29	− 1. 721	− 0. 97
T + 14	− 0. 687	− 0. 92	− 2. 4160 ***	− 2. 85	− 0. 832	− 0. 49	− 2. 040	− 1. 14
T + 15	− 0. 859	− 1. 14	− 2. 641 ***	− 3. 07	− 1. 131	− 0. 66	− 2. 258	− 1. 26
样本量	839				105			

注：* p < 0. 1，** p < 0. 05，*** p < 0. 01。

附　录

附录2　行权解锁公告日不同分类公司的
平均累计超额收益率分布

附表 2－1　　　　行权解锁公告日不同激励类型公司的 CAR 分布

日期	股票期权样本的平均累计超额收益率				限制性股票样本的平均累计超额收益率			
	沪深市场数据计算结果	T 值	上证市场数据计算结果	T 值	沪深市场数据计算结果	T 值	上证市场数据计算结果	T 值
T－30	－0.040	－0.33	－0.027	－0.2	－0.318***	－2.97	－0.277**	－2.27
T－29	－0.025	－0.14	0.025	0.12	－0.500***	－3.01	－0.487**	－2.55
T－28	0.177	0.75	0.201	0.78	－0.659***	－3.02	－0.713***	－2.84
T－27	0.309	1.13	0.294	0.98	－0.805***	－3.15	－0.906***	－3.07
T－26	0.207	0.67	0.179	0.53	－0.939***	－3.19	－1.106***	－3.34
T－25	0.016	0.05	－0.002	0	－0.913***	－2.79	－1.118***	－3.05
T－24	0.061	0.17	0.035	0.09	－0.882**	－2.51	－1.113***	－2.82
T－23	0.052	0.13	0.049	0.11	－0.986***	－2.62	－1.162***	－2.81
T－22	0.056	0.13	0.026	0.05	－1.231***	－3.18	－1.372***	－3.17
T－21	0.097	0.23	0.001	0	－1.247***	－3.06	－1.395***	－3.01
T－20	0.021	0.05	－0.209	－0.42	－1.155***	－2.73	－1.244**	－2.56
T－19	－0.018	－0.04	－0.251	－0.48	－1.282***	－2.92	－1.465***	－2.91
T－18	0.232	0.49	－0.024	－0.04	－1.231***	－2.64	－1.561***	－2.91
T－17	0.160	0.32	－0.092	－0.17	－1.308***	－2.65	－1.656***	－2.93
T－16	－0.045	－0.09	－0.326	－0.57	－1.406***	－2.87	－1.757***	－3.15
T－15	－0.204	－0.38	－0.481	－0.81	－1.455***	－2.83	－1.891***	－3.19
T－14	－0.316	－0.57	－0.645	－1.02	－1.828***	－3.48	－2.280***	－3.72
T－13	－0.474	－0.86	－0.819	－1.31	－1.792***	－3.25	－2.278***	－3.52
T－12	－0.287	－0.5	－0.709	－1.1	－1.737***	－3.1	－2.242***	－3.41
T－11	－0.192	－0.33	－0.655	－0.99	－1.603***	－2.78	－2.078***	－3.08
T－10	－0.380	－0.64	－0.778	－1.14	－1.627***	－2.77	－2.122***	－3.08
T－9	－0.396	－0.64	－0.791	－1.12	－1.700***	－2.74	－2.202***	－3.05
T－8	－0.476	－0.74	－0.899	－1.23	－1.758***	－2.71	－2.355***	－3.1
T－7	－0.442	－0.68	－1.004	－1.34	－2.086***	－3.15	－2.799***	－3.56
T－6	－0.430	－0.66	－1.001	－1.32	－2.176***	－3.25	－2.914***	－3.65

续表

日期	股票期权样本的平均累计超额收益率				限制性股票样本的平均累计超额收益率			
	沪深市场数据计算结果	T 值	上证市场数据计算结果	T 值	沪深市场数据计算结果	T 值	上证市场数据计算结果	T 值
T − 5	− 0.598	− 0.93	− 1.193	− 1.59	− 2.258 ***	− 3.32	− 2.989 ***	− 3.74
T − 4	− 0.737	− 1.13	− 1.358 *	− 1.8	− 2.414 ***	− 3.49	− 3.236 ***	− 4.01
T − 3	− 0.839	− 1.27	− 1.381 *	− 1.79	− 2.587 ***	− 3.67	− 3.446 ***	− 4.23
T − 2	− 0.940	− 1.4	− 1.507 *	− 1.92	− 2.566 ***	− 3.54	− 3.558 ***	− 4.26
T − 1	− 0.777	− 1.13	− 1.332 *	− 1.66	− 2.644 ***	− 3.55	− 3.627 ***	− 4.29
T + 0	− 0.992	− 1.42	− 1.614 **	− 1.98	− 3.016 ***	− 3.96	− 4.059 ***	− 4.74
T + 1	− 1.109	− 1.55	− 1.764 **	− 2.12	− 3.153 ***	− 4.06	− 4.222 ***	− 4.79
T + 2	− 1.041	− 1.43	− 1.660 **	− 1.97	− 3.126 ***	− 3.92	− 4.247 ***	− 4.67
T + 3	− 1.286 *	− 1.74	− 1.996 **	− 2.34	− 2.888 ***	− 3.51	− 3.941 ***	− 4.2
T + 4	− 1.543 **	− 2.06	− 2.409 ***	− 2.78	− 2.767 ***	− 3.32	− 3.875 ***	− 4.09
T + 5	− 1.647 **	− 2.15	− 2.514 ***	− 2.84	− 2.676 ***	− 3.18	− 3.847 ***	− 4.02
T + 6	− 1.705 **	− 2.15	− 2.635 ***	− 2.89	− 2.760 ***	− 3.25	− 3.910 ***	− 4.03
T + 7	− 1.916 **	− 2.37	− 2.893 ***	− 3.11	− 3.014 ***	− 3.54	− 4.231 ***	− 4.37
T + 8	− 2.069 **	− 2.53	− 3.151 ***	− 3.34	− 3.085 ***	− 3.6	− 4.330 ***	− 4.44
T + 9	− 2.120 **	− 2.57	− 3.290 ***	− 3.41	− 3.267 ***	− 3.77	− 4.550 ***	− 4.57
T + 10	− 2.088 **	− 2.47	− 3.283 ***	− 3.33	− 3.212 ***	− 3.62	− 4.488 ***	− 4.47
T + 11	− 2.196 **	− 2.56	− 3.293 ***	− 3.29	− 3.285 ***	− 3.66	− 4.678 ***	− 4.63
T + 12	− 2.196 **	− 2.52	− 3.318 ***	− 3.25	− 3.365 ***	− 3.66	− 4.886 ***	− 4.68
T + 13	2.351 ***	− 2.65	− 3.556 ***	− 3.41	− 3.615 ***	− 3.91	− 5.196 ***	− 4.91
T + 14	2.538 ***	− 2.87	− 3.812 ***	− 3.65	− 3.640 ***	− 3.88	− 5.268 ***	− 4.95
T + 15	2.511 ***	− 2.82	− 3.922 ***	− 3.7	− 3.460 ***	− 3.66	− 5.213 ***	− 4.89
样本数量	550				535			

注：* p < 0.1，** p < 0.05，*** p < 0.01。

附表 2 - 2　　　　行权解锁公告日不同所有权性质公司的 CAR 分布

日期	民营企业样本的平均累计超额收益率				国有企业样本的平均累计超额收益率			
	沪深市场数据的计算结果	T 值	上证市场数据的计算结果	T 值	沪深市场数据的计算结果	T 值	上证市场数据的计算结果	T 值
T - 30	- 0. 185 **	- 2. 2	- 0. 152	- 1. 57	- 0. 074	- 0. 28	- 0. 170	- 0. 65
T - 29	- 0. 293 **	- 2. 26	- 0. 245 *	- 1. 69	0. 192	0. 49	0. 037	0. 09
T - 28	- 0. 276	- 1. 63	- 0. 292	- 1. 54	0. 212	0. 45	0. 172	0. 37
T - 27	- 0. 308	- 1. 57	- 0. 371 *	- 1. 67	0. 536	0. 92	0. 475	0. 83
T - 26	- 0. 444 **	- 1. 98	- 0. 550 **	- 2. 19	0. 653	0. 98	0. 594	0. 93
T - 25	- 0. 498 **	- 2. 02	- 0. 622 **	- 2. 24	0. 146	0. 22	0. 123	0. 2
T - 24	- 0. 452 *	- 1. 7	- 0. 600 **	- 1. 99	0. 040	0. 06	0. 009	0. 01
T - 23	- 0. 481 *	- 1. 68	- 0. 587 *	- 1. 82	- 0. 294	- 0. 39	- 0. 351	- 0. 48
T - 22	- 0. 602 **	- 2	- 0. 702 **	- 2. 05	- 0. 372	- 0. 48	- 0. 507	- 0. 67
T - 21	- 0. 646 **	- 2. 08	- 0. 786 **	- 2. 21	0. 320	0. 38	0. 153	0. 19
T - 20	- 0. 656 **	- 2. 03	- 0. 829 **	- 2. 24	0. 519	0. 62	0. 301	0. 36
T - 19	- 0. 759 **	- 2. 27	- 0. 985 **	- 2. 57	0. 638	0. 72	0. 426	0. 48
T - 18	- 0. 591 *	- 1. 71	- 0. 897 **	- 2. 26	0. 460	0. 46	0. 143	0. 15
T - 17	- 0. 678 *	- 1. 85	- 0. 992 **	- 2. 39	0. 533	0. 51	0. 195	0. 19
T - 16	- 0. 883 **	- 2. 39	- 1. 207 ***	- 2. 87	0. 991	0. 85	0. 540	0. 48
T - 15	- 0. 976 **	- 2. 53	- 1. 343 ***	- 3. 03	0. 758	0. 64	0. 272	0. 24
T - 14	- 1. 220 ***	- 3. 06	- 1. 621 ***	- 3. 49	0. 542	0. 45	0. 042	0. 04
T - 13	- 1. 270 ***	- 3. 1	- 1. 700 ***	- 3. 58	0. 241	0. 2	- 0. 244	- 0. 21
T - 12	- 1. 139 ***	- 2. 73	- 1. 621 ***	- 3. 35	0. 250	0. 2	- 0. 250	- 0. 2
T - 11	- 0. 985 **	- 2. 3	- 1. 476 ***	- 2. 96	- 0. 126	- 0. 1	- 0. 600	- 0. 48
T - 10	- 1. 085 **	- 2. 48	- 1. 552 ***	- 3. 03	- 0. 187	- 0. 14	- 0. 636	- 0. 5
T - 9	- 1. 132 **	- 2. 48	- 1. 599 ***	- 3. 01	- 0. 197	- 0. 14	- 0. 663	- 0. 47
T - 8	- 1. 230 ***	- 2. 58	- 1. 762 ***	- 3. 17	0. 137	0. 1	- 0. 350	- 0. 25
T - 7	- 1. 397 ***	- 2. 87	- 2. 063 ***	- 3. 59	0. 201	0. 15	- 0. 330	- 0. 25
T - 6	- 1. 427 ***	- 2. 91	- 2. 103 ***	- 3. 61	0. 009	0. 01	- 0. 620	- 0. 48
T - 5	- 1. 572 ***	- 3. 2	- 2. 249 ***	- 3. 89	0. 117	0. 08	- 0. 612	- 0. 44
T - 4	- 1. 735 ***	- 3. 48	- 2. 470 ***	- 4. 23	0. 162	0. 11	- 0. 672	- 0. 48
T - 3	- 1. 884 ***	- 3. 71	- 2. 595 ***	- 4. 38	0. 162	0. 12	- 0. 662	- 0. 49
T - 2	- 1. 922 ***	- 3. 71	- 2. 714 ***	- 4. 48	0. 162	0. 11	- 0. 746	- 0. 52
T - 1	- 1. 905 ***	- 3. 58	- 2. 690 ***	- 4. 37	0. 527	0. 36	- 0. 332	- 0. 23

日期	民营企业样本的平均累计超额收益率				国有企业样本的平均累计超额收益率			
	沪深市场数据的计算结果	T 值	上证市场数据的计算结果	T 值	沪深市场数据的计算结果	T 值	上证市场数据的计算结果	T 值
T + 0	− 2.234***	− 4.13	− 3.090***	− 4.95	0.657	0.44	− 0.209	− 0.14
T + 1	− 2.352***	− 4.24	− 3.223***	− 5.04	0.525	0.35	− 0.541	− 0.36
T + 2	− 2.269***	− 4	− 3.150***	− 4.81	0.155	0.11	− 0.886	− 0.61
T + 3	− 2.276***	− 3.91	− 3.164***	− 4.72	0.125	0.09	− 1.029	− 0.7
T + 4	− 2.329***	− 3.95	− 3.322***	− 4.9	− 0.180	− 0.13	− 1.447	− 0.97
T + 5	− 2.348***	− 3.91	− 3.384***	− 4.91	0.010	0.01	− 1.153	− 0.79
T + 6	− 2.423***	− 3.96	− 3.487***	− 4.94	− 0.126	− 0.09	− 1.240	− 0.84
T + 7	− 2.655***	− 4.29	− 3.783***	− 5.32	− 0.330	− 0.23	− 1.438	− 0.99
T + 8	− 2.768***	− 4.42	− 3.982***	− 5.53	− 0.441	− 0.31	− 1.403	− 0.97
T + 9	− 2.870***	− 4.53	− 4.167***	− 5.66	− 0.833	− 0.59	− 1.661	− 1.16
T + 10	− 2.805***	− 4.32	− 4.107***	− 5.49	− 1.036	− 0.72	− 1.857	− 1.28
T + 11	− 2.864***	− 4.37	− 4.182***	− 5.54	− 1.416	− 0.96	− 2.146	− 1.45
T + 12	− 2.910***	− 4.36	− 4.303***	− 5.56	− 1.387	− 0.87	− 2.216	− 1.38
T + 13	− 3.112***	− 4.61	− 4.578***	− 5.82	− 1.480	− 0.87	− 2.323	− 1.33
T + 14	− 3.216***	− 4.74	− 4.748***	− 6.02	− 1.636	− 0.95	− 2.439	− 1.38
T + 15	− 3.100***	− 4.53	− 4.776***	− 6	− 1.687	− 1	− 2.458	− 1.41
样本数量	1013				80			

注：* $p < 0.1$，$p < 0.05$，*** $p < 0.01$。

后　记

　　光阴似箭！突然发现自己的人生已经步入中年，头上也多了些许白发。如今，回想博士求学生涯的艰苦历程，心中充满感慨！

　　感谢命运的眷顾、上苍的恩赐，让我拥有了健康的身体、学习的机会、幸福的家庭和值得信赖的朋友。感谢父母赐予我生命，供我读书，如果不是他们的付出，我不可能拥有现在的工作、学业和生活。感谢我的妻子杨曼雪女士，婚姻带给我很多温暖，让我感受到了生活的幸福，也让我明白了努力工作和努力学习的意义。感谢我之前工作上的领导戴泽意先生，戴先生从不吝啬分享他对问题的思考和想法，总是能够包容我的错误，给予我信任，让我独立、放手地去做事情，在戴先生手下的几年是我工作中最快乐的几年。感谢我的朋友柯金明先生、代伟先生以及刘强先生，我时常畅想二十年后我们几个家庭在一起聚会的场景，同你们待在一起的日子是轻松的、愉快的。感谢复旦大学丁纯教授、上海财经大学奚君羊教授、华东师范大学黄泽民教授、吴信如教授和方显仓教授，感谢你们对论文提出的富有建设性的修改意见，指出了很多被我忽略的问题，让论文更加清晰、严谨和规范。最应该感谢的是我的导师蓝发钦教授，蓝老师在我刚进学校时就根据我的专业背景指定了研究方向，否则，仅仅是在论文选题时，我就会多走很多的弯路；感谢蓝老师的宽容，在我的论文达不到蓝老师的要求时，蓝老师却总是能够给予耐心讲解、修改，不嫌弃我这个"劣等生"；蓝老师从不强迫我做什么事情，总是能够理解我的行为和想法，从内心深处我深深地感激我的恩师！

　　博士生涯的结束是另一段生活的开始，未来的生活仍然充满挑战，但是我相信，有着上天的眷顾、家庭的温暖、朋友的支持，有着母校给予我的知识、蓝老师的教诲和我不屈的性格，未来的日子一定会更加美好、生活一定会更加灿烂！

2023 年 12 月